LÍNGUA PORTUGUESA
ISABELLA

5

Espero que desfrute de momentos de aprendizado e de fascinantes descobertas. Afinal, ler, escrever e compreender nossa língua não pode ser privilégio de poucos, pois é questão de cidadania.
Isabella Carpaneda

ISABELLA PESSÔA DE MELO CARPANEDA

Especialista em Língua Portuguesa pelo Instituto AVM — Faculdade Integrada.
Licenciada em Pedagogia pela Universidade de Brasília e pelo Centro de Educação Unificado de Brasília, com especialização em Administração e Supervisão Escolar e Orientação Educacional.
Coordenadora pedagógica e elaboradora de material pedagógico para a Educação Infantil e Ensino Fundamental há mais de 25 anos.
Professora em cursos de formação de professores de Educação Infantil e Ensino Fundamental em vários estados desde 1990.
Assessora pedagógica de Educação Infantil e Ensino Fundamental em Brasília (DF) desde 1984.

FTD

FTD

Língua Portuguesa Isabella – Língua Portuguesa – 5º ano
Copyright © Isabella Pessôa de Melo Carpaneda, 2018

Diretor editorial	Lauri Cericato
Diretora editorial adjunta	Silvana Rossi Júlio
Gerente editorial	Natalia Taccetti
Editora	Luciana Leopoldino
Editores assistentes	Fernanda Magalhães, Juliana Rochetto Costa, Rogério Alves
Assessoria	Maria Tavares de Lima (Dalva)
Gerente de produção editorial	Mariana Milani
Coordenador de produção editorial	Marcelo Henrique Ferreira Fontes
Gerente de arte	Ricardo Borges
Coordenadora de arte	Daniela Máximo
Projeto gráfico	Bruno Attili, Juliana Carvalho
Projeto de capa	Juliana Carvalho
Ilustração de capa	Lambuja
Supervisora de arte	Patrícia De Michelis Mendonça
Editora de arte	Sonia Maria Alencar
Diagramação	Juliana Signal, Anderson Sunakosawa, Júlio Eugênio, Lidiani Minoda, Luana Alencar, Marina Martins Almeida
Tratamento de imagens	Ana Isabela Pithan Maraschin, Eziquiel Racheti
Coordenadora de ilustrações e cartografia	Marcia Berne
Ilustrações	Bruna Assis Brasil, Café, Dani Mota, Daniel Bogni, Dayane Raven, Dnepwu, Glair Arruda, Ivan Coutinho, Lassmar, Renam Penante, Simone Ziasch, Tânia Ricci, Wandson Rocha
Coordenadora de preparação e revisão	Lilian Semenichin
Supervisora de preparação e revisão	Viviam Moreira
Revisão	Adriana Périco, Camila Cipoloni, Carina de Luca, Célia Camargo, Felipe Bio, Fernanda Marcelino, Fernanda Rodrigues, Fernando Cardoso, Heloisa Beraldo, Iracema Fantaguci, Paulo Andrade, Pedro Fandi, Rita Lopes, Sônia Cervantes, Veridiana Maenaka
Supervisora de iconografia e licenciamento de textos	Elaine Bueno
Iconografia	Márcia Trindade, Rosa André, Adriana Abrão, Joanna Heliszkowski
Licenciamento de textos	Bárbara Clara, Carla Marques, Erica Brambila, Luiz Fernando Botter, Marianna Moretti
Supervisora de arquivos de segurança	Silvia Regina E. Almeida
Diretor de operações e produção gráfica	Reginaldo Soares Damasceno

Dados Internacionais de Catalogação na Publicação (CIP)
(Câmara Brasileira do Livro, SP, Brasil)

Carpaneda, Isabella Pessôa de Melo
 Língua portuguesa : Isabella, 5º ano / 1. ed. –
São Paulo : FTD, 2018.

 Bibliografia.
 ISBN 978-85-96-01584-4 (aluno)
 ISBN 978-85-96-01585-1 (professor)

 1. Português (Ensino fundamental) I. Título.

18-15147   CDD-372.6

Índices para catálogo sistemático:
 1. Português : Ensino fundamental   372.6

Maria Alice Ferreira – Bibliotecária – CRB-8/7964

1 2 3 4 5 6 7 8 9

Envidamos nossos melhores esforços para localizar e indicar adequadamente os créditos dos textos e imagens presentes nesta obra didática. No entanto, colocamo-nos à disposição para avaliação de eventuais irregularidades ou omissões de crédito e consequente correção nas próximas edições. As imagens e os textos constantes nesta obra que, eventualmente, reproduzam algum tipo de material de publicidade ou propaganda, ou a ele façam alusão, são aplicados para fins didáticos e não representam recomendação ou incentivo ao consumo.

Reprodução proibida: Art. 184 do Código Penal e Lei 9.610 de 19 de fevereiro de 1998.
Todos os direitos reservados à **EDITORA FTD**.

Produção gráfica
FTD EDUCAÇÃO | GRÁFICA & LOGÍSTICA
Avenida Antônio Bardella, 300 - 07220-020 GUARULHOS (SP)
Fone: (11) 3545-8600 e Fax: (11) 2412-5375

A - 706.892/21

Rua Rui Barbosa, 156 – Bela Vista – São Paulo – SP
CEP 01326-010 – Tel. 0800 772 2300
Caixa Postal 65149 – CEP da Caixa Postal 01390-970
www.ftd.com.br
central.relacionamento@ftd.com.br

A comunicação impressa e o papel têm uma ótima história ambiental para contar
TWO SIDES
www.twosides.org.br

SUMÁRIO

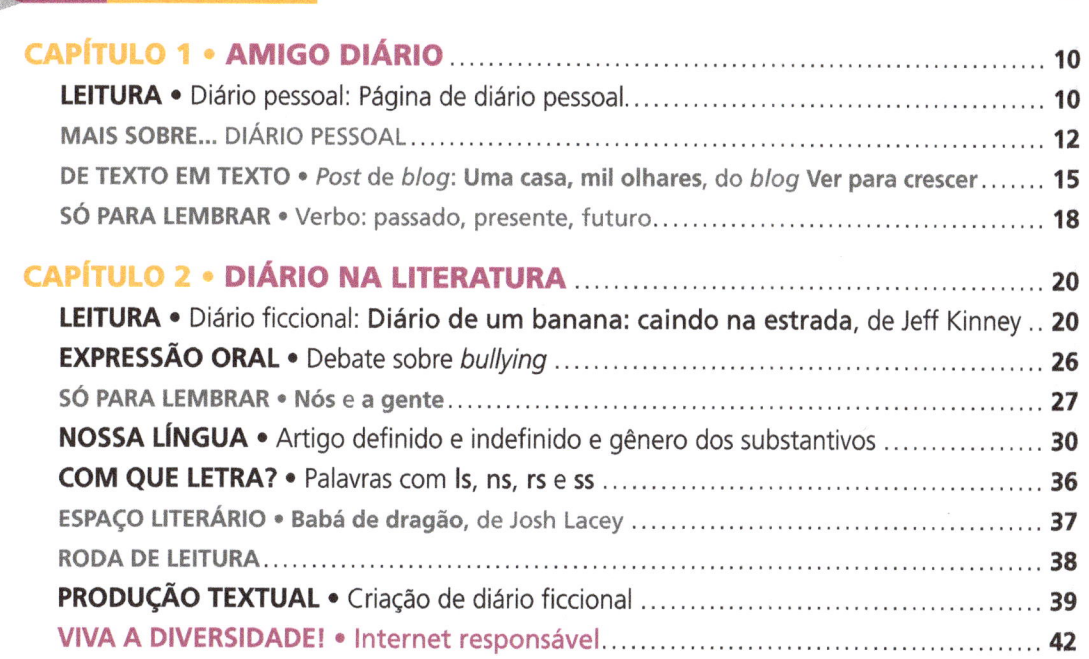

UNIDADE 1 — ANOTAÇÕES DO DIA A DIA 8

CAPÍTULO 1 • AMIGO DIÁRIO 10
- **LEITURA** • Diário pessoal: Página de diário pessoal 10
- **MAIS SOBRE...** DIÁRIO PESSOAL 12
- **DE TEXTO EM TEXTO** • *Post* de blog: **Uma casa, mil olhares**, do *blog* Ver para crescer 15
- **SÓ PARA LEMBRAR** • Verbo: passado, presente, futuro 18

CAPÍTULO 2 • DIÁRIO NA LITERATURA 20
- **LEITURA** • Diário ficcional: **Diário de um banana: caindo na estrada**, de Jeff Kinney .. 20
- **EXPRESSÃO ORAL** • Debate sobre *bullying* 26
- **SÓ PARA LEMBRAR** • **Nós** e **a gente** 27
- **NOSSA LÍNGUA** • Artigo definido e indefinido e gênero dos substantivos 30
- **COM QUE LETRA?** • Palavras com **ls**, **ns**, **rs** e **ss** 36
- **ESPAÇO LITERÁRIO** • **Babá de dragão**, de Josh Lacey 37
- **RODA DE LEITURA** 38
- **PRODUÇÃO TEXTUAL** • Criação de diário ficcional 39
- **VIVA A DIVERSIDADE!** • Internet responsável 42

UNIDADE 2 — PITADAS DE TENSÃO 44

CAPÍTULO 1 • CONTOS DE FAZER TREMER 46
- **LEITURA** • Conto de suspense: **A casa mal-assombrada**, de Lorena Marín 46
- **DE CARONA COM O TEXTO** • Palavras que transmitem clima de suspense 53
- **NOSSA LÍNGUA** • Substantivos primitivos e derivados, simples e compostos 54
- **SÓ PARA LEMBRAR** • Adjetivos e locuções adjetivas 57
- **COM QUE LETRA?** • Palavras terminadas em **-esa** ou **-eza** 60

CAPÍTULO 2 • QUE MEDO! 63
- **LEITURA** • Conto de suspense: **A aranha assustadora**, de Don Roff 64
- **MAIS SOBRE...** CONTO DE SUSPENSE 70
- **NOSSA LÍNGUA** • Pontuação em diálogo (dois-pontos e travessão) 71
- **PRODUÇÃO TEXTUAL** • Criação de conto de suspense 73
- **EXPRESSÃO ORAL** • Leitura expressiva do conto criado 76
- **VIVA A DIVERSIDADE!** • Sem medo de ser diferente 77

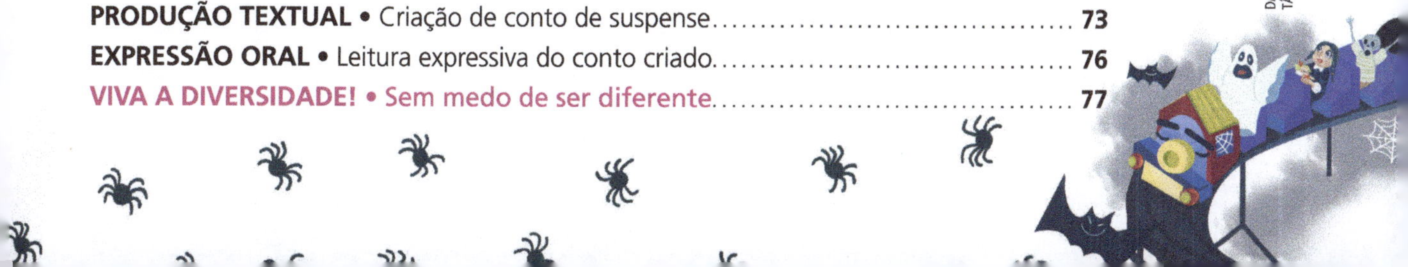

UNIDADE 3 • RECORDAR É VIVER 78

CAPÍTULO 1 • MEMÓRIAS DA INFÂNCIA 80
- **LEITURA** • Relato de memórias: **Escola antiga**, de Rachel de Queiroz 80
- **COM QUE LETRA?** • Palavras terminadas em **-am** e **-ão** 84
- **EXPRESSÃO ORAL** • Relato de memória 86
- **NOSSA LÍNGUA** • Verbo: infinitivo, conjugações 88

CAPÍTULO 2 • TEMPO DE RECORDAR 90
- **LEITURA** • Relato de memórias: **Noite de terror**, de Tatiana Belinky 90
- **COM QUE LETRA?** • Uso de **há** ou **a** 94
- **MAIS SOBRE...** RELATO DE MEMÓRIAS 95
- **DE TEXTO EM TEXTO** • Conto: **Engolidor de espelhos**, de Pepita Sampaio Sekito 97
- **NOSSA LÍNGUA** • Verbo: flexão de tempo e modo 101
- **PRODUÇÃO TEXTUAL** • Livro de relato de memórias 105
- **VIVA A DIVERSIDADE!** • Museu: preservação da memória 107

UNIDADE 4 • VERSOS QUE ENCANTAM 108

CAPÍTULO 1 • PALAVRA POÉTICA 110
- **LEITURA** • Poema: **O passarinho e o espantalho**, de Marciano Vasques 110
- **MAIS SOBRE...** POEMA 113
- **COM QUE LETRA?** • Palavras com **ex + vogal** 116
- **EXPRESSÃO ORAL** • Sarau de poesia 117
- **DE TEXTO EM TEXTO** • Poema visual: **Jogo da velha**, de Adriano Bitarães Netto 118
- **DE CARONA COM O TEXTO** • Leitura de imagem 120
- **NOSSA LÍNGUA** • Verbo: modo imperativo (afirmativo e negativo) 121

CAPÍTULO 2 • A POESIA PEDE PASSAGEM 125
- **LEITURA** • Poema: **Cidadezinha cheia de graça**, de Mario Quintana 125
- **SÓ PARA LEMBRAR** • Grau comparativo 128
- **MAIS SOBRE...** POEMA 131
- **COM QUE LETRA?** • Palavras com **ss, ç, x, xc, sç, sc** 133
- **AS PALAVRAS NO DICIONÁRIO** • Abreviaturas 135
- **PRODUÇÃO TEXTUAL** • Criação de poema em homenagem à cidade 136
- **VIVA A DIVERSIDADE!** • *Rap* também é poema! 138

UNIDADE 5 • PESSOAS, FATOS E ASSUNTOS 140

CAPÍTULO 1 • ENTREVISTA IMPRESSA 142
LEITURA • Entrevista: **Todos contra o racismo**, de Nahima Maciel 142
MAIS SOBRE... ENTREVISTA 146
COM QUE LETRA? • Uso de **porquê, por quê, porque, por que** 150
NOSSA LÍNGUA • Pontuação: uso das reticências 152
ESPAÇO LITERÁRIO • **Malala Yousafzai — ativista**, de Elena Favilli 156

CAPÍTULO 2 • ENTREVISTA NA REDE 158
LEITURA • **'A educação é o caminho [...]', diz Malala**, de Tatiana Gianini ... 158
NOSSA LÍNGUA • Encontro vocálico: ditongo, tritongo e hiato 163
COM QUE LETRA? • A letra **s** depois de ditongos 165
SÓ PARA LEMBRAR • Pontuação 166
PRODUÇÃO TEXTUAL • Entrevista 168
EXPRESSÃO ORAL • Apresentação de entrevista 171
VIVA A DIVERSIDADE! • Pela igualdade de gêneros 172

UNIDADE 6 • NOTÍCIA EM FOCO 174

CAPÍTULO 1 • SAIU NA PRIMEIRA PÁGINA 176
LEITURA • Notícias dos jornais *Correio Braziliense* e *Folha de S.Paulo* 176
COM QUE LETRA? • Uso das palavras **mais** ou **mas** 181
NOSSA LÍNGUA • Sílaba tônica e acentuação de proparoxítonas 183
SÓ PARA LEMBRAR • Pronomes 184

CAPÍTULO 2 • NOTÍCIAS IMPRESSAS E *ON-LINE* 188
LEITURA • Notícia impressa: **O resgate da baleia jubarte em Búzios**,
de Simone Candida 188
DE TEXTO EM TEXTO • Notícia *on-line*: **Baleia jubarte que estava encalhada em Búzios volta ao mar**, de Marcio Dolzan 191
NOSSA LÍNGUA • Acentuação de paroxítonas 193
AS PALAVRAS NO DICIONÁRIO • Uso do dicionário para seleção de sinônimos ... 195
MAIS SOBRE... NOTÍCIA 197
PRODUÇÃO TEXTUAL • Criação de notícia 199
EXPRESSÃO ORAL • Apresentação de notícia em formato de telejornal 201
VIVA A DIVERSIDADE! • Meio ambiente em foco 202

UNIDADE 7 — CONHECIMENTO PARA TODOS ... 204

CAPÍTULO 1 • HORMÔNIOS NO CONTROLE ... 206
- **LEITURA** • Artigo de divulgação científica: **Eles controlam você!**, de Lucas Vasconcellos ... 206
- **COM QUE LETRA?** • As formas verbais terminadas em -em/-êm e -ê/-eem ... 211
- **MAIS SOBRE...** ARTIGO DE DIVULGAÇÃO CIENTÍFICA ... 213
- **SÓ PARA LEMBRAR** • Pronomes ... 215

CAPÍTULO 2 • CONHECENDO SEU CORPO ... 216
- **LEITURA** • Artigo de divulgação científica: **Nem criança, nem adolescente**, de Gabriela Cavalcanti ... 216
- **AS PALAVRAS NO DICIONÁRIO** • Caráter polissêmico das palavras ... 220
- **COM QUE LETRA?** • Palavras com consoante não acompanhada de vogal ... 221
- **NOSSA LÍNGUA** • Acentuação de oxítonas ... 223
- **PRODUÇÃO TEXTUAL** • Produção de artigo de divulgação científica ... 225
- **EXPRESSÃO ORAL** • Seminário ... 228
- **ESPAÇO LITERÁRIO** • **Chuva**, de Fernando Nuno ... 229
- **NOSSA LÍNGUA** • Grau superlativo ... 230
- **SÓ PARA LEMBRAR** • Pontuação ... 234
- **VIVA A DIVERSIDADE!** • Indígenas: rituais e cultura ... 237

UNIDADE 8 — O TEATRO E SEUS ENCANTOS ... 238

CAPÍTULO 1 • ABRAM AS CORTINAS! ... 240
- **LEITURA** • Texto teatral: **O rei careca** (parte 1), de Ângelo Machado ... 240
- **COM QUE LETRA?** • Palavras com lh ou li ... 245
- **MAIS SOBRE...** TEXTO TEATRAL ... 247
- **NOSSA LÍNGUA** • Pronome demonstrativo ... 248
- **DE TEXTO EM TEXTO** • Retrato de Luís XIV, de Hyacinthe Rigaud ... 250

CAPÍTULO 2 • ESPETÁCULO NA ESCOLA ... 252
- **LEITURA** • Texto teatral: **O rei careca** (parte 2), de Ângelo Machado ... 252
- **NOSSA LÍNGUA** • Advérbio e locução adverbial ... 258
- **PRODUÇÃO TEXTUAL** • Criação de texto teatral ... 261
- **DE TEXTO EM TEXTO** • Crônica: **Peça infantil**, de Luis Fernando Verissimo ... 264
- **SÓ PARA LEMBRAR** • Pontuação ... 269
- **EXPRESSÃO ORAL** • Apresentação de peça teatral ... 270
- **VIVA A DIVERSIDADE!** • Teatro para todos ... 272

UNIDADE 9 — QUAL É A POLÊMICA? 274

CAPÍTULO 1 • ARGUMENTAR PARA CONVENCER 276
  LEITURA • Artigo de opinião: **Refri na berlinda**, de GPS Brasília 276
  MAIS SOBRE... ARTIGO DE OPINIÃO 282
  COM QUE LETRA? • Palavras terminadas em l ou u 285
  EXPRESSÃO ORAL • Debate 287
  PRODUÇÃO TEXTUAL • Produção de artigo de opinião 289

CAPÍTULO 2 • OPINIÃO DA MAIORIA 290
  LEITURA • Artigo de opinião: **Brasileiro tomaria menos 'refri' se preço fosse salgado**, de Natália Cancian 290
  DE TEXTO EM TEXTO • Gráfico em reportagem 295
  NOSSA LÍNGUA • Verbo: modo subjuntivo 297
  COM QUE LETRA? • Palavras terminadas em -ice e -isse 299
  VIVA A DIVERSIDADE! • Alimentação sustentável! 301

REFERÊNCIAS BIBLIOGRÁFICAS 303

UNIDADE 1
ANOTAÇÕES DO DIA A DIA

Ai, diário! Por um triz não perdi o ônibus da escola ontem!

Junho – dia 12
Entregar o trabalho de Ciências.

NESTA UNIDADE VOCÊ VAI:

- Ler uma página de diário pessoal e analisar a linguagem usada.
- Ler um trecho de um livro escrito em forma de diário.
- Conhecer um pouco sobre diários virtuais.
- Escrever uma página de diário ficcional.

Lembrete:
- *convidar a Mariana para entrar no grupo do teatro.*

Querido diário! Hoje acordei no mundo da lua.

1. Você sabe o que é um diário pessoal? Para que ele serve?
2. Você conhece algum livro em que a história é narrada em forma de diário? Qual?
3. Se você fosse escrever algo no diário hoje, o que escreveria? Use o espaço nesta página.

SIMONE ZIASCH

CAPÍTULO 1
AMIGO DIÁRIO

- Quando sente vontade de desabafar alguma coisa, o que você faz? Escreve em um diário ou conversa com alguém?
- A seguir, você vai ler uma página do diário de Maria Beatriz. Os diários pessoais não costumam ser lidos por outras pessoas, somente por quem os escreve, mas ela autorizou a publicação de uma página do seu diário neste livro. Na sua opinião, que critério ela usou para escolher a página para ser publicada?

LEITURA

1. Leia a página do diário e depois veja se o que você pensou se confirma.

16 / 12 / 2016

Querido diário,

Finalmente chegou o último dia de aula! Eu achava que ninguém no mundo ia estar mais feliz do que eu, mas bastou passar pela sala dos professores que eu mudei de opinião.

Não quero passar as férias deitada feito uma batata inútil, então já fiz a lista com as coisas ma·ra·vi·lho·sas que pretendo fazer nesse verão.

O problema é que SEI que na hora que eu mostrar a lista pra minha mãe ela vai fazer aquela cara de "CARO" e jogar água fria nos meus planos. E ainda vai dizer: "Maria Beatriz, você acha que eu estou plantando pé de dinheiro?" Ela sempre pergunta isso quando não tem nada mais interessante para falar.

Obrigada por me ouvir, diariozinho. Se tiver um plano pra eu ganhar dinheiro, avisa, tá?

Página de diário de Maria Beatriz Gomes, 10 anos, cedida especialmente para este livro.

2. Marque as alternativas adequadas.

   a) É possível afirmar que essa página foi retirada de um diário pessoal porque:

   ☐ A autora do diário fala de si mesma e a página se refere a um dia da sua rotina.

   ☐ A autora conta uma história inventada sobre a vida de outra pessoa.

   b) Na sua opinião, uma pessoa pode inventar fatos para colocar em seu diário pessoal? Ou você acha que isso nunca acontece? Justifique.

3. Escreva os fatos marcantes que foram relatados por Maria Beatriz no texto.

_____

_____

4. Responda.

   a) Na sua opinião, por que Maria Beatriz escreveu a palavra **CARO** da forma que o fez?

   _____

   _____

   b) Por que a palavra **maravilhosas** foi separada em sílabas?

   _____

   _____

5. Que característica da menina fica evidenciada pela leitura do diário?

_____

6. Releia um trecho da despedida de Maria Beatriz.

> *Obrigada por me ouvir, diariozinho.*

- Por que a menina se refere ao diário como "diariozinho"?

_____

_____

MAIS SOBRE... DIÁRIO PESSOAL

1. Uma página de diário pessoal pode conter vários elementos. Você sabe quais são eles? Preencha os retângulos com os nomes dos elementos indicados no quadro à direita.

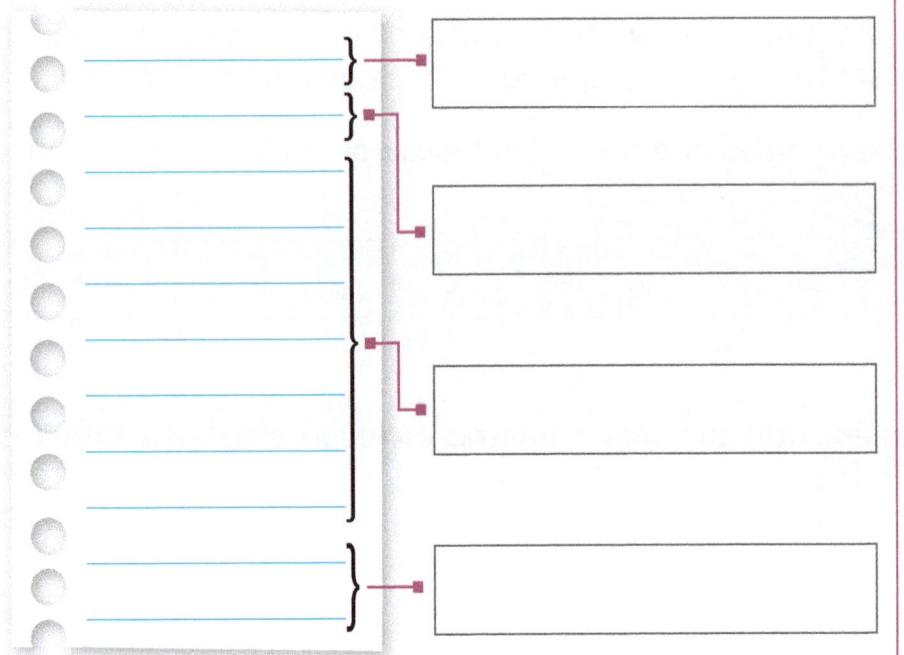

Elementos da página do diário pessoal

- **relatos:** acontecimentos do dia, sentimentos, novidades, segredos etc.
- **saudação:** pode-se iniciar o relato como em uma conversa com alguém, usando as expressões: querido diário, caro amigo, amigo diário etc.
- **despedida:** pode-se encerrar o relato no diário como em uma conversa com alguém, usando as expressões: tchau, até breve, até amanhã etc.
- **data:** pode ser escrita de forma reduzida, por exemplo: 10 de fevereiro, terça-feira; ou 10/02/2018.

• Agora, volte à página 10 e observe os elementos que Maria Beatriz usou na página do seu diário pessoal.

a) Que elemento do diário Maria Beatriz não utilizou?

_____

b) Esse elemento é fundamental para a compreensão da mensagem?

☐ Sim. ☐ Não.

2. Marque a alternativa adequada.

Qual elemento não pode faltar na página de um diário pessoal para que o autor saiba exatamente quando aconteceram os fatos do relato?

☐ Data. ☐ Despedida.

3. Em um diário pessoal, o autor pode escrever como se estivesse conversando com o diário. Sublinhe, na página do diário de Maria Beatriz, as frases que confirmam essa informação.

4. Marque as alternativas que completam a frase abaixo adequadamente.

Os diários pessoais são...

☐ escritos porque as pessoas querem guardar lembranças de acontecimentos importantes que não querem esquecer.

☐ usados para desabafar sobre fatos desagradáveis do dia a dia.

☐ escritos para guardar ideias interessantes.

☐ escritos para mostrar para todos o que se pensa.

5. Quem escreve um diário, geralmente, usa registro informal, parecido com a linguagem usada em conversas com quem se tem intimidade.

A seguir aparecem características dessa linguagem. Verifique se há algum exemplo no diário de Maria Beatriz.

a) Uso de gírias e expressões comuns no dia a dia.

_____

_____

b) Palavras reduzidas, como **tá, tô, né**?

_____

DICA Em situações informais, é comum o uso de palavras ou expressões simplificadas.

6. Maria Beatriz escreve seu diário em um caderno próprio para isso. Responda. Na sua opinião, só se pode escrever um diário em cadernos desse tipo? Por quê?

_____

_____

_____

_____

7. Quem escreve em um diário parece conversar com ele de forma íntima; por isso usa registro informal.

Imagine um diário escrito assim:

> Prezado diário,
>
> Quero salientar a minha insatisfação com o comportamento do José Vinícius no recreio. Enquanto eu degustava o bolo presenteado pela minha professora, ele veio correndo e acertou-me em cheio. O choque foi deveras brusco e minha preciosa fatia de bolo foi ao chão.

Salientar: evidenciar, realçar, destacar.
Insatisfação: desagrado, aborrecimento.
Degustar: sentir o gosto, saborear.
Deveras: realmente, de fato.

- Responda.

a) Você acha que esse registro é normalmente usado em um diário pessoal? Por quê?

_____
_____

b) Reescreva esse trecho empregando uma linguagem informal. Dica: veja o significado de algumas palavras logo depois do texto.

_____
_____
_____
_____
_____
_____
_____

DE TEXTO EM TEXTO

Muitas pessoas usam a internet para divulgar textos, imagens e vídeos. Assim, escrever registros diários pode ser uma prática que vai além dos cadernos pessoais guardados em gavetas e pode atingir outros leitores. Cada texto ou imagem publicado recebe o nome de *post*.

Você sabe como isso acontece?

DICA *Blog* vem da abreviação *weblog*: *web* significa **tecido**, **teia** e também é usado para designar o ambiente da internet; *log* significa **registro de alguma atividade**; assim, *blog* quer dizer **diário virtual**.

1. Você já leu um *blog* ou escreveu em um?

2. O *blog* a seguir é produzido por um grupo de crianças que se revezam para escrever as postagens. Nele, são relatados fatos do cotidiano e dicas de filmes, livros, jogos, entre outros. Leia.

http://verparacrescer.blogspot.com.br/2011/07/uma-casa-mil-olhares_20.html

JUL 20

Uma casa, mil olhares

Hoje fui numa exposição muito legal chamada Uma Casa, Mil Olhares, no shopping Eldorado.

A exposição é uma casa sustentável, onde cada ambiente representa uma década e explica um problema ambiental.

[...]

No fim, a gente se senta e fala sobre coisas como o que é sustentabilidade, como ser mais sustentáveis no dia a dia e coisas do tipo. Depois da conversa, as crianças têm uma oficina para fazer brinquedos reciclando.

Como era sobre sustentabilidade e reciclagem a oficina, e isso é exatamente o que eu estou estudando na escola, eu acabei usando muita coisa que aprendi na escola (uma das instrutoras disse que eu sabia de tanta coisa que queria que eu fosse funcionário dela! Já pensou?).

Tinha outras crianças na exposição (do jeito que estou falando parece que só tinha eu e meu irmão!), mas eram pequenas e o assunto era mais novo para elas do que para mim e para o @giorgiosns.

Mas você sabe o que é ser sustentável? Vamos ver:

Sustentabilidade é existir no mundo de forma harmônica, sem destruir tudo que existe. (profundo esse pensamento, né? ;-))

P.S. essas fotos são da oficina com reciclagem!

UMA CASA, mil olhares. **Ver para crescer**, 20 jul. 2011. *Blog*. Disponível em: <http://verparacrescer.blogspot.com.br/2011/07/uma-casa-mil-olhares_20.html>. Acesso em: 20 out. 2017.

3. O *blog* é uma ferramenta do mundo virtual que permite aos usuários colocar conteúdos na rede e interagir com outros internautas.

- Responda.

a) Qual é o nome do *blog*?

b) Quem cria um *blog* usa fotos, cores, desenhos e recursos digitais para atrair leitores. Você acha que o *blog* Ver para crescer é atraente? Por quê?

c) Que informação foi relatada nessa postagem?

d) É possível afirmar que o *blog* relata apenas acontecimentos do cotidiano escolar do grupo de crianças? Por quê?

4. Releia um trecho da postagem.

> Sustentabilidade é existir no mundo de forma harmônica, sem destruir tudo que existe.

- Explique o que você imagina que o autor da postagem quis dizer com essa afirmação.

_____

_____

_____

5. A postagem contém um *emoji*, símbolo usado para transmitir uma ideia ou uma emoção. Localize esse símbolo e circule-o. Depois, responda.

a) Na sua opinião, com que intenção o autor da postagem usou esse *emoji*?

_____

_____

b) Você acha que esse recurso está adequado a postagens em *blogs* como a que você leu? Por quê?

_____

_____

_____

6. Discuta a questão a seguir com os colegas e o professor. Depois, registre a sua conclusão.

- Qual é a diferença entre o diário pessoal e o *blog*, levando em conta seus leitores?

_____
_____
_____
_____

7. Marque a alternativa que completa adequadamente a frase.

A semelhança entre diário pessoal e *blog* em relação à linguagem é o fato de ambos usarem:

☐ registro formal.   ☐ registro informal.

8. Além de tornar pública a vida do autor ou dos autores, os *blogs* deixam espaço para que os leitores façam comentários sobre o que foi escrito, sem que haja necessidade de essas pessoas se identificarem.

- Leia o comentário de um dos leitores do *blog* **Ver para crescer**.

Principais comentários ˅

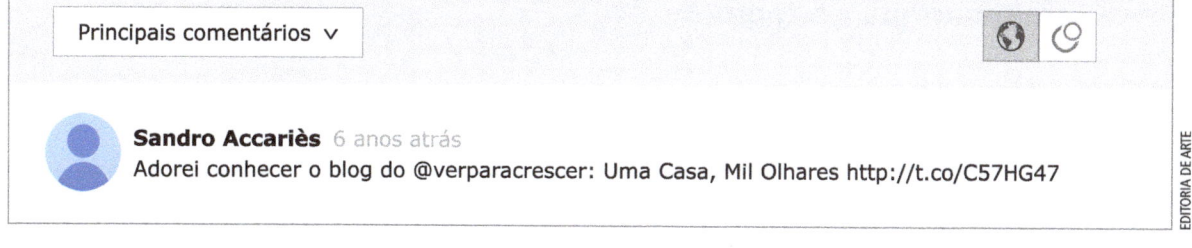

Sandro Accariès 6 anos atrás
Adorei conhecer o blog do @verparacrescer: Uma Casa, Mil Olhares http://t.co/C57HG47

DICA Nesse espaço, o leitor torna-se participativo e interage com o autor do *blog*.

- Quem escreveu o comentário? Com que finalidade?

Que tal, com os colegas e o professor, criar um *blog* da turma com um visual bem caprichado e atraente?

Para o sucesso do *blog*, você e os colegas devem mantê-lo atualizado, podem até criar um sistema de rodízio, de forma que as postagens sejam constantes.

SÓ PARA LEMBRAR

1. O trecho a seguir foi retirado da contracapa do livro **O Touro Ferdinando**, de Munro Leaf, e conta a história de Ferdinando, um touro um pouco diferente dos outros. Você conhece esta história? Leia e observe os verbos destacados.

> Ferdinando **é** touro grande e forte, mas, ao contrário dos outros touros, não **gosta de lutar**. **Prefere ficar** sentadinho à sombra da árvore, cheirando as flores. <u>E **é** assim que Ferdinando **passa** seus dias,</u> até que alguns homens de chapéus engraçados – e uma abelha – **dão** a ele a oportunidade de ser a grande estrela das touradas... e o herói mais divertido!
>
> LEAF, Munro. O Touro Ferdinando. Rio de Janeiro: Intrínseca, 2017.

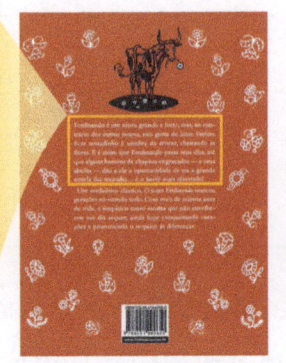

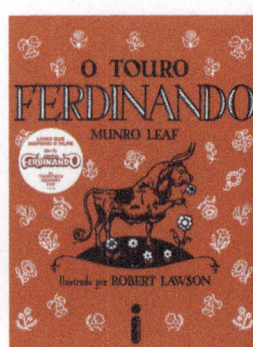

Os **verbos** são palavras que podem variar para transmitir a ideia de tempo. Eles podem estar nos tempos **presente**, **passado** ou **futuro**.

• Leia os verbos destacados e marque em que tempo eles estão.

☐ Presente.   ☐ Passado.   ☐ Futuro.

2. Reescreva o trecho sublinhado como se a história do Ferdinando estivesse sendo narrada no tempo:

passado _____

futuro _____

3. Leia o balão de fala e observe as formas verbais destacadas. São formas compostas que indicam tempo futuro.

> FILHO, ACABEI DE SABER QUE **VAI HAVER** UM CURSO DE FOTOGRAFIA PERTO DA SUA ESCOLA E QUE **VAI SER** SORTEADO UM CELULAR NOVINHO PARA QUEM PARTICIPAR! SEI O QUANTO VOCÊ GOSTA DE FOTOGRAFAR E, SE QUISER PARTICIPAR DO CURSO, **VAI TER** DE SE INSCREVER ATÉ AMANHÃ.

- Os bilhetes abaixo foram trocados no período da gincana de uma escola. Complete os espaços com as formas verbais dos verbos entre parênteses, de acordo com as orientações.

   A. No bilhete da professora Larissa, use a forma simples dos verbos no futuro.

   B. No bilhete do vô Zé, use a forma composta por dois verbos no futuro.

A

Prezados responsáveis,

Nessa semana, _____ (ocorrer) a Gincana do 5º ano. Por isso, os alunos _____ (ficar) na escola também no período da tarde. No próximo sábado, _____ (ser) o encerramento. Espero vocês para confraternizarmos com as equipes vencedoras!

Professora Larissa.
15/03/2017

B

Netinho,

Nessa semana, você _____ (ter) a Gincana da sua escola. Você _____ (levar) uma muda de roupa extra e uma garrafinha de água. Não se esqueça!

Vô Zé
2/4/2018.

a) As formas verbais destacadas nos textos **A** e **B** indicam a mesma ideia de tempo?

_____

b) Que ideia de tempo elas indicam?

_____

c) Qual das formas verbais é mais próxima da que é usada no dia a dia, a do texto **A** ou **B**?

_____

19

CAPÍTULO

2 DIÁRIO NA LITERATURA

Observe a capa do livro.

- Do que você acha que este livro trata? Por quê?
- Você já leu algum livro da coleção **Diário de um banana**? Que personagens são comuns nessa coleção?
- Neste livro, o personagem Greg Heffley embarca em uma viagem de carro rumo ao aniversário de 90 anos da avó. Durante a viagem, o carro da família de Greg enguiçou próximo ao parque Mundo Encharcado. Greg adorou. Então, toda a família resolveu passar o dia lá. O que você acha que vai acontecer?

EDITORA VERGARA & RIBA

LEITURA

1. Leia algumas páginas desse diário para saber se suas hipóteses se confirmam.

DIÁRIO DE UM BANANA

JUNHO
sexta-feira

Fomos primeiro até a piscina de ondas, mas devia ter um BILHÃO de pessoas lá dentro.

Rodrick sugeriu uma brincadeira de esconde-esconde, mas, com tantas pessoas e boias na piscina, seria impossível terminar o jogo um dia.

165

CRIAÇÃO E DESIGN: JEFF KINNEY. EDIÇÃO: FABRICIO VALERIO E THAISE COSTA MACEDO. TRADUÇÃO: ALEXANDRE BOIDE. TÍTULO ORIGINAL: DIARY OF A WIMPY KID: THE LONG HAUL

Então, para a coisa ficar mais JUSTA, falei que não valia se esconder debaixo d'água. Estava com medo de que o Rodrick fosse trapacear, mas ele teve uma ideia para garantir que a regra fosse cumprida.

Ele pegou uma toalha de papel da lanchonete e disse que quem fosse se esconder ia ter que manter o papel seco, para provar que não tinha se escondido debaixo d'água. Admito que fiquei impressionado por ele ter conseguido bolar aquela estratégia sozinho.

Eu me ofereci para me esconder primeiro. Encontrei um lugar perto da borda da piscina, onde sabia que ia ser difícil para o Rodrick me encontrar.

166

O que eu NÃO SABIA era que o Rodrick tinha escrito uma coisa no papel antes de me entregar. E, para meu azar, TODO MUNDO percebeu isso antes de mim.

O que o Rodrick escreveu já era ruim de QUALQUER JEITO, mas ele cometeu dois erros de ortografia, o que tornou tudo ainda PIOR.

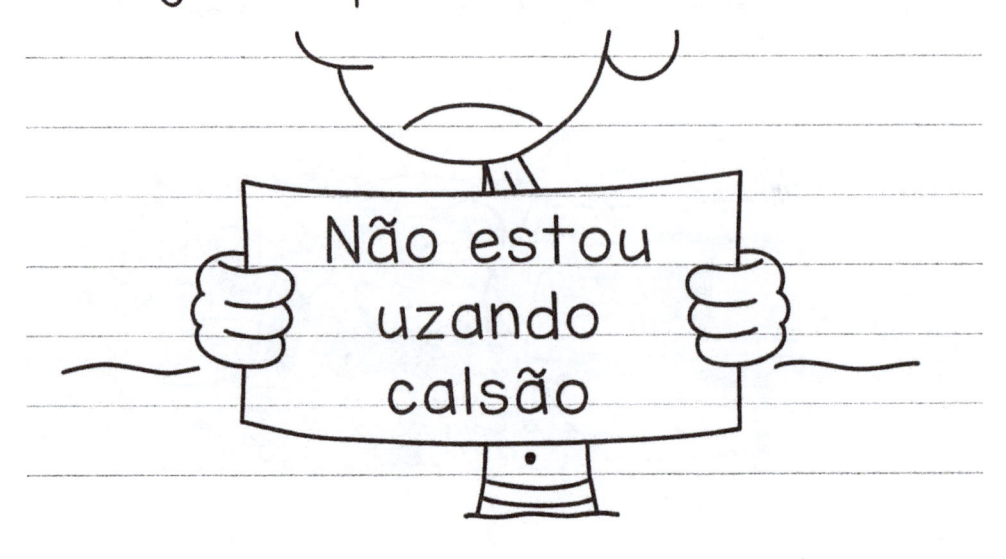

Não estou uzando calsão

E a coisa ficou ainda MAIS vergonhosa quando a salva-vidas me mandou sair da piscina.

PRIIIIIIII

Preciso aprender a sempre desconfiar do Rodrick. PRINCIPALMENTE num parque aquático.

DIGA "X"! XIIIIIS!

Jeff Kinney. **Diário de um banana**: caindo na estrada. São Paulo: Vergara e Riba Editoras, 2015. p. 165-168.

Jeff Kinney é um escritor norte-americano. Além disso, é cartunista e *designer* de jogos. Ele ficou ainda mais conhecido depois de escrever a série **Diário de um banana**.

2. Responda.

　　a) Quem é o narrador desse diário?

　　b) Esse personagem é também autor do livro **Diário de um banana**? Como você chegou a essa conclusão?

　　c) Que acontecimento é relatado nesse trecho do diário?

3. Na sua opinião, para qual tipo de público, preferencialmente, o livro foi escrito? Marque.

　　☐ Adultos.　　　　　　　　　　　☐ Crianças e adolescentes.

4. Explique o plano de Rodrick para enganar Greg.

_____
_____
_____
_____
_____
_____

5. Além de se tornar alvo de todos os olhares das pessoas na piscina, o que deixou Greg ainda mais constrangido?

_____
_____

- Reescreva a frase que Rodrick escreveu no papel, sem cometer as mesmas falhas na ortografia.

6. No texto, algumas palavras e expressões foram escritas com letras maiúsculas. Veja um exemplo.

> [...] O que eu NÃO SABIA era que o Rodrick tinha escrito uma coisa no papel antes de me entregar. E, para meu azar, TODO MUNDO percebeu isso antes de mim. [...]

- Qual é a intenção do uso de letras maiúsculas nessas expressões?

a) NÃO SABIA:

_____

_____

b) TODO MUNDO:

_____

_____

7. Qual foi a reação das pessoas que estavam na piscina ao ler o papel que Greg segurava?

_____

_____

- Como você descobriu isso?

_____

8. O que a salva-vidas fez para chamar a atenção de Greg e mandar que ele saísse da piscina?

_____

9. Escreva que informação pode ser obtida pela observação da última ilustração.

_____

_____

_____

25

EXPRESSÃO ORAL

Greg e Rodrick são personagens criados pela imaginação do autor Jeff Kinney.

Na vida real, brincadeiras de mau gosto que expõem as pessoas de forma desagradável, causando embaraço e desconforto, como a que Rodrick fez com Greg, não devem acontecer.

Você já ouvir falar em *bullying*? *Bullying* é o nome que se dá a atos de violência física ou psicológica, intencionais e repetidos, praticados por uma pessoa ou grupo de pessoas, causando dor e angústia a quem sofre essas agressões.

Muitas vezes, atitudes que se passam por brincadeiras podem causar sofrimento a alguém. Apelidos ofensivos, bater, intimidar, não respeitar as diferenças são exemplos de *bullying*.

A escola deve ser um ambiente saudável onde se possa aprender e se desenvolver de forma positiva.

1 Você e os colegas vão fazer um debate para discutir a seguinte questão: **o que pode e o que não pode ser considerado *bullying*?**

DICA O professor vai coordenar esta atividade para que cada um possa dar exemplos de comportamentos que considera ou não *bullying* com **argumentos** que justifiquem seu ponto de vista.

2 Ao justificar seu ponto de vista, use palavras como: **porque, uma vez que, pois, visto que...**

3 Se for acrescentar mais de um argumento, use: **além disso, também, outro motivo...**

4 Ouça as opiniões com atenção, sem interromper a fala dos colegas. Peça a palavra se quiser fazer intervenções que acrescentem ou refutem ideias colocadas.

5 Ao final, avalie oralmente a atividade, contando o que foi mais proveitoso, o que pôde ser percebido pela reação dos ouvintes (se concordaram ou não com seu ponto de vista) e o que pôde aprender sobre o *bullying* com os colegas.

SÓ PARA LEMBRAR

1. Leia um trecho do livro **O diário do Lelê**. Nele, o personagem conta o que aconteceu com sua cachorrinha Lady.

> O meu nome é Leocádio, mas todo mundo me chama de Lelê. Quer dizer, todo mundo, não, porque eu tive uma cachorra que me chamava abanando o rabo. [...]
>
> [...] Mas um dia a Lady fugiu. O meu pai abriu o portão para colocar o carro na garagem, ela aproveitou e saiu. **A gente** correu atrás, mas acho que ela pensou que **a gente** estava brincando de pega-pega e correu ainda mais. Aí ela virou algumas esquinas e desapareceu. [...]
>
> José Roberto Torero. O diário do Lelê. São Paulo: Salamandra, 2009. p. 50-52.

• Responda.
Nesse trecho, qual é o fato mais importante relatado pelo personagem?

2. Marque.
Que pronome tem o mesmo sentido da expressão em destaque?

☐ Eu.   ☐ Nós.   ☐ Eles.

DICA A expressão **a gente** é muito utilizada em situações informais de comunicação, em histórias em quadrinhos, diários, letras de músicas e outros textos.

3. Responda.
Nesse trecho, foi adequado o uso da expressão **a gente**?

_____
_____
_____

4. Leia o trecho de uma carta enviada por alunos de uma turma de 3º ano ao prefeito da cidade.

> [...] **A gente** estudou a importância da água para o planeta e, agora, **a gente** está preocupado com o desperdício de água na cidade. [...]

Em situações mais formais de comunicação, é recomendável substituir a expressão **a gente** pelo pronome **nós**.

- Se você quisesse substituir a expressão em destaque no trecho da carta pelo pronome correspondente, você deveria modificar a frase. Como ela ficaria?

_____
_____
_____

5. A piada a seguir foi reescrita, de propósito, com repetição de palavras. Leia.

Querido diário,

Fiquei muito triste hoje porque um dos meus peixinhos morreu. Acho que, durante a noite, ele se distraiu e começou a nadar pouco e cochilou e morreu afogado. Então daí pensei em enterrá-lo na areia do aquário, mas aí não consegui cavar na água. Fiquei preocupado e aí usei a cabeça e pensei e resolvi retirar toda a água. Daí depois que fiz isso, eu parei e olhei e pude perceber que o peixinho que morreu era o mais querido de todos. Precisava ver o desespero dos outros peixes se debatendo.

PIADAS. Brisas educativas. **Confusão no aquário**. Disponível em: <www.brisaseducativas.wordpress.com>. Acesso em: 1 fev. 2018.

- **Responda.**
  - **a)** Essa piada foi escrita em forma de diário. Esse diário pessoal existe? Justifique.
  - **b)** Do que trata a piada?
  - **c)** Ao retirar a água do aquário, os outros peixes ficaram se debatendo. Por quê?
  - **d)** Que palavras foram repetidas desnecessariamente no texto?
  - **e)** Que sinal de pontuação poderia ser usado para evitar a repetição da palavra **e**?

6. Reescreva a piada evitando as repetições desnecessárias.

_____
_____
_____
_____
_____
_____
_____
_____

#FICA A DICA

Canal Maria Clara e JP. Disponível em: <http://ftd.li/n7jrfu>.
Acesso em: 28 dez. 2017.

Além de *blogs*, muitas pessoas, inclusive crianças, têm produzido canais em *sites* de compartilhamento de vídeos. Nesse canal, Maria Clara e João Pedro fazem vídeos contando sobre seu dia a dia, indicam brinquedos, brincadeiras, cantam, dão receitas culinárias, fazem paródias e muito mais!

Quem sabe se você e seus colegas ao assistirem a esse e a outros canais se inspiram para produzir um canal da classe com dicas de livros de que gostem, atividades que realizam na escola e passeios que vão fazer ao longo do ano?

NOSSA LÍNGUA

1. Leia um trecho do livro **Meus segredos não cabem num diário!**. Neste trecho, Laís conta sobre o dia em que sua mãe lhe pediu que escrevesse uma carta para a avó. A menina tentou convencer a mãe de que poderia usar um meio mais moderno para se comunicar com a avó de que ela tanto gosta, mas não teve jeito: a mãe insistiu que deveria ser uma carta. Veja.

15/março

[...]

Acho chato isso. A Flávia, minha grande amiga, tem uma avó que se diverte nas redes sociais postando piadinhas, receitas, poesias... Essas coisas.

Mas a minha... ai, ai, ai, uma CARTA!!

O pior é que ela mora muito, muito longe mesmo e nem dá para fazer uma visita, passar uma tarde...

Juro, diário, eu tentei, fiz o melhor que pude.

Vou colar em você a carta que eu escrevi e... depois eu te conto o que aconteceu.

[...]

Pronto. Não ficou ÓTIMA?

Falei o que eu sentia por ela quando a chamei de querida, informei por que estava escrevendo a carta, mandei um beijo e assinei. Achei sensacional. Tinha começo, meio e fim.

Mas minha mãe detestou. Sabe o que ela disse?

"Eu pedi uma carta, não um bilhete."

Querida vovó,
Escrevo esta carta para dizer que te amo.
Beijo
Laís

Manuel Filho. **Meus segredos não cabem num diário!** São Paulo: Melhoramentos, 2017. p. 10-11.

• Responda.

a) Pela página desse diário, como você imagina que é Laís?

b) Releia o primeiro parágrafo do diário.

• Com que sentido a palavra **grande** foi usada na frase?

• Assinale a alternativa adequada.

A vírgula foi usada para:

☐ separar elementos de uma enumeração.

☐ isolar uma explicação.

c) A última frase foi escrita entre aspas. O que isso significa?

_____

2. A que classe gramatical pertencem as palavras sublinhadas no diário de Laís?

_____

3. Você já estudou que substantivos são palavras que dão nome a pessoas, animais, plantas, coisas, lugares, sentimentos.

• Sabendo disso, circule mais três substantivos que aparecem no diário.

4. Pesquise em jornais e revistas frases que contenham pelo menos um substantivo. Em uma folha à parte, faça uma lista com essas frases, sublinhe os substantivos e traga para a sala de aula na data combinada com o professor.

5. Reúna-se com mais três colegas e disponham as palavras pesquisadas de forma que o grupo possa lê-las. Discutam as questões a seguir com o professor e registrem as descobertas.

a) Todos os substantivos têm gênero?

_____

b) Para todos os substantivos há uma forma no masculino e outra no feminino?

_____

31

6. Como é possível saber o gênero dos substantivos?

_____

_____

7. Imagine que o cartaz a seguir faça parte de uma série de atividades que objetivam divulgar a valorização da cultura popular.
Pense nos substantivos que podem substituir os números que aparecem nos quadrinhos e escreva.

CARAVANA DO CORDEL

Uma **1** _____ popular

Os **2** _____ e **3** _____ Abaeté e Claudia Borges estarão presentes na abertura.

O **4** _____ é grátis, mas as **5** _____ são limitadas!

Realização: Casa do Cordel • **Local:** SESC Petrolina
Horário: a partir das 14h

- Escreva as palavras que auxiliaram você a saber se os substantivos deveriam ser escritos no singular ou no plural, no masculino ou no feminino.

_____

> As palavras **a**, **o**, **as**, **os**, **uma**, **um**, **umas**, **uns** são artigos.

8. Leia um diálogo em um aplicativo de mensagem de celular, observando as palavras em destaque. Depois, responda.

Luiza

Maria: Oi, amiga, vamos ver **um** filme hoje?

Luiza: Vamos, sim! Que tal vermos **o** filme do Rei Leão?

Maria: Acho uma ótima ideia! Até mais!

a) Quem, na sua opinião, assistiria a qualquer filme, ou seja, quem não tinha um filme definido para ver?

b) Quem sugeriu um filme específico? Qual foi ele?

_____

c) Qual das palavras destacadas especificaram o filme que seria visto?

_____

> As palavras **uma**, **um**, **umas** e **uns** são **artigos indefinidos**.
> Exemplo: Quero ver **um** filme no cinema.
> As palavras **a**, **o**, **as** e **os** são **artigos definidos**.
> Exemplo: Quero ver **o** filme que Paulo me indicou.

9. Leia uma história em quadrinhos do Garfield e comente com os colegas que característica do gato fica evidenciada.

(Quadrinho 1: OH, GARFIEEELD!)
(Quadrinho 2: VÁ BUSCAR O JORNAL. / VOCÊ DEVE ESTAR BRINCANDO.)
(Quadrinho 3: SE NÃO TROUXER, NÃO TOMA CAFÉ DA MANHÃ.)
(Quadrinho 4: ISTO É CHANTAGEM.)
(Quadrinho 5: BOM GAROTO!)
(Quadrinho 6: sem fala)

Jim Davis. **Garfield em peso**. Tradução: Laura Barretto. São Paulo: Cedibra, 1987. Não paginado.

a) Releia a fala de Jon, dono de Garfield, no segundo quadrinho e responda.

> Vá buscar o jornal.

• Jon definiu qual era o jornal que Garfield deveria buscar? Explique.

☐ sim   ☐ não

_____

_____

33

b) Agora, leia esta frase e depois responda.

> Vá buscar **um** jornal.

• Se o pedido de Jon tivesse sido dessa forma, haveria alteração de sentido? Por quê?

_____

_____

10. Leia uma página do *Blog* da Mila.

postado no domingo

Não se enganem

As aves são muito bonitas e coloridas, mas costumam ser barulhentas. Até que hoje elas estavam calminhas. Consegui até tirar uma foto deste papagaio! Agora imagina, no meio da floresta, a barulheira que os papagaios e periquitos fazem. Acho até que os outros bichos devem colocar algodão nos ouvidos. =-)

quer comentar?

💬 **3 comentários:**

Nina: As aves são bonitinhas depois que crescem as penas coloridas. O filhote de papagaio é pelado e muito feinho. Já vi na televisão os caçadores prendendo os filhotes dentro de uma caixinha pequenininha, pra depois mandar os bichinhos para outros países. Uma maldade!

Duda: Que fofo, esse papagaio! É, o Brasil tem muitas aves. Mas a que eu acho mais bonita é a ararajuba, que é toda amarelinha, que nem gema de ovo.

Juca: Eu vi num documentário na TV que as aves são parentes dos dinossauros carnívoros. Cuidado da próxima vez que vocês correrem atrás de uma galinha!

Perfil
_Mila^^

Oi, eu sou a Mila! Tenho muitos amigos e sou apaixonada por animais.

Últimas postagens

domingo
Não se enganem

domingo
Uma boa dica para o fim de semana

quinta-feira
Novidades

quarta-feira
Adoro o Guto

segunda-feira
Valeu, amigos!

14

Blogs Amigos

Duda

Jotapê

Juca

Nina

Você está visitando a página 14.

Miguel Mendes. *Blog* da Mila. São Paulo: Globo, 2009. p. 14.

34

11. Assinale a alternativa correta.

O substantivo **papagaio** é do gênero:

☐ feminino. ☐ masculino.

- Na postagem do *blog*, que palavras ajudaram você a descobrir o gênero do substantivo **papagaio**?

_____

12. Em duplas, marque os quadrinhos que correspondem aos nomes dos animais que necessitam das palavras **macho** e **fêmea** para se distinguir o sexo. Se necessário, consulte o dicionário.

> **DICA** As palavras **macho** e **fêmea** são usadas para distinguir o sexo de alguns animais.

☐ gato ☐ formiga ☐ raposa
☐ baleia ☐ jacaré ☐ arara
☐ águia ☐ paca ☐ tartaruga
☐ gavião ☐ sabiá ☐ tucano
☐ jiboia ☐ barata ☐ tigre
☐ cobra ☐ cachorro ☐ pinguim
☐ macaco ☐ panda ☐ tatu
☐ onça ☐ mosca ☐ capivara
☐ anta ☐ pernilongo ☐ leão
☐ girafa ☐ foca ☐ aranha
☐ coruja ☐ porco ☐ quati

COM QUE LETRA?

▼ **PALAVRAS COM LS, NS, RS E SS**

1. Leia o quadro de palavras.

sensível	vassoura	passarinho	universo
falsa	curso	bolso	tossir
valsa	conversar	manso	personagem

• Circule em todas as palavras a letra que vem imediatamente antes do **s**.

a) Separe essas palavras em quatro grupos e complete o nome deles.

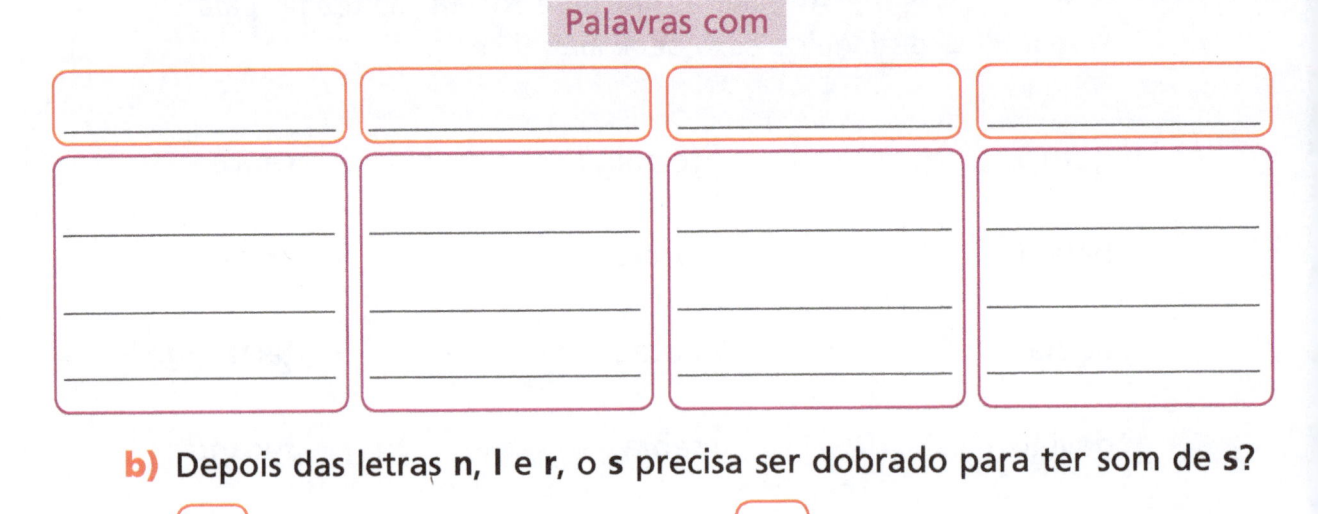

Palavras com

_____ _____ _____ _____

b) Depois das letras **n, l e r**, o **s** precisa ser dobrado para ter som de **s**?

☐ Sim.   ☐ Não.

2. Escreva o nome das figuras. Use o que você aprendeu para decidir quando usar **s** ou **ss**.

36

ESPAÇO LITERÁRIO

Autores de literatura têm escrito suas histórias em formato de diários e *e-mails*, por exemplo.

Por meio de *e-mails*, o autor Josh Lacey narra a história do menino Eduardo, que tinha a missão de cuidar do dragão de estimação de seu tio Morton enquanto este estava em férias.

- Leia um destes *e-mails*.

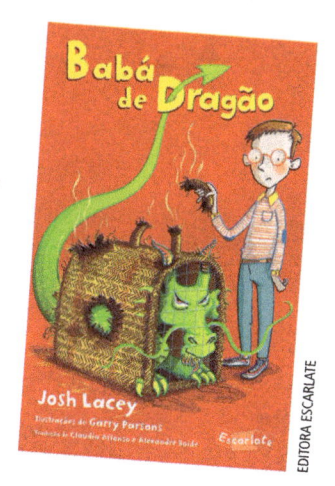

De: Eduardo Smith-Pickle
Para: Morton Pickle
Data: Domingo, 31 de julho
Assunto: Seu dragão
Anexo: Cocô nos sapatos

Querido tio Morton,

É melhor você pegar um avião agora e voltar pra cá. Seu dragão comeu Jemima. Emily adorava aquele coelho!

Eu sei o que você está pensando, tio Morton. Nós prometemos cuidar do seu dragão por uma semana. Eu sei que prometemos. Mas você não disse que seria assim.

Emily está no quarto dela agora, chorando tão alto que a rua inteira está ouvindo. Seu dragão está sentado no sofá, lambendo as garras, todo cheio de si.

Se não vier buscá-lo, a mamãe vai ligar para o zoológico. Ela disse que não sabe mais o que fazer.

Eu não quero que o dragão fique atrás das grades. E aposto que você também não. Mas não tenho como impedir minha mãe de fazer isso. Então, por favor, venha buscá-lo.

[...]

Edu.

Josh Lacey. **Babá de dragão**. Ilustrações de Garry Parsons. Tradução de Alexandre Boide e Claudia Affonso. São Paulo: Escarlate, 2015. p. 7 e 9.

E agora, o que será que o dragão vai aprontar na casa de Eduardo?

O professor vai ler mais um *e-mail*. Será que você ou algum colega da turma conseguiu acertar o que aconteceu? Ouça com atenção.

RODA DE LEITURA

Sua turma vai fazer várias rodas de leitura ao longo do ano. Dessa forma, irão conhecer muitos livros, autores e ilustradores. Além de serem lidos na escola, os livros das rodas poderão ser levados para casa e compartilhados com a família.

Leia alguns combinados para cuidar bem dos livros.

1 Manuseie o livro com as mãos limpas e secas.

2 Não risque ou dobre as folhas do livro.

3 Fique com o livro durante o tempo combinado. Se precisar de mais tempo, combine com o professor.

ILUSTRAÇÕES: LUCKYVECTOR/SHUTTERSTOCK.COM

Ao longo do ano, o professor vai abrir espaço para que você recomende, oralmente ou por escrito, livros que tenha lido e gostado.

Nesses momentos é importante destacar o que lhe chamou a atenção no livro e que possa despertar o interesse do colega. É possível comentar:

1. elementos da história, sem contar todo o enredo;
2. o tipo de ilustração do livro e de que forma ela se relaciona com a história;
3. o que chamou sua atenção na forma como a história foi contada, entre outros.

- O professor vai distribuir uma ficha de leitura para cada aluno anotar nela a data em que leu o livro, o título dele e registrar sua apreciação. Nessa ficha haverá espaço, também, para que registre os livros que indicou aos colegas.

PRODUÇÃO TEXTUAL

A turma será dividida em duplas para imaginar e criar páginas de diário pessoal ficcional para o personagem Eduardo, no qual o menino conta as travessuras do dragão do tio Morton na casa.

As páginas desse diário serão reunidas, formando um livro, que será doado a uma turma de 4º ano da escola, ou seja, alunos mais novos que vocês. Assim, eles poderão ler o livro e se divertir com as aventuras de Edu e o dragão.

O livro também poderá ser publicado no *blog* da turma. Nesse caso, o professor vai ajudar na criação do *blog*. Ao longo do ano, vocês poderão postar outras atividades que realizarem, além de fotos e desenhos.

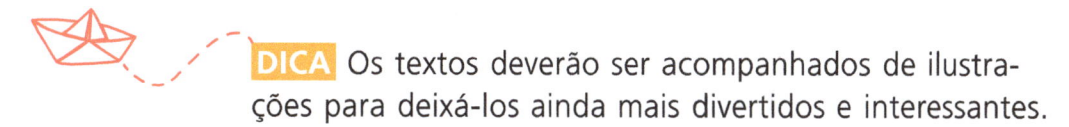

DICA Os textos deverão ser acompanhados de ilustrações para deixá-los ainda mais divertidos e interessantes.

1 Com o professor e os colegas, decidam se o diário de Eduardo será escrito à mão ou se será produzido direto no computador.

2 O professor vai determinar o dia do mês ou da semana que cada dupla escreverá, de forma que, ao reunir as produções, o diário conte quase um mês de aventuras.

3 Planejem os fatos que vão narrar em um dia da vida de Eduardo com o dragão e anotem:
- o que irá acontecer no dia;
- como os envolvidos no fato reagiram;
- que sentimentos de Eduardo, da família e do dragão serão evidenciados no trecho do diário;
- como o dia terminou;
- se a situação foi resolvida ou não.

DICA Ao escrever, lembrem-se de colocar a data. Se desejarem, "cumprimentem" o diário.

4 Combinem as tarefas de cada integrante da dupla, de forma que ambos tenham a chance de ditar e de registrar o texto.

5 Durante a escrita, releiam a página de diário para verificar:

- se estão narrando os fatos em 1.ª pessoa (eu), como se fossem o Eduardo;
- o que já escreveram e o que ainda gostariam de contar;
- se ainda querem acrescentar detalhes aos fatos narrados, de forma a envolver mais o leitor;
- se usaram palavras ou expressões para ligar as ideias na página de diário e manter uma sequência lógica de fatos;
- se o registro usado é informal, como o que, geralmente, é usado nos diários pessoais.

> **DICA** Palavras e expressões como: **hoje de manhã**, **logo depois**, **foi então que**, **depois disso**, **em seguida**, **mais tarde** ajudam a manter uma sequência lógica de fatos.

6 Releiam a produção, desta vez para observar se:

- evitaram a repetição desnecessária de palavras;
- a pontuação está adequada, de forma que as ideias fiquem claras e organizadas e que ajude a passar a emoção dos fatos;
- usaram letra inicial maiúscula no início das frases;
- têm dúvida na grafia de alguma palavra. Nesse caso, consultem o dicionário.

> **DICA** Se a produção for feita no computador, o editor de texto marcará as palavras que foram escritas incorretamente. Corrijam-nas. Se precisarem, consultem o dicionário eletrônico ou o impresso.

7 Antes de considerarem a produção finalizada, troquem de texto com outra dupla para verificar se eles seguiram as orientações propostas e se os futuros leitores conseguirão entender quem é o personagem que escreve o diário, qual é o fato relatado, se está claro que a intenção é fazer rir, emocionar, refletir, e se há alguma palavra a ser corrigida.

8 Entreguem essa versão ao professor. Ele poderá dar dicas para torná-la ainda melhor. Só então façam as alterações finais.

> **DICA** Se a produção for manuscrita, é hora de passar a página do diário a limpo. Se for digitada, é hora de formatar a página: escolham tipo, tamanho e cor de letra e a disposição do texto na folha. Deixem espaço para as ilustrações.

9 Façam ilustrações que combinem com os fatos narrados.

10 Se acharem conveniente, tirem fotos das duplas para que sejam anexadas ao sumário do livro, identificando os autores dos textos de cada dia do diário.

11 Organizem as produções de acordo com as datas do diário, formando o livro. Criem o sumário e uma capa atraente.

DICA Se desejarem, antes de entregarem o livro à pessoa responsável pela biblioteca, postem as páginas do diário no *blog* da turma.

12 Decidam com o professor quais alunos ficarão encarregados de entregar o livro à turma de 4º ano escolhida. Combinem o que esses representantes dirão em nome da turma.

HORA DE AVALIAR

✔ Os textos lidos na unidade ajudaram a produzir o de vocês? Por quê?

✔ As ilustrações ajudaram a contar a história e a tornar o livro mais interessante? Por quê?

✔ A junção das páginas do diário formou um livro que agradará aos futuros leitores? Por quê?

✔ Houve uma troca respeitosa e produtiva entre você e seu colega de dupla? Comente.

VIVA A DIVERSIDADE!

▼ INTERNET RESPONSÁVEL

A internet é uma rede de computadores do mundo inteiro ligados entre si. Ela pode ser utilizada para a comunicação com pessoas de diferentes países, pesquisas, leitura de notícias e livros, diversão etc.

Tudo o que é publicado na internet acaba tomando grandes proporções, por isso é preciso usá-la de forma responsável.

A prática conhecida como *bullying* também está presente na internet e, nesse meio, é chamada de *cyberbullying*. Por estar protegido por uma tela de computador, celular ou *tablet*, o agressor costuma se sentir mais poderoso.

1 Leia algumas orientações de como usar a internet de modo responsável e comente se você as pratica e se conhece outras.

- Qualquer mensagem ofensiva ou imagem agressiva recebida deve ser comunicada aos pais ou responsáveis.
- Nunca informe seu endereço residencial, o número do seu telefone, a escola onde estuda ou os locais que costuma frequentar.
- Nem tudo o que se vê ou lê na internet é verdadeiro. Por isso, procure navegar em *sites* conhecidos e confiáveis, com informações seguras.
- Pense bem antes de publicar uma foto. É quase impossível controlar o uso de uma imagem que caia na rede e ela pode ser usada por outras pessoas de forma indevida.

2 Com os colegas, pesquise em livros, revistas ou na internet mais orientações e montem um mural ilustrado a ser exposto fora da sala de aula com dicas de como usar a internet com responsabilidade.

UNIDADE 2
PITADAS DE TENSÃO

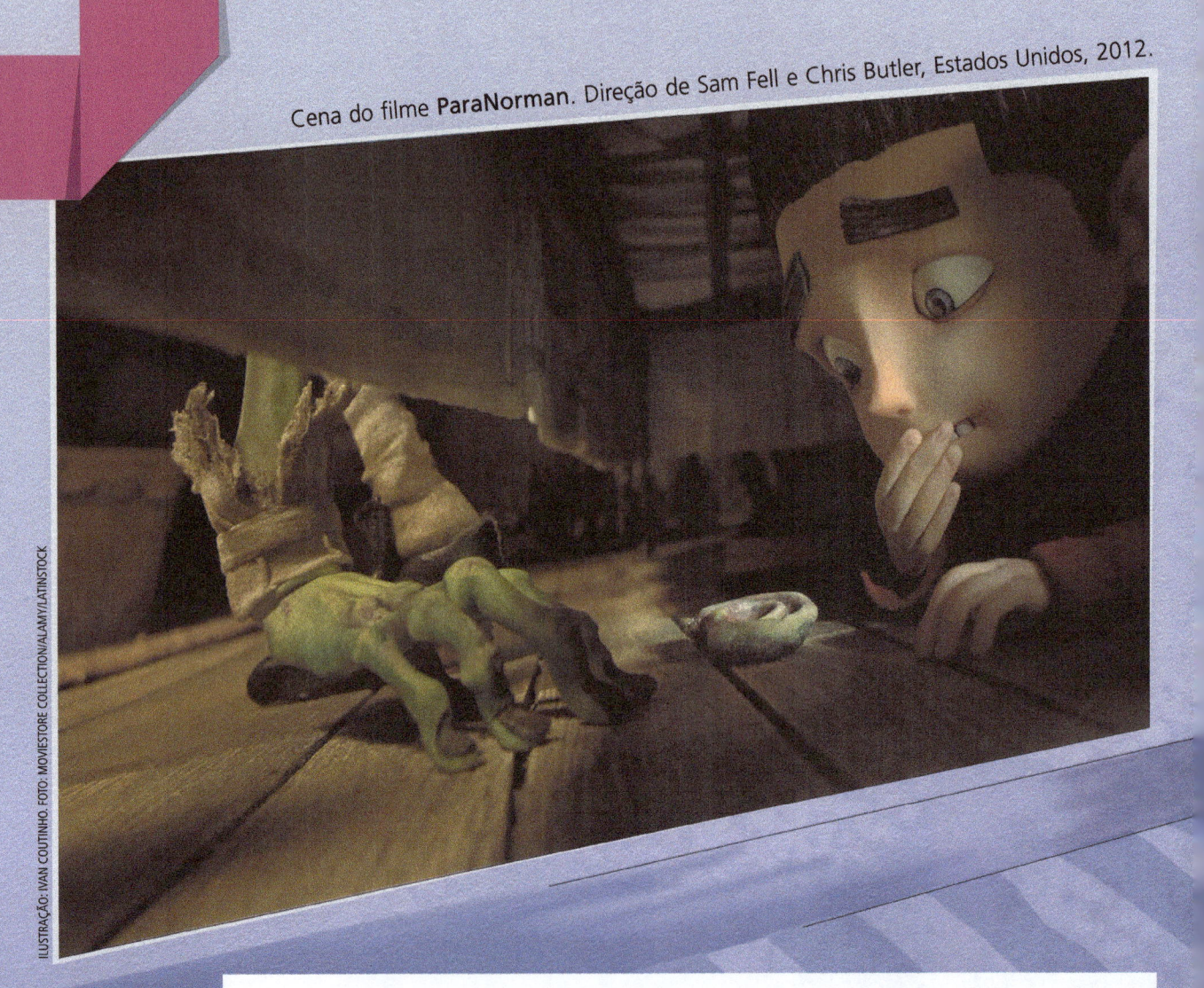

Cena do filme **ParaNorman**. Direção de Sam Fell e Chris Butler, Estados Unidos, 2012.

1. O que provoca mais medo em você: coisas do mundo real ou do mundo imaginário? Por quê?

2. Por que mesmo as histórias criadas pela imaginação podem dar um friozinho na barriga?

3. Na sua opinião, o que não pode faltar nas histórias que têm o objetivo de causar medo no leitor?

NESTA UNIDADE VOCÊ VAI:

- Ler e ouvir contos de suspense.
- Aprender a sua função e algumas de suas características.
- Observar como a descrição dos ambientes e dos personagens contribui para envolver o leitor no clima dessas histórias.
- Reescrever um dos contos com mudança de elementos.

CAPÍTULO 1
CONTOS DE FAZER TREMER

- O que lhe vem à mente quando você pensa em uma casa mal-assombrada?
- Pela observação do título do conto e das ilustrações, que tipo de história você acha que será narrada?

LEITURA

1. Leia o conto e verifique se o que você pensou se confirmou. Depois comente com os colegas quais foram as suas impressões sobre o conto.

A casa mal-assombrada

O senhor e a senhora Berg procuraram uma casa durante muito tempo. A que possuíam já havia ficado pequena, agora que tinham três filhos.

O senhor Berg estava lendo um jornal, quando viu um anúncio que lhe chamou a atenção:

> "Preciosa mansão do século XIX, mobiliada. Seis dormitórios. Três banheiros modernos. Cozinha. Mordomo. Garagem e piscina. Preço excelente."

Pegou o telefone e ligou para o número indicado. Instantes depois, uma voz um tanto assustadora atendeu. Mesmo assim, combinou com a pessoa em questão que iria visitar a casa na tarde do dia seguinte.

No sábado às 18h em ponto, a família Berg, assombrada, esperava que alguém abrisse o portão da casa. A residência era tão imponente com suas torres e tinha aspecto tão aterrador que as três crianças se abraçaram às pernas de sua mãe. Um mordomo trajado de terno preto abriu a porta, que emitiu um rangido de dar arrepios. Era um homem muito alto, magro e de pele amarelada, quase cor de cera.

Sua voz ressoou como um eco dentro de um buraco fundo:

— Queiram entrar, por favor.

No interior da casa, a família percebeu que os móveis eram muito antigos e exalavam um cheiro muito forte de mofo.

— A decoração está um pouco fora de moda — observou o senhor Berg.

No entanto, preferiu não fazer mais comentários quando o mordomo lhe lançou um olhar de poucos amigos.

Mas, por incrível que pareça, o preço do aluguel era muito baixo, e o casal decidiu alugá-la. Na semana seguinte, já haviam se mudado.

O quarto das três crianças ficava ao lado do sótão e, para eles, aquilo parecia uma grande aventura. Os pais ficavam em um quarto amplo, mobiliado com uma cama de dossel. Tudo no dormitório era vermelho: as cortinas, os lençóis da cama, as rosas dos papéis de parede, a colcha e o tapete.

Na hora do jantar, o mordomo lhes serviu a comida em uma imponente sala de jantar toda preta. Foi difícil para a senhora Berg comer num ambiente tão lúgubre, mas seu marido esfregava as mãos, pensando no bom negócio que havia feito.

Quando foi dormir, a mãe trancou a porta de seu quarto com chave assim como a de seus filhos. Não gostava nada, nada, da aparência fúnebre do mordomo.

No meio da noite, começaram a ouvir vozes ao longe, que soavam como choros e risos histéricos.

Pela manhã, os três irmãos decidiram bisbilhotar no sótão. Era uma maravilha, com muitos tesouros escondidos em velhos baús empoeirados. Os meninos se vestiram com chapéus e roupas velhas. Enquanto se divertiam, provando altas botas de mosqueteiro, uma velha cadeira de balanço que estava em um canto começou a balançar sozinha.

— Quem está aí? — Perguntou o irmão mais velho com voz trêmula.

Ninguém respondeu. De repente, a porta de um velho guarda-roupa bateu com grande força. As três crianças ficaram paralisadas de susto. Queriam sair daquele lugar, mas o medo não as deixava mover-se. Uma sombra escura deslizava pela parede.

— Socorro! — gritaram os três irmãos, em coro.

Os pais ouviram os gritos dos filhos e subiram as escadas de quatro em quatro degraus.

Tentaram abrir a porta do sótão, mas ela estava trancada por dentro.

Os meninos também tentaram abri-la, mas não conseguiram. As mãos dos pobres garotos sangraram de tanto bater na porta tentando sair.

Nessa hora, a mãe sentiu que alguém atrás dela a olhava fixamente. Quando se virou, deu um grito horripilante.

Um monstro de mais de dois metros, com o rosto tão branco como a neve e caninos grandes e afiados, aproximava-se devagar.

A mulher retirou um crucifixo da corrente ao pescoço e, com as mãos trêmulas, mostrou-o ao vampiro. Este deu um grito surdo e recuou.

Nesse instante, o senhor Berg conseguiu entrar e resgatar seus filhos. Toda a família desceu as escadas como se a morte os perseguisse. Saíram da mansão e não pararam de correr até chegar a uma cidade vizinha. Nunca mais voltaram para pegar suas coisas.

Um dia, o senhor Berg estava tomando café e lendo o jornal quando viu um anúncio que chamou sua atenção. Seus cabelos arrepiaram e ele quase se engasgou quando leu:

"Preciosa mansão do século XIX, mobiliada. Seis dormitórios. Três banheiros modernos. Cozinha. Mordomo. Garagem e Piscina. Preço excelente."

Lorena Marín. A casa mal-assombrada. In: Lorena Marín. **Os melhores contos fantásticos**. Tradução de Fernanda Sucupira, Michelle Neris da Silva e Márcia Lígia Guidin. São Paulo: Girassol, 2016. p. 67-81.

Dossel: cobertura feita de tecido bordado e rodado de franjas usada em tronos, leitos e altares.
Lúgubre: fúnebre, sombrio.
Fúnebre: que se refere à morte; macabro, funério, tétrico, lúgubre.

2. Responda.

a) Esse conto foi escrito originalmente em português? Como você descobriu?

b) Quem são os personagens do conto?

c) Onde a maior parte da história se passa?

d) Quem era a criatura que assustou a família a ponto de abandonarem a casa?

3. Nesse conto, o narrador participa como personagem ou é apenas um observador dos fatos? Sublinhe no segundo parágrafo palavras que confirmam sua resposta.

4. Nos contos, geralmente, há um **momento de tranquilidade** inicial em que os personagens são apresentados ao leitor. Mas essa tranquilidade é quebrada com um acontecimento inesperado.

- Em que momento isso acontece nesse conto?

_____

_____

5. Releia um trecho do conto e responda.

> [...] Na hora do jantar, o mordomo lhes serviu a comida em uma imponente sala de jantar toda preta. Foi difícil para a senhora Berg comer num ambiente tão lúgubre, mas seu marido esfregava as mãos, pensando no bom negócio que havia feito. [...]

a) Nesse momento do conto, o humor do pai e da mãe era o mesmo? Justifique.

_____

_____

_____

- Circule no trecho a palavra que marca essa oposição de sentimentos.

b) Marque as palavras ou expressões que poderiam substituir a que foi circulada sem alterar o sentido do trecho.

☐ no entanto ☐ além disso ☐ uma vez que ☐ porém

☐ também ☐ entretanto ☐ porque ☐ por isso

50

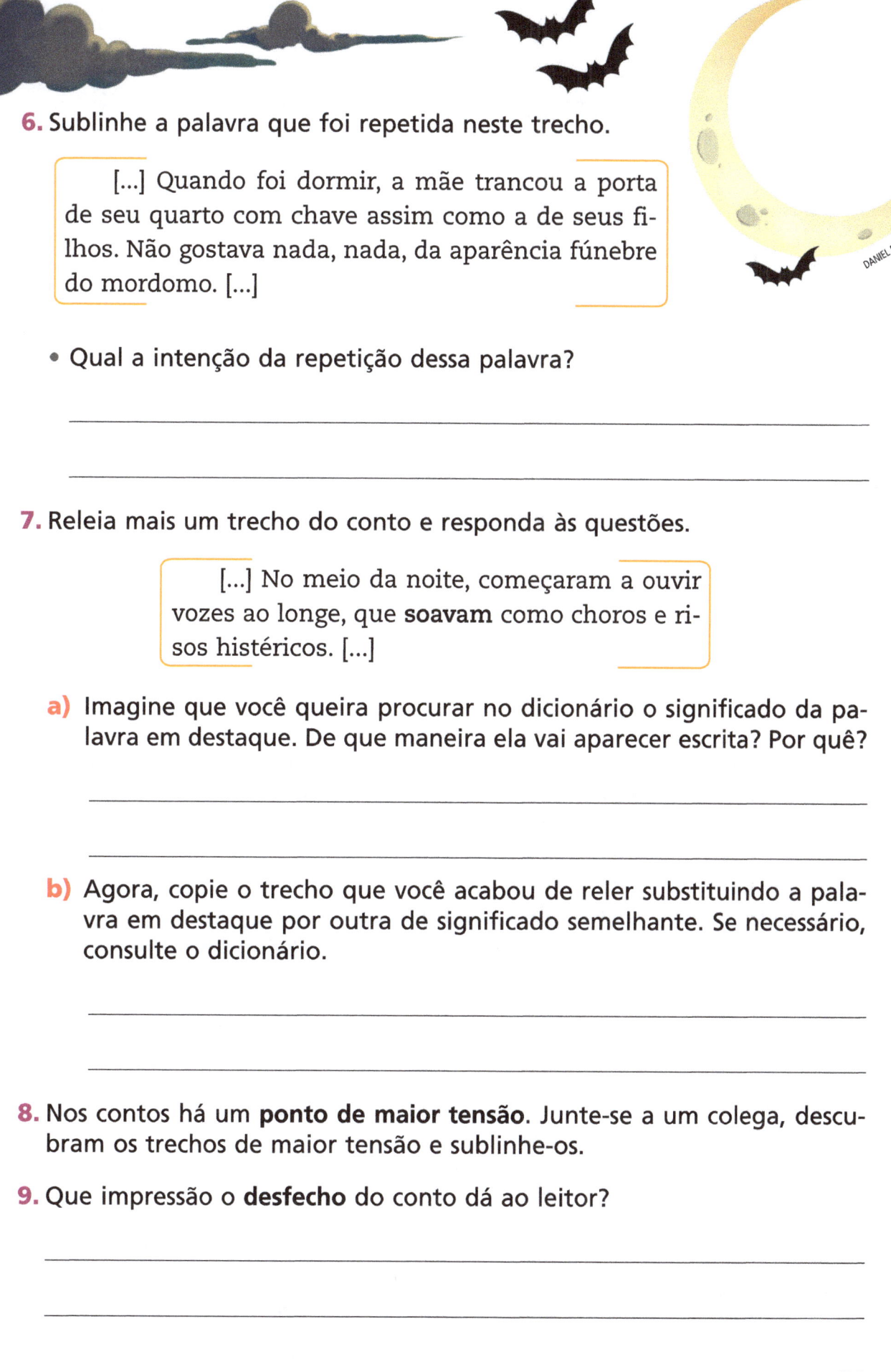

6. Sublinhe a palavra que foi repetida neste trecho.

> [...] Quando foi dormir, a mãe trancou a porta de seu quarto com chave assim como a de seus filhos. Não gostava nada, nada, da aparência fúnebre do mordomo. [...]

- Qual a intenção da repetição dessa palavra?

_____

_____

7. Releia mais um trecho do conto e responda às questões.

> [...] No meio da noite, começaram a ouvir vozes ao longe, que **soavam** como choros e risos histéricos. [...]

a) Imagine que você queira procurar no dicionário o significado da palavra em destaque. De que maneira ela vai aparecer escrita? Por quê?

_____

_____

b) Agora, copie o trecho que você acabou de reler substituindo a palavra em destaque por outra de significado semelhante. Se necessário, consulte o dicionário.

_____

_____

8. Nos contos há um **ponto de maior tensão**. Junte-se a um colega, descubram os trechos de maior tensão e sublinhe-os.

9. Que impressão o **desfecho** do conto dá ao leitor?

_____

_____

10. Responda.

- A história se passa em apenas um dia? Justifique a sua resposta.

_____

_____

_____

11. Releia um trecho do conto, observando as expressões em destaque.

> [...] **Quando foi dormir**, a mãe trancou a porta de seu quarto com chave assim como a de seus filhos. Não gostava nada, nada, da aparência fúnebre do mordomo.
> **No meio da noite**, começaram a ouvir vozes ao longe, que soavam como choros e risos histéricos. [...]

- Qual a importância dessas expressões para o conto?

_____

_____

> Ao falar ou escrever um conto, é comum o uso de palavras como **ontem, no dia seguinte, depois, em seguida, durante, enquanto isso, na semana passada** etc. para marcar a passagem de tempo. Essas palavras ou expressões são chamadas de **marcadores temporais**.

12. É possível saber exatamente quanto tempo se passou desde a saída da família da casa mal-assombrada até o dia em que o senhor Berg leu novamente um anúncio sobre a casa sinistra no jornal? Marque.

☐ Sim. ☐ Não.

- Sublinhe no conto o marcador temporal que confirma sua resposta.

13. Pinte os quadrinhos dos marcadores temporais de acordo com a legenda.

- O marcador temporal indica:

🟩 sucessão de eventos.   🟧 simultaneidade de eventos.

☐ durante   ☐ enquanto isso   ☐ depois disso

☐ logo após   ☐ ao mesmo tempo que   ☐ em seguida

DE CARONA COM O TEXTO

1. Crie, com dobraduras, uma porta de armário de quarto. O professor vai dar as orientações.

2. Ouça o conto que o professor vai ler. Depois, imagine e desenhe a porta do armário e o que poderia ter dentro dele. Capriche! Você vai mostrar seu trabalho para os colegas da turma, comentando o que imaginou.

3. O professor vai ler o conto mais uma vez. Desta vez para que você e os colegas fiquem atentos às palavras ou expressões usadas no conto para transmitir o clima de suspense e medo e descrever os ambientes e as emoções do personagem.

   Durante a escuta, você e os colegas poderão interromper a leitura sempre que encontrarem palavras usadas com essa finalidade. O professor vai registrar na lousa as palavras que chamaram a atenção da turma. Copie-as a seguir.

___
___
___
___
___
___
___

NOSSA LÍNGUA

1. Leia o poema.

> **Ilha dos monstros**
> Nesta ilha vivem seres
> Que ninguém viu ou conhece.
> São monstrinhos luminosos
> Que acordam quando anoitece.
>
> Flávia Muniz. Ilha dos monstros. In: Flávia Muniz. **Alfabeto assombrado**. São Paulo: Girassol, 2012. p. 11.

2. Você já estudou que existem substantivos que dão origem a outras palavras e são chamados **substantivos primitivos**. Já os substantivos que se originam de outras palavras são chamados **substantivos derivados**.

- Sublinhe no poema um substantivo primitivo e um derivado da mesma família.

3. Escreva o substantivo primitivo de:

a) anoitece _____

b) amanhece _____

c) bisavô _____

d) folhagem _____

4. Imagine que você tenha dúvida de como escrever os substantivos derivados a seguir.

- Com **g** ou com **j**?   no _____ ento
- Com **x** ou com **ch**?   enfai _____ ado
- Com **s** ou com **z**?   ali _____ ar

a) Saber que os substantivos primitivos dessas palavras são, respectivamente, **nojo**, **faixa** e **liso** ajudaria você a se decidir como escrevê-las? Por quê?

_____
_____

b) Agora escreva as palavras com as letras que faltam.

_____

54

5. Leia outro poema.

Trem-fantasma

Não há nada mais legal
Que o trem em disparada.
Você grita e se arrepia
Depois cai na gargalhada!

Flávia Muniz. Trem-fantasma. In: Flávia Muniz.
Alfabeto assombrado. São Paulo: Girassol, 2012. p. 22.

- Responda.

  a) O substantivo que aparece no título é formado por uma ou mais palavras?

  b) As palavras que formam esse substantivo têm significado diferente quando escritas separadamente? Explique.

> Os nomes formados com apenas uma palavra são chamados de **substantivos simples**. Os nomes formados com mais de uma palavra são chamados de **substantivos compostos**. O sinal que une as palavras de vários substantivos compostos é chamado **hífen**.

6. Observe o cardápio a seguir.

LANCHONETE LANCE BEM

Procon 151

SALGADOS (UNIDADE)
Empada........ R$4,00
Enroladinho... R$3,50
Pastel assado..R$3,50
Sanduíche......R$5,00

DOCES (UNIDADE)
Brigadeiro.... R$2,00
Arroz-doce.... R$3,50
Pudim..........R$3,50
Manjar-branco..R$3,00

BEBIDAS (COPO OU XÍCARA)
Suco de laranja.. R$5,00
Suco de abacaxi.. R$5,00
Chá-mate.........R$4,50
Chá de camomila...R$4,00
Chá de hortelã....R$4,00

QE 40 rua 12 lote 22 Loja 01
Guará II - Brasília/DF

• Copie os substantivos simples e compostos do cardápio.

substantivos simples	substantivos compostos

7. Combine as palavras dos grupos **A** e **B** e forme substantivos compostos. Lembre-se de usar o hífen.

A	guarda	beija	recém	porta
B	retrato	chuva	nascido	flor

_____

_____

8. Observe como alguns substantivos compostos são formados.

pontapé = ponta + pé	contratempo = contra + tempo

• Agora, forme substantivos compostos a partir de substantivos simples.

a) passa + tempo = _____

b) gira + sol = _____

c) para + quedas = _____

d) roda + pé = _____

e) ferro + via = _____

• Responda.

a) Explique o motivo de esses substantivos serem compostos.

b) É possível concluir que existem substantivos compostos sem a ocorrência de hífen? Cite outros exemplos.

_____

SÓ PARA LEMBRAR

1. Nesta unidade, você leu o conto **A casa mal-assombrada**, que possui vários trechos que descrevem ambientes e personagens. Agora, vai ler um trecho do conto **Janelas assombradas**, que é rico em descrições.

> [...]
> A casa **velha** era **grande**, **mal-encarada** e **acinzentada**. Tinha torres com telhados **pontudos** e telhas **tortas**. As janelas pareciam olhos **sombrios** e todos que olhavam para elas ficavam **assustados**.
> [...]
>
> Pela manhã, um carro **preto** de mudança parou em frente à casa e homens **gordos**, vestindo macacões **azuis** e usando cintos **grossos**, carregaram caixas **grandes** para dentro da casa. [...]
>
> Marzi Christoph. **Janelas assombradas**. Tradução de Christina Wolfensberger. São Paulo: Volta e Meia, 2013. p. 15 e 29.

No trecho apresentado, foram atribuídas características a alguns substantivos. Veja um exemplo.

casa ➡ | velha | grande | mal-encarada | acinzentada |

- Agora escreva outras características para esses substantivos. Só vale escrever uma palavra em cada linha.

telhados ➡ pontudos _____

caixas ➡ grandes _____

olhos ➡ sombrios _____

carro ➡ preto _____

homens ➡ gordos _____

57

> Lembre-se: **adjetivos** são palavras que caracterizam ou qualificam os substantivos.

2. Agora, marque a alternativa adequada.

a) Qual é a função dos adjetivos nesse trecho do conto?

☐ Os adjetivos ajudam o leitor a imaginar a casa, o carro e os homens que faziam a mudança.

☐ Os adjetivos ajudam o leitor a compreender os fatos que se passam no conto.

b) Quais impressões esse tipo de descrição pretende provocar nos leitores?

☐ Os adjetivos usados no trecho do conto serviram para construir uma descrição detalhada, ajudando o leitor a imaginar o cenário e a situação descrita.

☐ Os adjetivos usados no trecho do conto serviram para dar detalhes às impressões do narrador e também para ajudar os leitores a imaginar o cenário e a situação descrita.

3. O trecho a seguir, do conto A família Pântano, descreve a casa dessa família. Leia.

[...]
Quando a família Pântano comprou essa casa, o imóvel era *igual* a todos os outros da rua. Havia um *belo* jardim na frente e um quintal no fundo cheio de canteiros *de florzinhas*. A porta *de entrada* era *vermelha* e as janelas tinham batentes *brancos* e vidro *polido*. A única coisa que os membros *da família* não trocaram foi a porta *da frente*.

[...]
Eles pintaram de preto os batentes *das janelas* e os enfeitaram com teias *de aranha* e moscas *mortas*. Arrancaram todas aquelas florzinhas *terríveis*, plantaram [...] espinheiros e disseram às *novas* plantas que, se elas não crescessem bem rápido, iam virar chão *de concreto*. [...]

Colin A. **A família Pântano**: vizinhos. São Paulo: Brinque-Book, 2007. p. 8-9.

a) Das palavras destacadas, quais são adjetivos? Sublinhe-os.

b) Escreva os substantivos e ao lado de cada um escreva o adjetivo correspondente.

_____

_____

_____

c) A seguir, estão palavras do trecho do conto que foram destacadas em laranja. Escreva a que substantivos elas se referem.

de florzinhas **de entrada** **da família** **da frente**

_____ _____ _____ _____

das janelas **de aranha** **de concreto**

_____ _____ _____

> As palavras destacadas em laranja, no trecho, são chamadas **locuções adjetivas**.

4. Marque a alternativa adequada. As **locuções adjetivas** e os **adjetivos**:

☐ dão características aos substantivos.

☐ dão nomes aos substantivos.

5. Escreva qual é a diferença entre **locuções adjetivas** e **adjetivos**.

_____

_____

6. Agora é sua vez! Imagine que você está produzindo um conto de mistério e suspense. Que adjetivos você usaria para descrever:

a) um castelo?

b) um museu?

c) um teatro?

d) uma floresta?

• O professor registrará, em um cartaz, os substantivos acompanhados dos adjetivos e das locuções adjetivas sugeridas pela turma. O trabalho será exposto na classe e servirá de consulta quando a turma estiver produzindo um conto de suspense.

COM QUE LETRA?

▼ PALAVRAS TERMINADAS EM -ESA OU -EZA

1. No poema a seguir, uma assombração descreve a vida de luxo que levam as almas penadas que assustam mansões e reclama de não ter direitos iguais. Será que vai dar medo? Leia e confira.

Uma assombração da segunda divisão

[...]
De linho são seus lençóis,
de seda, seus cachecóis.
[...]
só querem luxo e riqueza
essas tais assombrações.
Esse não é o meu caso,
pois não tenho tradição.
Dizem que sou fantasma
da segunda divisão.

Jonas Worcman de Matos e José Santos. Uma assombração da segunda divisão. In: Jonas Worcman de Matos e José Santos. **A casa do Franquis tem**. São Paulo: FTD, 2008. p. 24.

2. No poema, existe uma palavra terminada em **-eza**. Escreva qual é essa palavra e a que classe gramatical ela pertence.

_____

_____

3. Observe a formação de palavras.

homem **rico**	→	a **riqueza**
bordado **delicado**	→	a **delicadeza**
casa **limpa**	→	a **limpeza**

adjetivo → substantivo

- Leia os adjetivos entre parênteses e complete as frases com os substantivos correspondentes.

  a) O time de futebol tinha _____ da vitória. (certo)

  b) O menino ofereceu ajuda à colega. Quanta _____! (gentil)

  c) Todos ficaram satisfeitos com a _____ que a prefeitura fez na rua. (limpo)

  d) O lutador sentiu medo de demonstrar _____. (fraco)

  e) Eles observaram a cena com _____. (estranho)

4. Complete a frase a seguir.

   - Para transformar os adjetivos em substantivos, foi acrescentada a terminação _____.

5. Complete as frases a seguir com as palavras abaixo, que indicam títulos de nobreza.

   | duquesa | princesa | marquesa |

   DICA Os substantivos terminados em **-eza**, derivados de adjetivos, são escritos com **z**.

   a) A filha do rei e da rainha é uma _____.

   b) Duque é um título de nobreza, cujo feminino é _____.

   c) Dom Pedro I deu o título de _____ a Domitila de Castro.

   - As palavras que você usou para completar as frases são:

     ☐ verbos.   ☐ substantivos.   ☐ adjetivos.

   - E essas palavras estão no:

     ☐ masculino.   ☐ feminino.

   - Agora, conclua, preenchendo a frase:

   Substantivos _____ que indicam _____ _____ são escritos com _____.

6. Observe as bandeiras e complete o quadro de acordo com o exemplo.

| Japão | Portugal | França |
| Líbano | Paquistão | Dinamarca |

País	Palavras que indicam lugar de origem no masculino	Palavras que indicam lugar de origem no feminino
Japão	japon**ês**	japon**esa**

7. Circule nas palavras do quadro a terminação das palavras masculinas e femininas que indicam lugar de origem. Depois, complete:

Adjetivos no _____ que indicam _____

_____ são escritos com _____ .

8. Leia e marque.

> Meu tio **português** é casado com uma senhora **holandesa**.

• As palavras em destaque são:

☐ verbos.   ☐ substantivos.   ☐ adjetivos.

CAPÍTULO

2 QUE MEDO!

- O que você sabe sobre tarântulas, uma das espécies de aranha? Conte para os colegas.

- Você sabe como elas se alimentam? Leia o texto a seguir para ver se o que você pensou se confirma. Não interrompa a leitura caso não saiba o significado de alguma palavra, pois poderá compreendê-lo pelo contexto. Ao término dessa leitura, procure no dicionário os significados das palavras que ainda sejam objetos de dúvida.

FIQUE SABENDO

Tarântulas

As aranhas pertencem a um grupo de invertebrados conhecido como aracnídeos. [...]

Assim como todas as aranhas, as tarântulas são predadoras, são carnívoras (comem carne); caçam e matam outros animais. As aranhas se alimentam principalmente de insetos e outros invertebrados, mas às vezes caçam presas bem maiores, como, por exemplo, pássaros.

[...]

Clint Twist. **O grande plano das tarântulas**. Tradução Madalena Parisi Duarte. Santa Catarina: Todo livro, 2006. p. 4, 5 e 17.

- Comente com os colegas que informações você já sabia sobre as tarântulas e quais descobriu com essa leitura.
- O que você faria se visse uma aranha como essa?
- Neste espaço, registre as palavras cujos significados buscou no dicionário.

_____

_____

- Você vai ler outro conto de suspense. Nele, aranhas como essa vão aterrorizar a personagem **Debbie**. Que palavras ou expressões você acha que vai encontrar nesse conto? Registre-as em uma folha.
- Ao final da leitura, volte e confira quantas palavras você adivinhou.

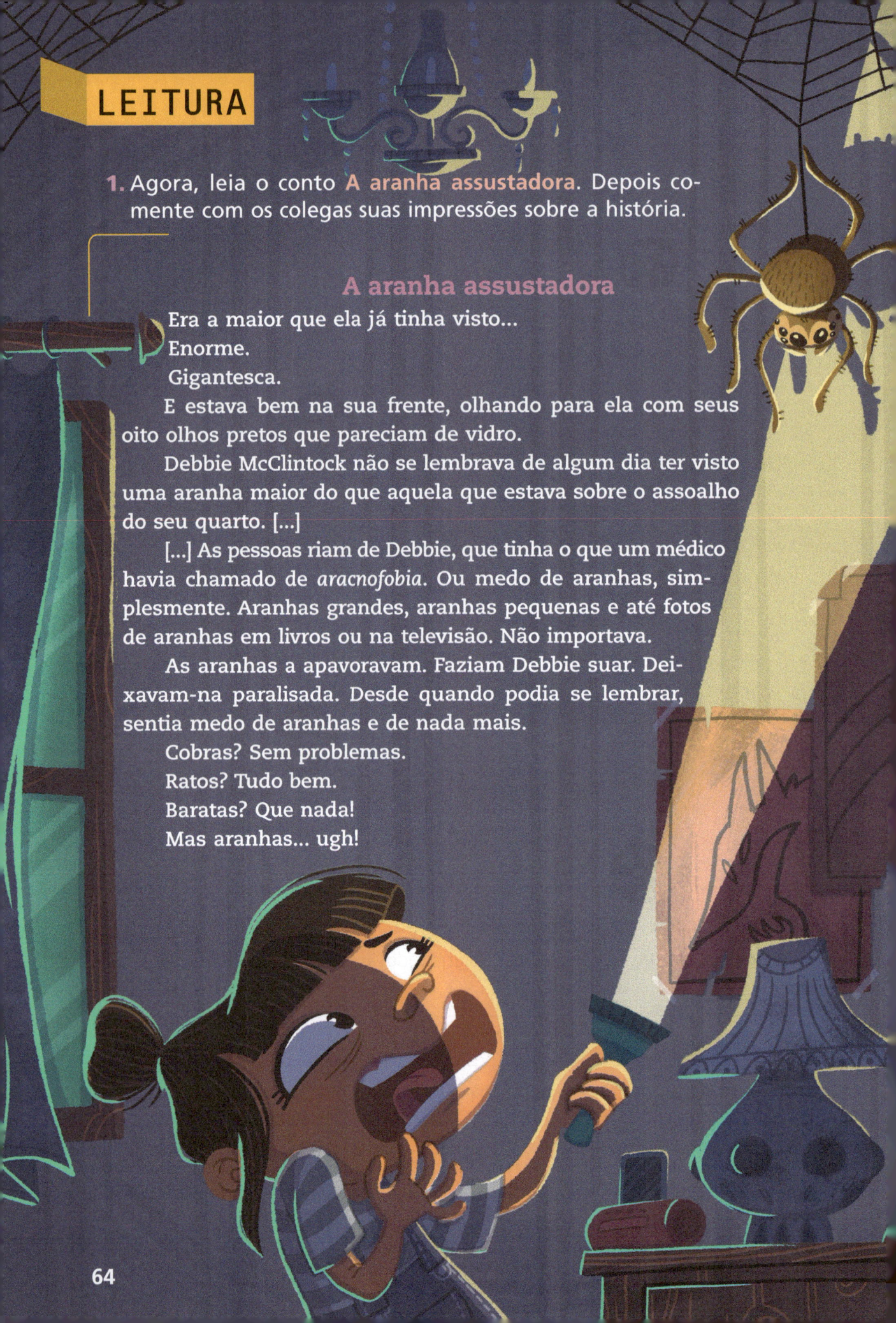

LEITURA

1. Agora, leia o conto **A aranha assustadora**. Depois comente com os colegas suas impressões sobre a história.

A aranha assustadora

Era a maior que ela já tinha visto...

Enorme.

Gigantesca.

E estava bem na sua frente, olhando para ela com seus oito olhos pretos que pareciam de vidro.

Debbie McClintock não se lembrava de algum dia ter visto uma aranha maior do que aquela que estava sobre o assoalho do seu quarto. [...]

[...] As pessoas riam de Debbie, que tinha o que um médico havia chamado de *aracnofobia*. Ou medo de aranhas, simplesmente. Aranhas grandes, aranhas pequenas e até fotos de aranhas em livros ou na televisão. Não importava.

As aranhas a apavoravam. Faziam Debbie suar. Deixavam-na paralisada. Desde quando podia se lembrar, sentia medo de aranhas e de nada mais.

Cobras? Sem problemas.

Ratos? Tudo bem.

Baratas? Que nada!

Mas aranhas... ugh!

Talvez porque seus corpos roliços lembravam frutas peludas. Talvez porque suas pernas longas e finas pareciam espetos mortalmente fincados no seu corpo. Ou talvez fosse a cor delas que a impressionasse — o preto brilhante da viúva-negra, ou o marrom encardido da caranguejeira. A soma de todas as partes medonhas de uma aranha era um pesadelo para Debbie.

Ela tentou chamar o pai no quarto ao lado, para que viesse matar a gigantesca aranha, mas sua voz ficou presa na garganta.

— Ora, Debbie — ele sempre dizia. — É só uma aranhazinha à toa, não precisa ter medo. — Depois pegava a aranha com um pedaço de papel e levava para fora. Nunca a matava. — As aranhas trazem sorte — ele dizia. — Elas matam insetos como moscas e pernilongos, é bom tê-las por perto.

Será que seu pai — isso é, se ela conseguisse soltar a voz para chamá-lo — entraria em seu quarto, pegaria a aranha e levaria para fora, soltando-a no quintal? Provavelmente.

Mas este monstro não pode viver, pensou ela. *Não pode.*

Ela não queria encontrar a aranha de novo se ela decidisse fazer mais uma visita. E se a aranha entrasse discretamente na cozinha enquanto Debbie estivesse tomando café? E se entrasse no banheiro enquanto ela estivesse tomando banho? E se andasse pela sua cama enquanto ela estivesse dormindo?

Não, pensou Debbie. *Ela não pode continuar viva.*

De algum modo, embora estivesse paralisada de medo, ela alcançou a ponta do pesado livro de ciências que estava em cima de sua cama. Tocar aquela superfície lisa e dura ajudou a trazê-la de volta à realidade. Se conseguisse pegar o livro e jogar em cima da aranha, ela morreria.

Se...

Ela tinha que tentar. Mexendo a mão bem devagar, ela segurou com firmeza a ponta do livro com a mão suada. E agora, com um rápido movimento do pulso...

Blam!

Rapidamente, estava tudo acabado. O monstruoso aracnídeo desapareceu sob o enorme livro de capa dura. Uma sensação de alívio percorreu o corpo de Debbie. Conseguia respirar de novo. De manhã, pediria aos pais que se livrassem dos restos mortais da aranha. Ela, provavelmente, estava reduzida a um emaranhado de pernas pretas e peludas debaixo do livro.

Debbie ficou satisfeita por ela estar morta.

No entanto, Debbie teve dificuldade para dormir naquela noite. Um ruído interrompia seu sono. Era um barulho esquisito, como se uma pequenina escova de dentes esfregasse delicadamente o assoalho...

Ou como se uma aranha estivesse andando pelo chão.

Chic-chic-chic. Chic-chic-chic. Chic-chic-chic.

Não era o som de apenas uma aranha rastejando no chão, mas de milhares de aranhas!

Movendo-se como um tapete marrom e preto, as aranhas pulavam, rastejando e subindo umas nas outras, em uma corrida para chegar à cama de Debbie.

Ela estava cercada.

A porta do quarto estava tão distante que ela precisaria *caminhar* sobre aquele tapete com milhões de pernas. As aranhas começaram a escalar suas cobertas como se fossem dez mil alpinistas em miniatura ansiosos para chegar ao destino. Debbie encostou na parede, sem conseguir se afastar do exército de aracnídeos. E imaginou o reflexo de seu rosto aterrorizado nos milhares de olhos pretos e sem vida.

Ela puxou as cobertas e se cobriu, mas isso só facilitou o ataque das aranhas. As cobertas esticadas se transformaram numa ponte sobre a qual os implacáveis soldados podiam marchar.

E então ela sentiu algo tocando de leve seu dedão do pé, como se fosse uma pena.

Não! Não podia ser!

Debbie olhou debaixo das cobertas. Sua cama estava preta, repleta de aranhas, e elas começavam a subir no seu pé, cobrindo-o de pelos escuros e espetados.

Ela tentou gritar. Seus pais — eles tinham que ajudá-la. Mas quando ela abriu a boca, só conseguiu soltar um gemido de medo.

As aranhas estavam no seu rosto. Como milhares de pequenas exploradoras, elas percorriam suas faces, saltavam sobre seus olhos e exploravam as cavernas de seus ouvidos. Depois rastejaram entre seus dentes e entraram em sua boca aberta como se fossem escovas de dentes vivas.

— AAAAHHHHHHHH! — o grito de Debbie a despertou do sonho. Seus lençóis estavam úmidos de suor. Ela se sentou na cama.

— Tudo bem aí? — sua mãe perguntou do outro quarto.

— Sim — respondeu ela, olhando para o assoalho, que não estava tomado por milhões de aranhas. — Foi só um pesadelo.

O livro de ciências ainda estava no chão, onde ela o havia jogado horas antes. E a coisa embaixo dele... estava morta. Sim, estava morta, e suas amigas não estavam indo atrás dela para se vingar.

Debbie soltou um suspiro de alívio e se acomodou novamente em seus lençóis úmidos. Desejou que amanhecesse logo e que aquela noite horrível terminasse. Precisava dormir.

Ela fechou os olhos, mas um barulhinho a assustou quando ela estava quase adormecendo. Era um barulho esquisito, como se uma pequenina escova de dentes esfregasse delicadamente o assoalho...

Ou como se uma aranha estivesse andando pelo chão.

Chic-chic-chic!

Debbie olhou para o piso de madeira. Estava repleto de aranhas negras rastejantes. Mas desta vez não era sonho.

Chic-chic-chic. Chic-chic-chic. Chic-chic-chic.

Don Roff. A aranha assustadora. In: Don Roff. **Histórias de terror**. Tradução de Carolina Caires Coelho. Barueri: Girassol, 2010. p. 54-58. *Copyright* © 2007 becker & mayer! LLC.

Don Roff nasceu em Washington, nos Estados Unidos, em 1966. Além de escrever livros infantis e juvenis, também produz filmes, área em que atua há mais de 35 anos.

#FICA A DICA

Você conhece o Instituto Butantan? Sabe a importância dele? Com os colegas e o professor, combinem um horário para irem à sala de informática para visitar o *site* desse instituto e descobrir informações úteis sobre répteis, animais peçonhentos, tratamentos de diversas doenças, atividades educativas e muito mais! Disponível em: <http://ftd.li/mc3r4f>. Acesso em: 22 out. 2017.

2. Responda.

a) Debbie pode ser considerada uma menina medrosa? Argumente sua resposta com informações do conto.

b) Que explicação o pai da menina dava para não matar aranhas?

3. Debbie tem uma percepção única sobre aranhas.

Releia o parágrafo a seguir, no qual o narrador descreve a sensação de Debbie ao perceber que estava livre da aranha.

> [...]
> Rapidamente, estava tudo acabado. O monstruoso aracnídeo desapareceu sob o enorme livro de capa dura. Uma sensação de alívio percorreu o corpo de Debbie. Conseguia respirar de novo. De manhã, pediria aos pais que se livrassem dos restos mortais da aranha. **Ela**, provavelmente, estava reduzida a um emaranhado de pernas pretas e peludas debaixo do livro. [...]

DICA O sinal [...] indica que parte do texto foi suprimida. Nesse caso, há texto antes e depois do trecho selecionado.

- Responda.

a) Como Debbie se livrou da aranha?

_____

_____

b) O que Debbie sentiu ao se livrar da aranha?

_____

c) A que se refere a palavra destacada neste parágrafo?

_____

4. No trecho a seguir há uma **onomatopeia**. Sublinhe-a.

> [...]
> Ela tinha que tentar. Mexendo a mão bem devagar, ela segurou com firmeza a ponta do livro com a mão suada. E agora, com um rápido movimento do pulso...
> Blam!
> [...]

- Que ruído ela representa? Escreva.

_____

5. As aranhas foram comparadas a diferentes seres e objetos. Releia:

> Movendo-se como um tapete marrom e preto, as aranhas pulavam [...]

Nesse trecho, o movimento das aranhas foi comparado a um tapete marrom e preto. A explicação para essa comparação é: as aranhas eram muitas e preenchiam todo o espaço do chão do quarto.

- Agora, relacione as cores das comparações com as respectivas explicações.

  🟩 implacáveis soldados   🟨 escovas de dentes vivas
  🟦 alpinistas   🟥 um exército de aracnídeos

  ☐ Marchavam como um batalhão de soldados.

  ☐ Entraram na boca de Debbie e esfregavam os pelos de suas pernas nos dentes da menina.

  ☐ Escalavam as cobertas para chegar até a cama da menina.

  ☐ Eram muitas e prontas para atacar.

- Na sua opinião, por que o autor do conto comparou as aranhas a diferentes seres e objetos? Isso deixou o conto mais interessante?

6. Copie do conto a frase que dá ao leitor a certeza de que o segundo ataque das aranhas era real.

_____

7. O que as onomatopeias ao final do conto fazem o leitor imaginar?

_____

8. Releia o trecho a seguir e responda às questões.

> [...]
> *Mas este monstro não pode viver*, pensou ela. *Não pode.*
> [...]

a) Marque o recurso utilizado para diferenciar a fala do narrador do pensamento de Debbie.

☐ pontuação   ☐ tipo de letra

b) Que outro recurso poderia ser utilizado com esse mesmo objetivo?

_____

MAIS SOBRE... CONTO DE SUSPENSE

1. Responda.

a) Geralmente, os contos de suspense surpreendem o leitor no desfecho da história. Isso aconteceu no conto **A aranha assustadora**? Justifique sua resposta.

b) Nos contos de suspense, os fatos costumam acontecer à noite, e os ambientes são descritos com detalhes, de forma a parecerem sinistros e assustadores. Por que você acha que isso acontece?

2. Imagine que você está em uma livraria folheando livros à procura de contos de suspense. Apenas pela observação das ilustrações dos contos, você conseguiria reconhecer um conto de suspense? Por quê?

3. Releia um trecho do conto **A aranha assustadora** observando as partes destacadas.

> [...]
> A porta do quarto estava tão distante que ela precisaria *caminhar sobre aquele tapete com milhões de pernas*. As aranhas começaram a escalar suas cobertas como se fossem dez mil alpinistas em miniatura ansiosos para chegar ao destino. Debbie encostou na parede, sem conseguir se afastar **do exército de aracnídeos**. E imaginou o reflexo de seu rosto **aterrorizado nos milhares de olhos pretos e sem vida**.
> [...]

- Qual é a importância das descrições nos contos de suspense?

_____

_____

4. Que tal a turma realizar uma pesquisa de campo em um centro de Ciências ou em um laboratório de uma universidade em que se estudem animais que costumam aparecer em contos de suspense, como aranhas, cobras, escorpiões, baratas e ratos? O professor vai combinar com a turma todos os passos da atividade.

70

NOSSA LÍNGUA

1. Você se lembra da família Berg, que se mudou para uma casa sinistra depois de o senhor Berg ler um anúncio no jornal?

   Releia um trecho do conto **A casa mal-assombrada**.

   > [...]
   > Um mordomo trajado de terno preto abriu a porta, que emitiu um rangido de dar arrepios. Era um homem muito alto, magro e de pele amarelada, quase cor de cera.
   > Sua voz ressoou como um eco dentro de um buraco fundo:
   > — Queiram entrar, por favor.
   > No interior da casa, a família percebeu que os móveis eram muito antigos e exalavam um cheiro muito forte de mofo.
   > — A decoração está um pouco fora de moda — observou o senhor Berg.
   > [...]

   - Você já estudou que os dois-pontos podem indicar que um personagem vai falar e que o travessão serve para indicar a fala de um personagem. Circule nesse trecho momentos em que o travessão é usado com essa finalidade.

2. Em um conto, é comum o narrador interromper as falas dos personagens para dar alguma informação ao leitor. Releia o trecho acima e sublinhe o trecho que mostra o momento em que o narrador interrompe a fala de um personagem para acrescentar informações ao leitor.

   - Responda.

   a) Que pontuação foi usada para indicar essa interrupção?

   b) Nesse trecho, que informação o narrador dá ao leitor?

   c) A interrupção do narrador é iniciada com letra maiúscula ou minúscula?

3. Imagine que o início desse trecho do conto **A casa mal-assombrada** poderia ter sido escrito deslocando a fala do narrador para depois da fala do personagem. Veja.

> Um mordomo trajado de terno preto abriu a porta, que emitiu um rangido de dar arrepios. Era um homem muito alto, magro e de pele amarelada, quase cor de cera.
> — Queiram entrar, por favor — a voz dele ressoou como um eco dentro de um buraco fundo.

- Sublinhe o trecho que mostra a interrupção da fala do narrador.

4. Agora é a sua vez. Reescreva, no caderno, a piada a seguir deslocando a fala do narrador para depois das falas dos personagens. Não se esqueça de usar o travessão.

A menina e o fantasma

A menina diz ao pai:
— Papai, estou com medo de fantasmas.
O pai pergunta intrigado:
— Isso não existe. Quem te disse essa besteira?
A menina responde:
— O jardineiro.
O pai sai puxando a filha assustado e diz:
— Corre, minha filha!
A menina, não entendendo mais nada, pergunta:
— Por quê?
E o pai já correndo apavorado responde:
— Não temos jardineiro!

Domínio público.

- Observe se você usou travessão na fala dos personagens e na interrupção do narrador. Fique atento também para a letra inicial minúscula na interrupção do narrador.

PRODUÇÃO TEXTUAL

Que tal escrever, em dupla, um conto de suspense? As produções serão lidas para a turma e depois reunidas em um livro que será lido por outra turma de 5º ano e doado à biblioteca da escola. Se acharem conveniente, os contos poderão, também, ser publicados no *site* da escola ou no *blog* da turma. Assim, haverá ainda mais leitores para esses contos de arrepiar!

1 Lembrem-se de que não se pode produzir um texto sem um planejamento. Leiam algumas sugestões de situações para desenvolverem o conto. Se desejarem, escolham outra.

A Meninos se perdem na floresta e são obrigados a dormir em uma cabana abandonada.

B Família volta de um passeio à noite, e o carro quebra em frente ao cemitério.

C Uma criança vai passar o fim de semana na casa de um amigo e descobre que os pais dele parecem ser de outro planeta...

D Dois amigos se perdem da turma em uma excursão ao museu. De repente, entram em uma sala de múmias e elas não parecem estar mortas.

E Uma criança leva uma planta para casa e coloca-a num vaso, sem saber que se trata de um ser alienígena que vai crescer, crescer...

2 Antes de iniciarem a produção, você e seu colega de dupla deverão pensar:
- quando e onde a história acontece;
- quem são os personagens;
- o que o personagem principal fez que o levou a ter de enfrentar uma situação de medo, de tensão;
- o que o personagem sentiu quando o fato assustador aconteceu e de que maneira ele reagiu;
- qual será a situação de maior tensão na história;
- qual será o desfecho do conto, ou seja, como o problema será resolvido.

DICA Enquanto dão asas à imaginação, façam algumas anotações para se lembrar do que pretendem escrever.

3 Combinem e escrevam no caderno palavras e expressões que possam ser usadas para caracterizar o ambiente e os personagens e manter o clima de medo e suspense, envolvendo o leitor no conto.

4 Decidam se o conto será manuscrito ou digitado no computador. Em qualquer uma das situações, é importante que você e o colega de dupla exerçam a função ora de escriba, ora de ditante. Se a turma optar por publicar os contos também na internet, será interessante que a escrita seja realizada diretamente no computador.

DICA Lembrem-se de que a forma com que vão contar a história deve provocar no leitor a vontade de saber o que vai acontecer no final.

5 Durante a escrita, leiam e releiam o conto para verificar se estão:
- escrevendo os fatos na ordem em que imaginaram e se eles encaminham para o final planejado;
- usando marcadores temporais para indicar o momento em que os fatos estão acontecendo;
- usando **adjetivos** e **locuções adjetivas** para descrever as cenas, os personagens, as emoções dos personagens, de forma que criem um clima de suspense e medo.

DICA A revisão é importante, pois os contos terão destinatários reais: colegas de outras turmas, pessoas que visitam a biblioteca da escola e leitores do *site* da escola ou do *blog* da turma.

6 Releiam o conto, primeiramente para verificar se:
- os fatos foram narrados com detalhes para prender a atenção do leitor;
- os acontecimentos da história levam o leitor a imaginar que vai acontecer algo que acaba não acontecendo, rompendo sua expectativa;
- o título está adequado a um conto de suspense.

7 Após a revisão desses aspectos, releiam. Dessa vez, para verificar se:
- a pontuação utilizada consegue transmitir emoções como medo, susto, raiva, hesitação etc.;
- foi evitada a repetição desnecessária de palavras, com o uso de sinônimos ou pronomes.

DICA Se tiverem dúvidas na escrita de palavras, não deixem de consultar o dicionário para se certificar da grafia correta. Caso a produção seja realizada no computador, as palavras já aparecerão destacadas para que vocês as corrijam. Também é possível utilizar um dicionário eletrônico para realizarem as consultas.

8 Entreguem a produção ao professor; ele poderá dar dicas de como tornar o conto ainda mais interessante.

9 Façam as alterações sugeridas e outras que julgarem necessárias.

10 Se o conto for manuscrito, escolham quem ficará encarregado de passá-lo a limpo. Se for digitado, salvem a última versão. Em ambos os casos, deixem espaço para as ilustrações.

11 Com o professor e os colegas, decidam como organizar o sumário do livro. O professor registrará na lousa o nome de todos os contos, na ordem em que vão aparecer, e o nome dos autores de cada um deles. Elejam um colega para produzir o sumário, que deverá conter, também, o número da página em que começa cada conto. Reúnam as folhas na ordem que ficou combinada, façam a numeração de cada uma delas na sequência, coloquem a capa e, por fim, grampeiem, montando o livro.

12 Façam a leitura oral do conto para a turma. As orientações para essa atividade estão na seção **Expressão oral**.

13 Combinem que alunos ficarão encarregados de entregar o livro à turma de 5º ano escolhida.

> **DICA** Os alunos que farão a entrega do livro deverão explicar como desenvolveram o trabalho e expressar o prazer que têm em emprestá-lo. Deverão informar, também, que, após a leitura, o livro terá de ser devolvido para que possam doá-lo à biblioteca da escola.

14 Se optarem por postar as produções no *site* da escola ou no *blog* da turma, o professor vai encaminhar todos os passos desse procedimento.

HORA DE AVALIAR

✓ Os textos lidos na unidade ajudaram na produção? Por quê?

✓ Vocês conseguiram manter o clima de suspense e prender a atenção do leitor?

✓ O final do conto vai surpreender o leitor? Por quê?

✓ Na sua opinião, o livro produzido vai agradar os leitores? Por quê?

EXPRESSÃO ORAL

As mesmas duplas que escreveram o conto de suspense vão voltar a se reunir, agora para fazer a leitura oral do conto criado.

1. Com o colega de dupla, decidam que parte da história cada um vai ler e ensaiem a apresentação.

DICA Cada dupla terá aproximadamente 5 minutos para fazer a leitura do conto.

2. É importante que:
   - leiam em tom de voz adequado para que todos possam ouvi-los e se envolver com o suspense da narrativa;
   - pronunciem bem as palavras e em ritmo adequado para que a turma consiga entender o conto e perceber os sentimentos dos personagens;
   - façam gestos e expressões faciais de acordo com o que estiverem narrando;
   - em alguns momentos, olhem para a plateia para observar a reação dos colegas.

DICA Ouçam com atenção a apresentação das outras duplas.

3. Avaliem oralmente a atividade, comentando que contos consideraram mais interessantes e por quê. Comentem, também, se a forma como os contos foram lidos contribuiu para prender a atenção da plateia.

VIVA A DIVERSIDADE!

▼ SEM MEDO DE SER DIFERENTE

1 A sociedade, muitas vezes, impõe que sejamos iguais uns aos outros. Por isso, cresce nas pessoas o medo de ser diferente, fazendo com que queiram se vestir, falar, usar o cabelo de modo parecido, gostar das mesmas músicas e até dos mesmos alimentos. No entanto, o ideal seria que cada um pudesse ser respeitado na diferença.

- Responda.
    - a) Na sua opinião, é importante reconhecer que todos somos diferentes? Por quê?
    - b) Respeitar as diferenças ajuda no bom convívio entre as pessoas? Por quê?

2 Que tal ouvir com os colegas a música **Inclassificáveis**, do cantor e compositor Arnaldo Antunes? Essa música ressalta que o povo brasileiro, em especial, precisa se conscientizar sobre a pluralidade cultural e étnica da nossa formação, para, dessa forma, respeitar o próximo e não ter medo de ser diferente.

- Responda.
    - a) O que você entendeu da canção?
    - b) Que recursos o compositor usou para representar a mistura étnica do povo brasileiro?
    - c) Na sua opinião, ter informação sobre a formação do povo brasileiro ajuda no combate ao preconceito e à discriminação? Justifique.

3 Sua turma vai pesquisar na internet ou em livros e revistas informações sobre a formação do povo brasileiro e montar um mural ilustrado intitulado: **Brasil multicultural é Brasil sem preconceito**.

UNIDADE 3
RECORDAR É VIVER

1. O que vocês percebem na composição da imagem: há somente ilustrações ou há também fotografias?

2. O que a imagem está representando?

3. Na sua opinião, por que alguns fatos ficam marcados na nossa memória?

NESTA UNIDADE VOCÊ VAI:
- Ler alguns relatos de memórias e aprender um pouco sobre suas características.
- Entrevistar uma pessoa mais velha para saber algum fato marcante da vida dela.
- Escrever um relato para compor um livro.

CAPÍTULO

1 MEMÓRIAS DA INFÂNCIA

- Você se lembra de algum fato marcante que aconteceu na sua vida? Qual?
- Alguém mais velho da sua família costuma relatar fatos de quando era jovem? Quem? Que fatos essa pessoa costuma relatar?
- No relato de memória que você vai ler, a escritora Rachel de Queiroz, que nasceu em 1910, no estado do Ceará, conta um pouco sobre os costumes de sua escola, na época em que ela era criança. Você acha que os costumes das escolas na época em que a escritora era criança eram iguais aos costumes de hoje?

LEITURA

1. Leia o relato de memória de Rachel de Queiroz em que ela relata fatos de sua infância. Depois comente com os colegas o que pôde ser percebido em relação aos sentimentos da autora sobre os fatos narrados.

Escola antiga

Isto se passava lá pela década de 1920.

Toda tarde, ao encerrar as aulas, naquela escola do Alagadiço, em Fortaleza, se dava a sabatina de tabuada. (Vocês sabem o que é? É a tabela das quatro operações, com números de um a dois algarismos). As crianças decoravam a tabuada em voz alta, cantando assim:

"Duas vezes um, dois, duas vezes dois, quatro, duas vezes três, seis", etc., etc. na hora da sabatina, os alunos de toda a classe, de pé, formavam uma roda, com a palmatória à vista, na mão da professora. Somar e diminuir ainda era fácil, mas, quando chegava a tabuada de multiplicar, era um perigo. A casa de sete, por exemplo, era mais difícil: "Sete vezes seis, sete vezes oito" — já sabe, o coitado errava, a professora mandava o seguinte corrigir e, se ele acertasse, tinha direito de dar um bolo de palmatória na mão do que errou. Doía como fogo.

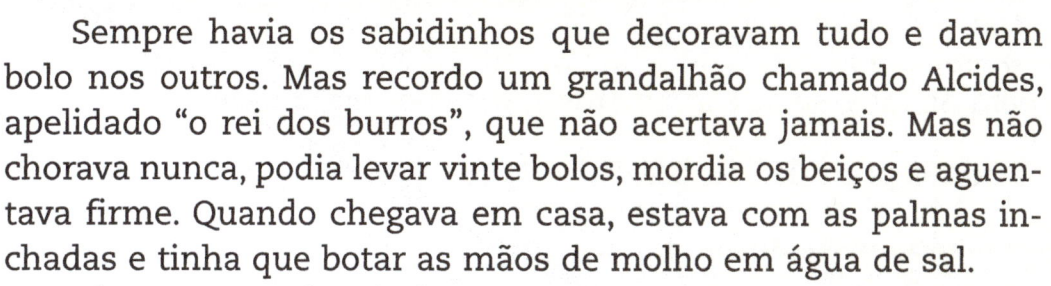

Sempre havia os sabidinhos que decoravam tudo e davam bolo nos outros. Mas recordo um grandalhão chamado Alcides, apelidado "o rei dos burros", que não acertava jamais. Mas não chorava nunca, podia levar vinte bolos, mordia os beiços e aguentava firme. Quando chegava em casa, estava com as palmas inchadas e tinha que botar as mãos de molho em água de sal.

Algum tempo depois, inaugurou-se a chamada "Escola Nova". Acabaram com a tabuada, com a sabatina e com a palmatória.

Acho que foi boa ideia.

ESCOLA ANTIGA. In: **Memórias de Menina**, de Rachel de Queiroz, Editora José Olympio, Rio de Janeiro; © by herdeiros de Rachel de Queiroz. p. 7-8.

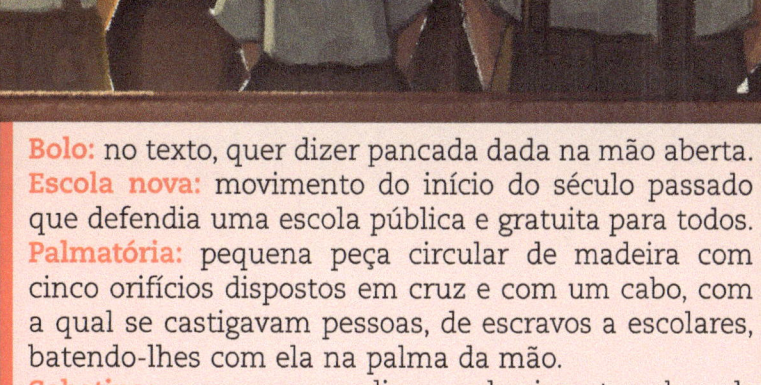

Bolo: no texto, quer dizer pancada dada na mão aberta.
Escola nova: movimento do início do século passado que defendia uma escola pública e gratuita para todos.
Palmatória: pequena peça circular de madeira com cinco orifícios dispostos em cruz e com um cabo, com a qual se castigavam pessoas, de escravos a escolares, batendo-lhes com ela na palma da mão.
Sabatina: prova para medir o conhecimento sobre alguma coisa.

Rachel de Queiroz não havia completado 20 anos, em 1930, quando publicou **O Quinze**, seu primeiro romance. Dez anos depois, publicou o segundo romance e não parou mais.

Rachel de Queiroz foi a primeira escritora a integrar a Academia Brasileira de Letras.

2. Na sua opinião, se Rachel de Queiroz fosse contar oralmente o mesmo relato para amigos, seria exatamente o mesmo relato que ela escreveu?

3. Qual o assunto principal do texto? Marque.

☐ A dificuldade da autora em aprender matemática.

☐ A sabatina de tabuada e a aplicação de castigos físicos com palmatória.

☐ A história de Alcides, que não acertava nunca a tabuada e não chorava ao levar os bolos.

4. Os fatos narrados são reais ou inventados pela imaginação de Rachel de Queiroz?

_____

5. Nos relatos de memória, é comum que o narrador seja também personagem do relato. É ele que situa a época e o local em que os fatos narrados aconteceram. Sublinhe essas informações no texto.

6. Releia o trecho:

> [...] a professora mandava o seguinte corrigir e, se ele acertasse, tinha direito a dar um bolo de palmatória na mão do que errou. **Doía como fogo**.
> [...]

- Reescreva o trecho acima, substituindo a expressão em destaque por outra de sentido semelhante.

_____
_____
_____
_____

7. Releia mais esse trecho do texto:

> [...]
> Toda tarde, ao encerrar as aulas, naquela escola do Alagadiço, em Fortaleza, se dava a sabatina de tabuada. (Vocês sabem o que é? É a tabela das quatro operações, com números de um a dois algarismos). [...]

- Nesse trecho, os parênteses foram usados para:

  ☐ dar uma explicação.

  ☐ dar um conselho.

  ☐ mostrar que se trata da fala de outro personagem.

- No trecho que está entre parênteses, a quem a autora se dirige?

  _____

  _____

8. Discuta as questões a seguir com os colegas e o professor. Depois, registre as opiniões de vocês.

   a) Alcides era o que mais sofria castigos físicos. Que palavra você usaria para descrever a atitude de Alcides diante dos bolos que levava? Por quê?

   _____

   _____

   _____

   b) O que você pensa a respeito de apelidos depreciativos como o que foi dado a Alcides na escola?

   _____

   _____

   _____

   _____

   c) Você acha que castigar os alunos resolve as dificuldades que eles têm? Explique.

   _____

   _____

COM QUE LETRA?

▼ PALAVRAS TERMINADAS EM -AM E -ÃO

1. Nos relatos de memórias, geralmente os verbos são usados no **tempo pretérito**, ou seja, no **tempo passado**, para indicar que os fatos já aconteceram. Releia um trecho do relato de memória de Rachel de Queiroz.

   > [...] **Acabaram** com a tabuada, com a sabatina e com a palmatória. Acho que **foi** boa ideia.

   • Junte-se a um colega e reescreva esse trecho no tempo futuro.

   _____

   _____

2. Leia, no quadro a seguir, as formas verbais do verbo **encontrar**.

encontrar	deixar	pensar
encontraram		
encontrarão		

   a) Copie a forma verbal que está no **tempo futuro**: _____

   b) Copie a forma verbal que está no **tempo passado**: _____

   c) Circule no quadro a sílaba tônica de cada uma das formas verbais.

3. Agora, preencha o quadro da atividade anterior com as formas verbais dos verbos **deixar** e **pensar**, nos tempos **passado** e **futuro**, seguindo o exemplo do verbo **encontrar**.

   a) Que terminação você usou para indicar ideia de passado? _____

   b) E para indicar ideia de tempo futuro? _____.

   c) Circule a sílaba tônica das palavras que você preencheu.

4. Responda.

   a) As formas verbais que estão no **tempo futuro** são oxítonas, paroxítonas ou proparoxítonas? Por quê?

   b) E as formas verbais que estão no **tempo passado** são oxítonas, paroxítonas ou proparoxítonas? Por quê?

5. Leia o texto a seguir, sublinhando os três verbos que foram, propositalmente, empregados em tempo verbal incorreto.

No início do século XX, as cidades de São Paulo e Rio de Janeiro **fizerão** uma campanha de saúde pública em que se ofereciam 100 réis por rato, que seria levado ao incinerador público. Nessa época, o lixo vivia espalhado por todo o lado, e os ratos **proliferarão** em abundância, transmitindo doenças à população. A campanha inicialmente foi um sucesso, mas algumas pessoas mal-intencionadas **passarão** a criar esses animais para ganhar dinheiro!
[...]

Francisco Luiz Rodrigues e Maria Vilma Cavinatto.
Lixo: de onde vem? Para onde vai? São Paulo: Moderna, 2003. p. 41-42.

- Agora responda.

a) Como essas palavras deveriam ter sido escritas?

_____

b) Como você descobriu que alguns verbos foram empregados em tempo verbal incorreto?

_____

_____

_____

EXPRESSÃO ORAL

Você e os colegas vão relatar oralmente um acontecimento marcante na vida de vocês. Pode ser o dia em que ganharam um animal de estimação, um passeio especial, o primeiro dia na escola, a conquista de um presente, o nascimento de um irmão, uma molecagem etc.

Durante as apresentações, os ouvintes farão uma escuta atenta e registrarão perguntas que ajudem quem está relatando a se lembrar de mais fatos que contribuam para a história ficar mais completa. Essas perguntas só deverão ser feitas no final de cada apresentação.

Depois dos relatos orais, cada aluno escreverá um relato de memória para formar um livro intitulado: **Lembranças e traquinagens da infância**.

1. Planeje o que pretende relatar aos colegas e faça anotações que o ajudem a se lembrar do que pretende informar.

   DICA Um relato de memórias é interessante quando o fato é narrado com detalhes, de forma que o ouvinte tenha possibilidade de imaginar como a situação aconteceu e os sentimentos envolvidos nela.

2. Leve suas anotações para casa e mostre a alguém que tenha participado do momento que pretende relatar para que essa pessoa leia e verifique se ela lembra de mais detalhes que possam ser acrescentados, deixando o relato ainda mais interessante.

3. Ensaie sua apresentação de forma que envolva a plateia. Fique atento ao tom de voz, aos gestos, às expressões faciais, à postura e à movimentação que pretende fazer durante o relato.

DICA Rememorar fatos é algo comum, que fazemos constantemente sem pensar ou sentir. Mas há situações, como a que está proposta, que irão exigir mais formalidade na linguagem. Assim evite gírias, palavras e expressões como: "e aí", "e daí", "né".

4 Decida se, durante o relato, vai usar ou não as anotações como apoio à memória. Mas é importante que elas não interfiram na sua interação com os colegas.

5 Fique atento às reações da plateia, pois servirão para orientar seu relato: se precisa baixar e elevar o tom de voz para dar mais expressividade aos fatos narrados ou mais detalhes sobre o que está contando.

6 Após o relato, serão abertas oportunidades para que os colegas, um por vez, leiam as perguntas que registraram durante a apresentação.

DICA Essas perguntas devem ajudar o colega que está relatando a revelar mais fatos e também as sensações e os sentimentos a respeito do que está contando.

7 As perguntas que foram registradas e feitas oralmente pelos colegas serão entregues a você no final da sua apresentação. Elas servirão para que, no momento da produção textual, você se lembre de mais detalhes que possam ser acrescentados à sua história.

8 Por fim, agradeça a atenção dos colegas e diga-lhes o quanto foi importante poder compartilhar uma memória de vida com eles.

9 Finalizadas todas as apresentações, a turma terá oportunidade de avaliar o trabalho desenvolvido.

NOSSA LÍNGUA

1. É provável que você conheça o Menino Maluquinho.

Esse menino alegre e criativo apronta muito, seja na escola, no bairro ou em casa, mas agora resolveu dar conselhos de como se comportar, acredita? Leia.

> Não faça as coisas na hora errada. Hora de **estudar**, estudar. Hora de **brincar**, brincar. Hora de **bagunçar**, bagunçar. Se **misturar** as horas, tudo vira uma coisa só: bagunça. Aí não tem graça.
> [...]
>
> Ziraldo. **O livro dos nãos do Menino Maluquinho**.
> Rio de Janeiro: Ediouro, 1997. p. 15.

- É possível saber se os verbos destacados estão no presente, no passado (pretérito) ou no futuro?

> As formas verbais **estudar**, **brincar**, **bagunçar**, **misturar** não indicam tempo. Elas estão na forma chamada **infinitivo**.

2. De acordo com a terminação (-ar, -er, -ir), os verbos no infinitivo são organizados em três grupos chamados de **conjugações**.

Complete o quadro a seguir com verbos terminados em **-ar**, **-er**, **-ir**, classificando-os de acordo com as conjugações.

1ª conjugação Verbos terminados em -ar	2ª conjugação Verbos terminados em -er	3ª conjugação Verbos terminados em -ir

3. Leia a tirinha do Menino Maluquinho e comente com os colegas o que deu humor a ela.

Ziraldo. **As melhores tiradas do Menino Maluquinho.** São Paulo: Melhoramentos, 2000, p. 72.

- No segundo quadrinho, o que a expressão de Maluquinho indica?

4. Agora, imagine que você está fazendo uma lista como a do Menino Maluquinho. Escreva coisas que fariam parte da sua lista. Comece cada frase com verbos no modo infinitivo. Veja o exemplo.

Conhecer o mar. /

#FICA A DICA

Os bichos que tive, Sylvia Orthof, Salamandra.

O professor vai organizar uma roda de leitura com livros de relatos de memórias.

Que tal ver se há na biblioteca da escola a divertida história dos "animais de estimação" da menina Sylvia. Nesse livro, ao recordar sua infância, a autora relata as alegrias, os problemas e muitas surpresas na convivência diária com alguns "bichinhos".

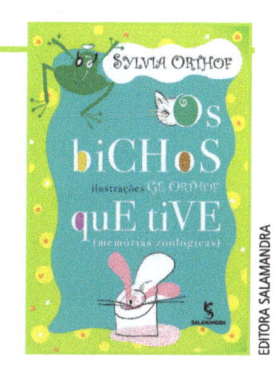

CAPÍTULO

2 TEMPO DE RECORDAR

- Você se lembra de algum fato que tenha lhe causado medo? Conte para a classe.
- Você já leu algum conto da escritora Tatiana Belinky? Qual? Gostou?
- Você vai ler o conto **Noite de terror**. Pelo título e pela ilustração, que fato marcante você acha que será relatado por ela?

LEITURA

1. Leia o conto para saber se o que você pensou se confirma.

Noite de terror

[...]

Papai e mamãe tiveram de sair por algumas horas, à noite, e nos deixaram sozinhos no quarto, eu, como de costume, tomando conta dos meus irmãos. O que parecia fácil, especialmente porque, quando eles saíram, os dois meninos já estavam dormindo, o maior numa das camas junto comigo, e o menor no berço, tudo na santa paz. Só que, uma hora depois que eles saíram, o caçulinha acordou chorando. Fui ver o que havia — e era que o pequerrucho, decerto por causa da excitação daquele dia movimentado, fez xixi no berço, e não fez pouco: o berço ficou encharcado e eu tive de tirá-lo de lá. Troquei-lhe a fralda e coloquei-o junto conosco, na nossa cama. Ficou meio apertado, mas enfim, tudo bem, ele adormeceu logo.

Mas a paz não durou muito, e logo logo ele fez xixi de novo, molhando o lençol debaixo de nós três. Que fazer? Peguei o maninho no colo, chamei o maior, e fomos os três para a cama grande, de papai e mamãe. "Quando eles chegarem, vão dar um jeito em tudo", pensei. E, cansada, adormeci também, junto com os dois — só para ser novamente acordada, "nadando" no lençol novamente encharcado pelo inesgotável caçulinha...

Não havia outra cama para a gente ir, mas também não dava para ficar naquela molhadeira, e tivemos de descer, ficar no chão mesmo. Mas aí aconteceu mais um terrível imprevisto: nem bem pisamos no assoalho. Era uma barata, mas uma barata "tropical", enorme, de um tamanho nunca visto! As baratinhas europeias que eu conhecia eram pigmeus perto daquela, insetos meio nojentinhos, porém miúdos, pouco maiores que as unhas das minhas mãos. Mas aquela ali era do tamanho de uma ratazana, ou assim me pareceu, e acho que não ficaria mais apavorada se visse uma tarântula ou uma cobra na minha frente.

De um pulo, com o pequeno no colo e o maior atrás, voltei para a cama encharcada... Era muita desgraça junta! E, sentada sobre o lençol "xixizado", com os meus irmãozinhos dos lados, entreguei os pontos e comecei a chorar, assustando os dois, que também abriram o bué.

E foi assim que nossos pais nos encontraram pouco depois: os três sentados sobre o lençol empapado de xixi, chorando em desafinado uníssono. E o pior foi que papai e mamãe, em vez de ficarem horrorizados, penalizados e solidários, desataram a rir "às bandeiras despregadas", para minha grande raiva e humilhação. "Os adultos às vezes não entendem nada", pensei comigo, magoada. Mas logo esqueci o "doloroso" episódio — ou não? Por que será que o contei agora?

Tatiana Belinky. **Onde já se viu?** São Paulo: Ática, 2005. p. 56-57.

Pigmeu: indivíduo de baixa estatura.
Tarântula: espécie de aranha.
Abrir o bué: abrir o berreiro, chorar bem alto.
Às bandeiras despregadas: sem parar.
Episódio: acontecimento.

Tatiana Belinky nasceu em Petrogrado, na Rússia, em 1919, e imigrou para o Brasil aos 10 anos de idade. Consagrou-se principalmente por suas obras escritas para crianças e jovens, que mereceram inúmeros prêmios e homenagens. Faleceu em São Paulo, em 2013, aos 94 anos.

2. Leia o início do relato de Tatiana Belinky e responda.

> [...]
> Papai e mamãe tiveram de sair por algumas horas, à noite, e nos deixaram sozinhos no quarto, eu, como de costume, tomando conta dos meus irmãos. [...]

a) Nesse relato, o narrador é personagem da história ou apenas alguém que narra os fatos que aconteceram com outra pessoa?

b) Quais as palavras que, no trecho, confirmam sua resposta?

3. Escreva o acontecimento imprevisto que causou pavor à narradora e ficou na memória dela.

_____
_____

4. Releia o último trecho do relato e responda.

> [...] Mas logo esqueci o "doloroso" episódio — ou não? **Por que será que o contei agora?**

a) A quem é feita a pergunta destacada?

_____

b) Que resposta você daria a essa pergunta?

_____
_____

5. Releia o segundo parágrafo do conto e circule a pontuação usada para marcar o pensamento da menina.

• Agora leia o verbete **nadar** e responda.

> **Nadar** v. Mover-se na água com o impulso do corpo.
> Geraldo Mattos. **Dicionário Júnior da Língua Portuguesa.** São Paulo: FTD, 2010. p. 510.

Por que a palavra nadando foi escrita entre aspas no relato?

_____
_____

92

6. Releia um trecho do primeiro parágrafo observando as palavras em destaque.

> [...] o berço ficou encharcado e eu tive de tirá-**lo** de lá. Troquei-**lhe** a fralda e coloquei-**o** junto conosco, na nossa cama. [...]

a) A quem se referem as palavras em destaque? _____

b) A substituição dessas palavras pelo substantivo a que se referem traz prejuízo ao texto? Justifique.

_____

_____

7. Releia uma frase do terceiro parágrafo.

> [...] Era uma barata, mas uma barata [...] **enorme**, de um tamanho nunca visto! [...]

Palavras de sentido contrário são chamadas **antônimas**.

- Reescreva a frase substituindo a palavra em destaque por outra de sentido contrário.

_____

_____

8. Leia o verbete **enorme** e verifique se você reescreveu a frase usando o antônimo dessa palavra. Depois responda.

> **Enorme** amf. Muito grande: colossal, gigantesco. > **Enormidade** sf. Ant.: *minúsculo*. E.nor.me
>
> Geraldo Mattos. **Dicionário Júnior da Língua Portuguesa**. São Paulo: FTD, 2010. p. 297.

a) Ao substituir a palavra **enorme** pelo seu antônimo, o sentido da frase permaneceu o mesmo? _____

b) No relato, qual é a importância do uso do adjetivo **enorme** para descrever a barata?

_____

_____

COM QUE LETRA?

USO DE HÁ OU A

1. Leia as frases e observe as expressões destacadas.

> No conto **Noite de terror**, Tatiana Belinky narrou um acontecimento que ocorreu **há muito tempo**.

> No conto **Noite de terror**, Tatiana Belinky narrou um acontecimento que ocorreu **faz muito tempo**.

• Responda.

a) Ao substituir o verbo **haver** por **fazer**, houve alteração de sentido?

b) O que essas expressões indicam?

> Os verbos **haver** e **fazer**, quando indicam tempo transcorrido, aparecem na 3.ª pessoa do singular.

2. Agora, leia a frase a seguir.

> A festa junina ocorrerá **daqui a** dois meses.

• A palavra **a**, na expressão destacada, refere-se a tempo _____.

3. Complete as frases, utilizando **há** ou **a**.

DICA Para saber quando usar **há**, substitua por **faz**. Para saber quando usar **a**, verifique se a frase indica **tempo futuro**.

a) O Natal será daqui _____ alguns meses.

b) O primeiro ano foi _____ muito tempo. Agora somos grandes e estamos no quinto ano.

c) Estamos _____ muito tempo esperando pela gincana da escola.

d) O campeonato está _____ poucos dias do fim.

e) Uso aparelho nos dentes _____ seis meses.

MAIS SOBRE... RELATO DE MEMÓRIAS

1. Responda.

- Nos relatos de memórias Escola antiga e Noite de terror, os fatos narrados são reais ou criados pela imaginação dos autores?
- Na sua opinião, em um relato de memórias, que fatos o autor escolhe narrar?

2. Releia o início do relato de Tatiana Belinky, observando os verbos em destaque, e depois responda às questões.

> [...] **Peguei** o maninho no colo, **chamei** o maior, e **fomos** os três para a cama grande, de papai e mamãe. [...]

a) A que pronome cada verbo se refere?

b) Nos relatos de memórias, os fatos são narrados em 1.ª pessoa (**eu, nós**), ou seja, o narrador é personagem. Por que você acha que isso acontece?

3. Os autores de relatos de memória costumam contar fatos importantes e estabelecer comparações entre épocas. Para isso, usam verbos no passado (pretérito) e no presente.

O livro Nas ruas do Brás conta um pouco sobre a infância do médico e escritor Drauzio Varella. Leia um trecho.

> [...] Aos domingos, folga do meu pai, **pegávamos** o bonde para visitar a tia Olímpia, irmã e confidente de minha mãe, em Santana. A tia **morava** com o marido e dois filhos numa chácara cercada de ciprestes, na Rua Voluntários da Pátria, quase em frente à caixa-d'água, perto da Padaria Morávia. Naquela região **havia** muitas dessas chácaras; **produziam** hortaliças que **eram** transportadas de carroça para as quitandas ou anunciadas aos gritos de porta em porta.
>
> [...] Hoje, quem **vê** o bairro de Santana com a caixa-d'água **custa** a acreditar que há menos de cinquenta anos **existiam** chácaras ali. [...]
>
> Drauzio Varella. **Nas ruas do Brás**. São Paulo: Companhia das Letrinhas, 2000. p. 34. (Memória e História).

4. Observe as formas verbais destacadas no trecho do relato do Drauzio Varella.

a) Circule no trecho as formas verbais destacadas que estão no tempo passado e sublinhe as formas verbais que estão no tempo presente.

b) Agora, complete as frases abaixo.

- Os verbos que estão no **tempo passado** ou **pretérito** se referem a uma época _____.

- Os verbos que estão no **tempo presente** se referem a uma época _____.

c) Nesse trecho do relato, com que objetivo foram usados os verbos no presente? Marque a alternativa adequada.

☐ Os verbos no presente foram usados com o objetivo de estabelecer comparações entre as épocas atual e passada.

☐ Os verbos no presente foram usados com o objetivo de explicar as ideias do autor do relato.

5. Um relato de memórias traz o olhar particular do autor sobre aquilo que viu e viveu. Portanto, não revela apenas o fato, mas também sentimentos, sensações e impressões.

Leia um trecho do relato de memórias do livro **Por parte de pai**, de Bartolomeu Campos de Queirós, e em seguida responda à questão.

> [...] Minha cama ficava no fundo do quarto. Pelas frestas da janela soprava um vento resmungando, cochichando, esfriando meus pensamentos, anunciando fantasmas. As roupas, dependuradas em cabides na parede, se transfiguravam em monstros e sombras. Deitado, enrolado, parado, imóvel, eu lia recado em cada mancha, em cada dobra, em cada sinal. [...]
>
> Bartolomeu Campos de Queirós. **Por parte de pai**. Belo Horizonte: RHJ, 1995. p. 17-18.

- Que sentimento fica evidente nos fatos narrados?

_____

DICA Nos relatos de memórias, os autores narram experiências vividas no passado, contadas da forma como são lembradas no presente.

DE TEXTO EM TEXTO

1. Você vai ler o trecho de uma história que trata das lembranças de uma bicicleta. Depois, com os colegas, crie e escreva um título para a história.

_____

Cheguei à casa numa grande caixa de papelão. Precisei de ajuda para sair. Estava aos pedaços. Juntaram minhas peças, apertaram meus parafusos, prenderam meus pneus. No começo, quatro rodas e muitos adesivos coloridos.

Vermelha! Assim eu era.

Acabado o serviço, olhei-me de cima a baixo. Gostei do resultado: equilíbrio perfeito dos pneus nas rodinhas, e a tinta nova cintilando num vermelho contente. Completando a festa, uma buzina forte e decidida.

Só parei de me admirar quando os olhos de Gabriel me engoliram com surpresa e encanto.

Aí, esqueci para sempre de me olhar em outro espelho.

No primeiro encontro, passada a surpresa, ele deslizou os dedinhos gordos e macios por todo o meu quadro, apertou o selim, observou as rodas e, por fim, testou a buzina. Dim-dom... Dim-dom... Dim-dom...

— Parece campainha! — E Gabriel gargalhou um riso nervoso de primeira vez.

Segurou o guidão com força e saiu pelo quintal pronto para conquistar o mundo. Rodamos em grandes círculos, e a tarde durou para sempre. Formamos uma dupla e tanto!

No início bicicletávamos devagar, com medo à espreita nas curvas. Depois, imbatíveis, voávamos a pedaladas rápidas, por descidas desenfreadas, ruas asfaltadas, trilhas enlameadas. Nada era impossível, mesmo que ferisse um pouco os joelhos dele e o meu vermelho já arranhado.

Passamos o primeiro ano pedalando pelo quintal e na rua de casa, pequenos e comportados. No segundo, começamos a ir para a escola todos os dias com mochila nas costas e confiança de sobra. No terceiro, as rodinhas se foram, e me tornei equilibrista de menino de pouco juízo e muitos destinos.

No quarto, ah... no quarto ano, tudo mudou!

Crescemos aventureiramente destemidos e companheiros. Ou melhor, Gabriel cresceu. Já eu fiquei com os pneus gastos, perdi a maciez do banco, o brilho da tinta, a cola dos adesivos, a força dos freios, o fôlego da buzina. Sobrou o encanto das horas!

Num dia derretedor de miolos e sorvetes, Gabriel veio até a garagem e me levou à rua. Íamos ao parque brincar, correr e ventar pedaladas. Sentou no banco, que já estava esticado ao máximo da altura, e preparou a primeira pedalada. O joelho tocou no guidão. A outra perna, apoiada no chão, dobrou-se para se equilibrar. As mãos, antes pequeninas, sobraram tamanho ao segurar a direção.

Pedalamos a lenta despedida.

Pepita Sampaio Sekito. **Engolidor de espelhos**. Ilustração de Cris Eich. Rio de Janeiro: Rovelle, 2015. p. 6-19.

2. Responda.

a) Do que trata a história?

b) Qual o momento da história que foi representado nas ilustrações?

c) Quais os recursos usados pelo ilustrador na página 98 para passar toda a emoção do momento?

d) Você estudou que os relatos de memórias são histórias reais. A história que você leu pode ser considerada um relato de memória?

e) Os fatos narrados já aconteceram ou vão acontecer? Circule no primeiro parágrafo os verbos que confirmam a sua resposta.

3. Nessa história, o narrador:

☐ é observador, ou seja, não vivenciou os fatos narrados.

☐ é personagem, ou seja, vivenciou os fatos narrados.

- Conte para os colegas qual, na sua opinião, foi a intenção da autora ao escolher a bicicleta como narradora dos acontecimentos.

4. Em um conto, tão importante quanto os fatos é a forma como eles são narrados.

- Releia o penúltimo parágrafo do conto.

A
> [...] Num dia derretedor de miolos e sorvetes, Gabriel veio até a garagem e me levou à rua. Íamos ao parque brincar, correr e ventar pedaladas. Sentou no banco, que já estava esticado ao máximo da altura, e preparou a primeira pedalada. O joelho tocou no guidão. A outra perna, apoiada no chão, dobrou-se para se equilibrar. As mãos, antes pequeninas, sobraram tamanho ao segurar a direção.
> [...]

- O mesmo parágrafo poderia ter sido escrito assim:

B
> Num dia quente, Gabriel me levou ao parque para pedalar. Sentou no banco, segurou o guidão, tentou se equilibrar, mas eu já estava pequena para ele.

- Qual das formas de narrar você prefere? Por quê?

5. Releia outro parágrafo do conto.

> [...] No início bicicletávamos devagar, com medo à espreita nas curvas. Depois, imbatíveis, voávamos a pedaladas rápidas, por descidas desenfreadas, ruas asfaltadas, trilhas enlameadas. Nada era impossível, mesmo que ferisse um pouco os joelhos dele e o meu vermelho já arranhado. [...]

a) Nesse trecho, há uma palavra inventada pela autora. Qual é ela? Circule-a. Depois, escreva o que a autora quis dizer com essa palavra.

_____

b) Você já estudou que os **adjetivos** dão características a substantivos e ajudam o leitor a imaginar as cenas.

• Copie os substantivos que aparecem na segunda frase desse trecho. Depois, copie ao lado os respectivos adjetivos.

_____

_____

6. No conto aparece uma **onomatopeia**, ou seja, uma figura de linguagem que representa um som. Escreva a onomatopeia e o som que ela representa.

_____

_____

• Nessa onomatopeia, as **reticências** foram usadas para:

☐ indicar o prolongamento do som.

☐ indicar que a fala foi interrompida.

7. No conto aparecem palavras ou expressões para marcar a passagem do tempo na história. Junte-se a um colega, identifique essas palavras e expressões e sublinhe-as.

NOSSA LÍNGUA

1. Leia a tirinha.

> É UM SONHO SE TORNANDO REALIDADE, FÊ!
>
> DE UM DIA MORAR EM UMA CASA EM CIMA DE UMA ÁRVORE!
>
> JÁ PLANTAMOS A ÁRVORE!

Alexandre Beck. **Armandinho nove**. Florianópolis: AC. Beck, 2016. p. 13.

- Responda:

    a) Qual sonho Fê e Armandinho têm?

    b) O que Armandinho e Fê estão fazendo para tornar esse sonho realidade?

2. Leia as frases a seguir. Depois, marque as alternativas adequadas.

A Plantamos a árvore.

C Plantem a árvore.

B Se plantássemos a árvore.

- Em que frase:

a) o verbo expressa uma certeza?

☐ Frase A. ☐ Frase B. ☐ Frase C.

b) o verbo expressa um pedido ou uma ordem?

☐ Frase A. ☐ Frase B. ☐ Frase C.

c) o verbo expressa incerteza, dúvida?

☐ Frase A. ☐ Frase B. ☐ Frase C.

> Na frase **A**, o verbo **plantar** está no modo indicativo.

Observe a conjugação dos verbos **sonhar**, **comer** e **dividir** no modo indicativo, em todos os tempos verbais. Consulte este quadro sempre que precisar.

1.ª conjugação: sonh**ar** 2.ª conjugação: com**er** 3.ª conjugação: divid**ir**

Modo indicativo

	Presente			Pretérito imperfeito		
Eu	sonh**o**	com**o**	divid**o**	sonh**ava**	com**ia**	divid**ia**
Tu	sonh**as**	com**es**	divid**es**	sonh**avas**	com**ias**	divid**ias**
Ele	sonh**a**	com**e**	divid**e**	sonh**ava**	com**ia**	divid**ia**
Nós	sonh**amos**	com**emos**	divid**imos**	sonh**ávamos**	com**íamos**	divid**íamos**
Vós	sonh**ais**	com**eis**	divid**is**	sonh**áveis**	com**íeis**	divid**íeis**
Eles/as	sonh**am**	com**em**	divid**em**	sonh**avam**	com**iam**	divid**iam**

Modo indicativo

	Pretérito perfeito			Pretérito mais-que-perfeito		
Eu	sonh**ei**	com**i**	divid**i**	sonh**ara**	com**era**	divid**ira**
Tu	sonh**aste**	com**este**	divid**iste**	sonh**aras**	com**eras**	divid**iras**
Ele	sonh**ou**	com**eu**	divid**iu**	sonh**ara**	com**era**	divid**ira**
Nós	sonh**amos**	com**emos**	divid**imos**	sonh**áramos**	com**êramos**	divid**íramos**
Vós	sonh**astes**	com**estes**	divid**istes**	sonh**áreis**	com**êreis**	divid**íreis**
Eles/as	sonh**aram**	com**eram**	divid**iram**	sonh**aram**	com**eram**	divid**iram**

Modo indicativo

	Futuro do presente			Futuro do pretérito		
Eu	sonh**arei**	com**erei**	divid**irei**	sonh**aria**	com**eria**	divid**iria**
Tu	sonh**arás**	com**erás**	divid**irás**	sonh**arias**	com**erias**	divid**irias**
Ele	sonh**ará**	com**erá**	divid**irá**	sonh**aria**	com**eria**	divid**iria**
Nós	sonh**aremos**	com**eremos**	divid**iremos**	sonh**aríamos**	com**eríamos**	divid**iríamos**
Vós	sonh**areis**	com**ereis**	divid**ireis**	sonh**aríeis**	com**eríeis**	divid**iríeis**
Eles/as	sonh**arão**	com**erão**	divid**irão**	sonh**ariam**	com**eriam**	divid**iriam**

3. O cartaz a seguir é de um anúncio afixado no mural de uma escola. Leia.

Festival de Trava-Língua

Eu cantarolarei,
Tu cantarolarás,
Ele cantarolará,
Nós cantarolaremos,
Vós cantarolareis
Eles cantarolarão.

E nesse trava-língua
Está feita a conjugação!
Faça sua inscrição!

Data: 16/04
Horário: 9:00h
Local: Auditório

Cedido pelo professor Hugo Braga. Centro de Ensino Fundamental II – Paranoá-DF.

- Responda.
    a) Qual é o objetivo desse anúncio?
    b) Em sua opinião, por que foi escolhido o verbo **cantarolar** para anunciar o festival de trava-língua?

4. Circule os pronomes pessoais que aparecem no anúncio.
- A quem esses pronomes se referem?

_____

5. Releia um trecho do anúncio. Depois marque a alternativa adequada.

> E nesse trava-língua
> Está feita a conjugação!

Conjugar um verbo é:

☐ modificar esse verbo em tempo, modo e pessoa.

☐ fazer um trava-língua.

103

6. Leia.

A
Eu **vou falar** com os meus pais sobre a importância de economizar água e reciclar o lixo. **Vou explicar** por que isso é tão importante e sei que eles **vão colaborar** para a melhora do nosso planeta.

B
Eu **falarei** com os meus pais sobre a importância de economizar água e reciclar o lixo. **Explicarei** por que isso é tão importante e sei que eles **colaborarão** para a melhora do nosso planeta.

• Observe as formas verbais destacadas. Depois, responda as questões.

a) As formas verbais, nos textos **A** e **B**, indicam:

☐ tempo presente.   ☐ tempo passado.   ☐ tempo futuro.

b) Houve alteração de sentido nos textos com a mudança da forma verbal composta (texto **A**) para a forma verbal simples (texto **B**)?

_____

c) Qual das formas verbais usamos com mais frequência no dia a dia?

_____

7. Leia e depois reescreva o trecho substituindo as formas verbais em destaque por um verbo no tempo futuro.

Nesse seminário, eu **vou apresentar** algumas informações sobre os animais dos polos. Eu e meus colegas **vamos mostrar** imagens desses animais e gráficos. Esses recursos **vão ajudar** vocês a acompanharem o trabalho.

_____
_____
_____
_____

PRODUÇÃO TEXTUAL

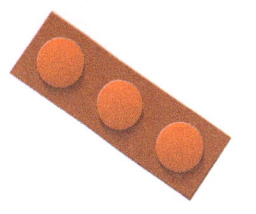

Chegou o momento de registrarem os relatos e montarem o livro: **Lembranças e traquinagens da infância**. Ele poderá ser doado à biblioteca da comunidade, como forma de preservar a sua história.

1 Planeje seu relato. Use as anotações e as perguntas feitas pelos colegas na seção **Expressão oral**.

2 Decida, com o professor e os colegas, se os relatos serão manuscritos ou digitados no computador. Em ambos os casos, as produções passarão por momentos de escrita, leituras e reescritas até que o relato esteja finalizado e adequado aos futuros leitores.

3 Seu relato deve contar o fato com detalhes, de modo que os leitores se sintam envolvidos com a história. Eles devem ser narrados em 1.ª pessoa (eu).

DICA Você escreverá um relato de memórias, ou seja, irá narrar fatos e emoções que já aconteceram. Por isso, os verbos devem indicar ideia de tempo passado.

4 Leia o relato e observe se precisa acrescentar alguma informação que possa torná-lo mais compreensível e atraente aos leitores.

5 Releia outras vezes o relato, agora para verificar se você:
- mencionou **onde** e **como** os fatos aconteceram e **quem** participou deles;
- utilizou expressões como **um dia, mais tarde, no outro dia, à noite** para marcar a passagem de tempo na história;
- descreveu as sensações, os sentimentos e suas emoções diante do acontecimento;
- deu um título interessante ao texto.

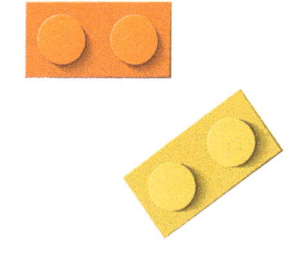

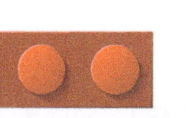

6 Releia o relato, agora para verificar se:

- utilizou verbos e pronomes em 1.ª pessoa;
- usou sinais de pontuação para organizar as ideias e passar as emoções desejadas;
- organizou o texto em parágrafos;
- usou aspas para marcar falas de outras pessoas em seu texto. Assim: Minha mãe me entregou a caixa e falou: "Abra e veja a surpresa. Aposto que vai gostar!".

7 Troque a produção com outro colega e, em uma folha à parte, escreva um bilhete, contando o que achou interessante no relato e dê dicas do que pode ser melhorado na escrita.

8 Avalie as sugestões do colega e modifique o que achar conveniente.

9 Entregue o relato ao professor. Ele o devolverá com sugestões de como torná-lo ainda melhor.

DICA Deixe espaço para as ilustrações. Se o relato for manuscrito, capriche na letra, pois será lido por muitas pessoas.

10 Faça as alterações sugeridas e verifique se deseja fazer mais alguma.

11 Defina que ilustrações pretende fazer para tornar seu texto ainda mais interessante ao leitor.

12 Com os colegas e o professor, reúnam os relatos. Eles podem ser organizados levando em conta a ordem alfabética dos nomes da turma. Façam a capa, o sumário e montem o livro. Depois, decidam como ele será entregue à biblioteca.

HORA DE AVALIAR

✔ Os fatos relatados foram escritos de maneira que prendessem a atenção do leitor?

✔ Você percebeu mudanças ao narrar as memórias oralmente e depois por escrito? Explique.

VIVA A DIVERSIDADE!

MUSEU: PRESERVAÇÃO DA MEMÓRIA

1 Há museus na sua cidade? Quais? Você já visitou algum?

2 Sabe a importância desse local para a preservação da memória cultural? De acordo com a Lei n? 11.904, de 14 de janeiro de 2009, que instituiu o Estatuto de Museus: museus são instituições sem fins lucrativos que conservam, investigam, interpretam e expõem conjuntos e coleções de valor histórico, artístico, científico, técnico ou de qualquer outra natureza cultural a serviço da sociedade e de seu desenvolvimento.
Observe as imagens a seguir.

Museu da Língua Portuguesa, São Paulo (SP), 2016.

Museu do Índio, Rio de Janeiro (RJ), 2014.

Museu Afro Brasil, São Paulo (SP), 2017.

- Responda.

   a) Você já ouviu falar nesses museus?

   b) Você conhece algum deles? Qual? Conte para os colegas.

3 Que tal uma visita ao *site* do Museu do Universo? Assim, é possível interagir com o acervo sem sair da escola! O museu virtual está disponível no endereço: <http://ftd.li/b72dcm>.
Após a visita, comentem com o professor o que aprenderam e o que foi mais interessante.

UNIDADE

4

VERSOS QUE ENCANTAM

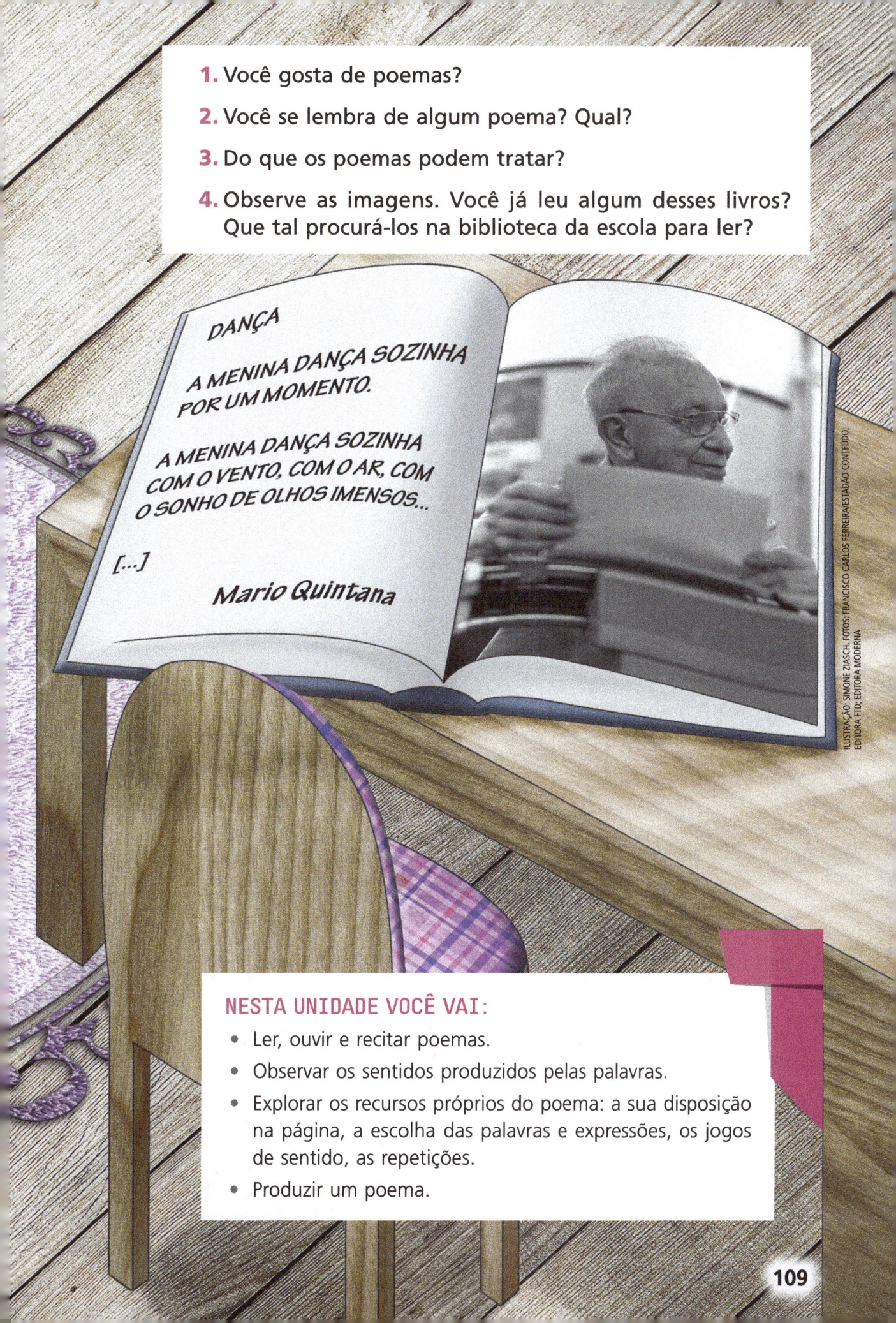

1. Você gosta de poemas?
2. Você se lembra de algum poema? Qual?
3. Do que os poemas podem tratar?
4. Observe as imagens. Você já leu algum desses livros? Que tal procurá-los na biblioteca da escola para ler?

DANÇA

A MENINA DANÇA SOZINHA POR UM MOMENTO.

A MENINA DANÇA SOZINHA COM O VENTO, COM O AR, COM O SONHO DE OLHOS IMENSOS...

[...]

Mario Quintana

NESTA UNIDADE VOCÊ VAI:
- Ler, ouvir e recitar poemas.
- Observar os sentidos produzidos pelas palavras.
- Explorar os recursos próprios do poema: a sua disposição na página, a escolha das palavras e expressões, os jogos de sentido, as repetições.
- Produzir um poema.

CAPÍTULO 1
PALAVRA POÉTICA

- Você já viu um espantalho? Onde?
- Você sabe qual a função de um espantalho?

LEITURA

1. Acompanhe a leitura que o professor vai fazer do poema.

O passarinho e o espantalho

Quando se aninha
num coração de palha
um passarinho,
o seu canto se espalha aquecido,
e o espantalho,
com a alma repleta de voos,
desperta querendo gorjear.

Espigas o saúdam.
Amarelos brincam ao redor
do seu vulto esfarrapado.

Campos acordam em festa
com o orvalho anunciando
que o dia está sorrindo.

Quando o sol se espreguiça
e o passarinho vai embora,
o espantalho se entristece
[com o ninho vazio
no peito, mas o dia gorjeia
[em seu lugar.

Marciano Vasques. O passarinho e o espantalho.
Ciência Hoje das Crianças, Rio de Janeiro: ICH, ano 29, n. 285, dez. 2016. Quarta capa.

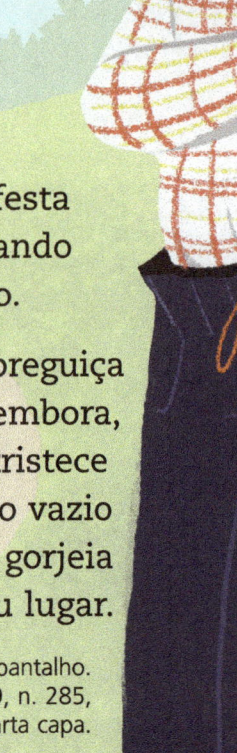

2. Poemas podem transmitir emoções e sentimentos.

   a) O que você sentiu ao ler o poema?

   b) Na sua opinião, o ambiente retratado no poema é de uma zona rural ou urbana?

   c) Do que trata o poema?

   d) Em que momentos do dia se passa o poema?

3. Releia a primeira estrofe do poema.

   a) Nos poemas, é comum que os versos sejam escritos em uma ordem diferente da que utilizamos no dia a dia.

   - Reescreva os três primeiros versos em uma ordem mais parecida com a qual estamos acostumados.

   _____

   _____

   b) Agora, responda:

   - Onde o passarinho se aninhou? _____

   - A que se refere o pronome **seu**? _____

   c) Como você imagina o passarinho nesse momento?

   _____

   _____

4. Espantalhos são bonecos colocados em plantações para espantar aves que prejudicam a plantação.
Em que tipo de plantação esse espantalho está?

   _____

   - Circule no poema as palavras que justificam sua resposta.

Marciano Vasques é um educador, poeta e escritor brasileiro de literatura. Ele escreve literatura infantil e juvenil.

É autor de diversos livros e viaja pelo Brasil realizando palestras para professores e estudantes. É formado em Filosofia e em Pedagogia e tem pós-graduação em literatura infantil e juvenil pela Universidade Metodista de São Paulo.

5. As palavras podem ser usadas no **sentido figurado**, que é diferente do sentido próprio, literal. Releia estes versos do poema.

A
> Campos acordam em festa
> com o orvalho anunciando
> que o dia está sorrindo.

- O que você entendeu pela expressão **o dia está sorrindo**?

_____

B
> Quando o sol se espreguiça
> e o passarinho vai embora,

- O que você entendeu pela expressão **o sol se espreguiça**?

_____

6. Releia a última estrofe do poema e responda.

> Quando o sol se espreguiça
> e o passarinho vai embora,
> o espantalho se entristece com o ninho vazio
> no peito, mas o dia gorjeia em **seu** lugar.

a) Como o espantalho se sente quando o passarinho vai embora?

_____

b) A que se refere o pronome em destaque?

_____

c) Nessa estrofe, a palavra **mas** poderia ser substituída por **porque**? Justifique.

_____

_____

d) Na sua opinião, esse sentimento do espantalho permanece no final do poema? Justifique.

_____

_____

MAIS SOBRE... POEMA

1. Imagine que você abriu a página de um livro e se deparou com o texto a seguir. Antes de lê-lo, responda.

    • O que faz você saber que se trata de um poema?

2. Agora, com os colegas, leia o poema **Minha cama**. Depois, comente com eles suas impressões sobre o texto.

> ### Minha cama
>
> Um hipopótamo na banheira
> molha sempre a casa inteira.
>
> A água cai e se espalha
> molha o chão e a toalha.
>
> E o hipopótamo: nem ligo
> estou lavando o umbigo.
>
> E lava e nunca sossega,
> esfrega, esfrega, esfrega
>
> a orelha, o peito, o nariz
> as costas das mãos, e diz:
>
> Agora vou dormir na lama
> pois é lá a minha cama!
>
> Sérgio Capparelli. Minha cama. In: Sérgio Capparelli. **Tigres no quintal**. São Paulo: Global, 2008. p. 53.

• Responda.

a) O que deu sonoridade ao poema?

b) As estrofes têm o mesmo número de versos? Justifique.

3. Com os colegas, leia o poema a seguir.

> ## A lua
> A lua pinta a rua de prata
> E na mata a lua parece
> um biscoito de nata.
>
> Quem será que esqueceu
> a lua acesa no céu?

Roseana Murray. A lua. In: Roseana Murray. **Poesia fora da estante**. Porto Alegre: Projeto, 1996. p. 78.

- Responda.
Os poemas têm sempre o mesmo número de versos em cada estrofe? Justifique. Use como argumento o poema que você acabou de ler.

_____

_____

> **Rima** é a repetição de sons idênticos ou semelhantes no final de palavras ou em sílabas poéticas. As rimas mais frequentes geralmente aparecem no final dos versos e são chamadas **rimas externas**.

- Sublinhe no poema as palavras que rimam. Use cores diferentes para cada grupo de rimas.
- As rimas têm sempre de estar no final dos versos? Responda usando como argumento o poema **A lua**.

_____

_____

> Em alguns poemas, as rimas aparecem dentro dos versos. São as chamadas **rimas internas**.

114

4. A comparação é um dos recursos utilizados nos poemas para criar imagens, despertando sentimentos, sensações e emoções.

a) Como a lua pinta a rua de prata?

_____

b) Com o que a lua é comparada?

_____

c) Nessa comparação, pode-se concluir que se trata de uma lua cheia, minguante ou crescente? Por quê?

_____

_____

- A autora utilizou a imagem de um biscoito de nata para passar a ideia:

☐ da cor clara da lua.   ☐ do tamanho da lua.

5. Ao ler um poema, imaginamos a voz de alguém que fala conosco. Esse alguém é chamado **eu lírico**. Nem sempre essa voz equivale à do poeta. Leia.

Fiquei de castigo

Não sei por que estou aqui,
trancado nesse quarto!
Eu só deixei a geladeira aberta,
a cama sem coberta,
uma tarefa incompleta,
uma mentirinha encoberta,
e não achei a palavra certa
pra inventar uma história esperta!

Celso Sisto. Fiquei de castigo. In: Celso Sisto. **Emburrado**. São Paulo: Paulus, 2005. Não paginado.

- Responda.
Quem ficou de castigo: o poeta ou o eu lírico? Justifique.

_____

_____

COM QUE LETRA?

▼ PALAVRAS COM EX + VOGAL

1. Leia o poema e responda.

> **Anoitecer**
>
> A noite veio chegando
> De um lugar que não **existia**,
> Tirou uma chave da bolsa
> E fechou a porta do dia.
>
> Sérgio Capparelli. Anoitecer. In: Sérgio Capparelli. **ABC dos abraços**.
> São Paulo: Global, 2017. p. 25.

a) O que você entendeu por "fechou a porta do dia"?

___

b) Qual o som representado pela letra **x** na palavra em destaque?

___

2. Procure no dicionário palavras começadas com **ex + vogal**. O professor vai pedir a alguns alunos que façam a leitura oral dessas palavras.

3. Consulte novamente o dicionário, agora para verificar se há alguma palavra em nossa língua iniciada com **ez + vogal**.

a) Complete a frase abaixo com o que você descobriu.

Na língua portuguesa, _____ palavras iniciadas

por _____.

b) Em que essa descoberta vai ajudá-lo quando tiver de escrever palavras começadas com esses sons?

___

4. Complete as palavras a seguir com a letra que falta.

ê____ito   e____agero   e____ibido   e____emplo

e____ército   e____ercício   e____ato   e____ecutivo

EXPRESSÃO ORAL

Você e os colegas vão fazer um sarau de poesia.

Para isso, cada um deverá pesquisar poemas na biblioteca da escola, com pessoas da família, com amigos ou em *sites* da internet.

O professor vai combinar o dia das apresentações.

> **DICA** Sarau de poesia é uma reunião festiva em que as pessoas se encontram para apreciar, declamar e interpretar poemas.

1. Copie o poema que achar mais interessante.

2. Ensaie a leitura para fazê-la com entonação, ritmo e expressão corporal adequados, de maneira a passar toda a emoção transmitida pelo poema e prender a atenção da plateia.

3. Antes de apresentar o poema, informe o título, o nome do autor e o nome do livro ou do *site* de onde foi retirado.

> **DICA** Durante a apresentação, se estiver lendo, olhe de vez em quando para a plateia. Assim poderá observar as reações dos colegas.

4. Após a leitura do poema, comente o motivo da escolha e os recursos poéticos que você observou.

5. Ouça com atenção e respeito a apresentação dos colegas.

6. Exponham os poemas apresentados no sarau em um mural fora da sala de aula, para que mais pessoas possam apreciá-los.

7. Avaliem a atividade, comentando quais poemas acharam mais interessantes e qual a relação da entonação e da expressão corporal dos colegas com as emoções provocadas pelos poemas.

DE TEXTO EM TEXTO

1. Você conhece o jogo da velha? Já jogou?

- Comente com os colegas as instruções desse jogo.

2. Observe o poema a seguir e comente com os colegas o que ele lembra. Justifique sua resposta.

Diferentemente dos poemas que você leu nesta unidade, este poema é para ser lido e visto. É um **poema visual**.

Vamos brincar de jogo da velha?	Vamos! Você faz um X e eu uma bolinha.	
Combinados! Já vou escolher esta casinha para tentar vencer aqui na vertical.	Engano seu. Sabe por quê? Agora, posso ganhar na horizontal ou mesmo aqui na diagonal.	Ah, que pena! É, realmente, agora eu não tenho mais o que fazer...
Mas eu o impedirei. Pronto. Você se deu mal!		Ei, não precisa ficar triste. Eu venci e o nosso jogo chegou ao fim. Mas o que mais gostei mesmo foi de ter você perto de mim.

BITARÃES NETTO, ADRIANO. JOGO DA VELHA. IN: POESIA DOS PÉS À CABEÇA; ILUSTRADO POR RUBEM FILHO. SÃO PAULO: PAULINAS, 2013. P. 10

Adriano Bitarães Netto. Jogo da velha. In: Adriano Bitarães Netto. **Poesia dos pés à cabeça**. São Paulo: Paulinas, 2013. p. 10.

- Com os colegas, faça a leitura oral do poema, seguindo as orientações do professor.

118

3. Responda.

   a) Saber as regras do jogo da velha foi importante para determinar em que ordem as estrofes seriam lidas? Por quê?

   b) Imagine que as estrofes desse poema fossem escritas uma abaixo da outra e sem a ilustração. O poema teria o mesmo sentido? Por quê?

4. Quem é o eu lírico do poema?

_____

5. Releia uma das estrofes do poema.

> Combinados!
> Já vou escolher
> esta casinha
> para tentar
> vencer aqui
> na vertical.

   a) Em qual sentido foi usada a palavra **casinha**? Marque.

   ☐ Literal.

   ☐ Figurado.

   b) Escreva uma palavra que poderia substituir a palavra **casinha** sem alterar o sentido da estrofe. _____

6. O que deu sonoridade ao poema? _____

   • Sublinhe no poema, com cores diferentes, as palavras que rimam entre si.

> Ah,
> que pena!
> É, realmente,
> agora eu não
> tenho mais
> o que fazer...

7. Releia mais uma estrofe do poema.

   a) Que sentimento do eu lírico fica evidenciado nessa estrofe?

   ☐ Empolgação.   ☐ Raiva.

   ☐ Tristeza.

   b) Circule a pontuação usada para expressar esse sentimento.

   c) Explique para os colegas por que, de acordo com o poema, nesse momento não havia mais o que fazer.

8. Que mensagem o poema transmite?

_____

_____

119

DE CARONA COM O TEXTO

1. Observe a foto-ilustração do artista inglês Carl Warner.

Carl Warner. Fotografia de paisagem feita com alimentos verdadeiros, usada em campanha publicitária, 2014.

Responda.

a) O ambiente retratado na imagem se assemelha ao apresentado no poema O passarinho e o espantalho? Por quê?

b) Que alimentos foram utilizados para construir a cena?

c) Que elemento parece destoar do ambiente retratado na cena? Por quê?

2. Leia a afirmação a seguir.

> Mesmo países cuja economia é extremamente desenvolvida e a tecnologia é avançada precisam do campo para viver.

• Estabeleça a relação entre ela e a cena retratada. Justifique.

3. A partir da discussão, dê um título à obra.

NOSSA LÍNGUA

1. O que lhe vem à cabeça quando você ouve a palavra **receita**?

- O poema que você vai ler chama-se **Receita de espantar a tristeza**. Do que você acha que ele vai tratar? Justifique.

Receita de espantar a tristeza

faça uma careta
e mande a tristeza
pra longe pro outro lado
do mar ou da lua

vá para o meio da rua
e plante bananeira
faça alguma besteira

depois estique os braços
apanhe a primeira estrela
e procure o melhor amigo
para um longo e apertado abraço

Roseana Murray. Receita de espantar a tristeza. In: Roseana Murray. **Receitas de olhar**. São Paulo: FTD, 1999. p. 42.

- Responda.

a) O poema **Receita de espantar a tristeza** foi escrito com a mesma finalidade de uma receita culinária? Justifique.

b) Você já estudou que, geralmente, as receitas culinárias são divididas em duas partes: **ingredientes** e **modo de fazer**. A qual dessas partes o poema **Receita de espantar a tristeza** se assemelha?

c) Qual é a principal semelhança entre o poema e as receitas culinárias?

d) Copie os versos que rimam.

_____
_____
_____
_____

121

2. Alguns dos verbos a seguir estão presentes no poema. Leia.

faça	mande	toste	vá	troque
estique	apanhe	coloque	passe	salpique
	procure	acrescente	plante	

• Agora marque a alternativa que completa a frase.
  Os verbos do quadro:

  ☐ mostram o tempo em que essas ações aconteceram.

  ☐ dão instruções a quem os lê.

> Quando são empregados para expressar uma ordem, um conselho, uma instrução, um convite, uma súplica ou um pedido, os verbos aparecem no **imperativo**.

3. Complete as instruções do experimento. Use alguns dos verbos a seguir, fazendo as modificações necessárias, a fim de instruir o leitor.

| repetir | encher | colocar | despejar | mexer |

Boia ou afunda?

1 _____ de água um copo grande.

Com cuidado, _____ um ovo cru dentro do copo. Ele afunda ou boia?

2 _____ a experiência. Agora _____ seis colheres de sopa de sal na água. _____ bem.

3 Dessa vez, _____ um ovo em um copo com água salgada até a metade.

_____ água sem sal. O que houve?

Lisa Burke. **Pequenos cientistas na cozinha**. São Paulo: Publifolha, 2015. p. 18.

4. Leia alguns avisos.

EM CASO DE FOGO USE AS ESCADAS
NÃO USE O ELEVADOR

NÃO DÊ COMIDA AOS ANIMAIS

CRUZAMENTO VIA FÉRREA
1 LINHA
PARE OLHE ESCUTE

a) Quais verbos dos avisos expressam ordem ou instrução? Escreva.

_____

b) Em que modo esses verbos estão?

_____

c) Em sua opinião, por que é importante que avisos como esses contenham verbos que expressem ordem ou instrução?

5. Imagine que, após o intervalo, alguns alunos têm deixado restos de comida no pátio. O que poderia ser feito para contribuir com a limpeza da escola? Escreva um aviso para ser colocado no pátio que ajude a resolver essa situação. Use os verbos no modo imperativo.

6. Nos anúncios, também é comum aparecerem verbos no imperativo. Observe o anúncio a seguir escrito de diferentes formas.

CAMPANHA DO BRINQUEDO

DOE UM BRINQUEDO PARA QUEM NÃO TEM
Faça um dia das crianças mais feliz para todos!

Se você tem um brinquedo em bom estado, leve sua doação até dia 15 de Outubro aos seguintes pontos de coleta:

CRAS - R. Leopardo, 943 - José Amândio
Prefeitura de Bombinhas - Av. Baleia Jubarte, 328 - José Amândio
Fundação de Cultura - R. Paraty, 319 - Centro
Casa de Cultura Piana do Crivo - R. Primavera, esquina c/ Av Girassol, 28 - Morrinhos
Secretaria de Turismo - Av. Leopoldo Zarling, 2072 - Bombas
Aline Presentes - Bairros Centro e José Amândio
Loja Âncora - Av. Leopoldo Zarling, 1528 - Bombas

PREFEITURA DE BOMBINHAS, SANTA CATARINA

CAMPANHA DO BRINQUEDO

SE VOCÊ DOAR UM BRINQUEDO PARA QUEM NÃO TEM, FARÁ UM DIA DAS CRIANÇAS MAIS FELIZ PARA TODOS.

- Qual dos dois anúncios você acha que teria mais chance de motivar o leitor a aderir à campanha? Por quê?

Veja como são conjugados os verbos no modo imperativo. Consulte estes quadros sempre que precisar.

Afirmativo		
Estud**a** tu	Com**e** tu	Decid**e** tu
Estud**e** você	Com**a** você	Decid**a** você
Estud**emos** nós	Com**amos** nós	Decid**amos** nós
Estud**ai** vós	Com**ei** vós	Decid**i** vós
Estud**em** vocês	Com**am** vocês	Decid**am** vocês

Negativo		
Não estud**es** tu	Não com**as** tu	Não decid**as** tu
Não estud**e** você	Não com**a** você	Não decid**a** você
Não estud**emos** nós	Não com**amos** nós	Não decid**amos** nós
Não estud**eis** vós	Não com**ais** vós	Não decid**ais** vós
Não estud**em** vocês	Não com**am** vocês	Não decid**am** vocês

CAPÍTULO 2

A POESIA PEDE PASSAGEM

- A partir do título, você consegue imaginar como é a cidade do poema? Observe a ilustração e discuta com seus colegas se a cidade se parece com a que você imaginou.

LEITURA

1. Acompanhe a leitura e tente imaginar a cidade que é descrita.

Cidadezinha cheia de graça

Cidadezinha cheia de graça...
Tão pequenina que até causa dó!
Com seus burricos a pastar na praça...
Sua igrejinha de uma torre só...

Nuvens que venham, nuvens e asas,
Não param nunca nem um segundo...
E fica a torre sobre as velhas casas,
Fica cismando como é vasto o mundo!...

Eu que de longe venho perdido,
Sem pouso fixo (a triste sina!)
Ah, quem me dera ter lá nascido!

Lá toda a vida poder morar!
Cidadezinha... tão pequenina
Que toda cabe num só olhar...

Mario Quintana. Cidadezinha cheia de graça. In: Mario Quintana. **Canções seguido de Sapato florido e A Rua dos Cataventos**. Rio de Janeiro: Alfaguara; © By Elena Quintana. p. 22.

Cismar: ficar pensando, distraído.
Pouso: lugar onde alguém costuma descansar.
Sina: destino.

Mario Quintana nasceu em Alegrete, no Rio Grande do Sul, em 1906, e morreu em Porto Alegre, no mesmo estado, em 1994. Foi poeta, tradutor e cronista.

2. Observe a organização do poema e responda.

   a) O poema está organizado em:

   _____

   b) Todas as estrofes têm o mesmo número de versos? Justifique.

   _____

   _____

3. As rimas contribuem para dar ritmo ao poema. Sublinhe as rimas de "Cidadezinha cheia de graça". Use cores diferentes para cada dupla de palavras.

4. Releia o poema e escreva as palavras que estão no diminutivo.

   _____

   • Observe as palavras que você escreveu. Todos os diminutivos são formados com a mesma terminação? Justifique.

   _____

   _____

5. As palavras no diminutivo são comumente utilizadas para indicar tamanho reduzido, mas também podem indicar sentimentos.

   Na sua opinião, além de passar a ideia de que tudo na cidade é pequeno, o autor usou o diminutivo para mostrar:

   ☐ desprezo pela cidade.   ☐ carinho pela cidade.   ☐ pena da cidade.

6. Copie a frase que mais combina com você, completando-a.

   a) Minha cidade também é pequenina, e eu sinto carinho por ela porque...

   b) Minha cidade não é pequenina, e eu sinto carinho por ela porque...

   _____

   _____

   _____

   _____

   _____

7. O modo como a cidade é descrita transmite certa melancolia, ou seja, um estado de tristeza indefinida, sem motivo.

• Marque a alternativa que completa a frase.

O eu lírico parece melancólico porque:

☐ nasceu na cidadezinha.

☐ não gosta de cidades pequenas.

☐ queria muito ter nascido na cidadezinha.

• Agora sublinhe a estrofe do poema em que é possível perceber a melancolia do eu lírico.

8. Muitas vezes, as palavras podem ter vários significados, dependendo do contexto em que elas aparecem. Isso é muito comum em poemas. Releia dois versos da segunda estrofe.

> [...]
> Nuvens que venham, nuvens e **asas**,
> Não param nunca nem um segundo...
> [...]

a) Nesse trecho, a palavra destacada foi usada para se referir a outro substantivo. Qual é ele?

_____

b) Faria diferença na sonoridade da estrofe se a palavra **asas** fosse substituída por **pássaros**? Justifique.

_____

_____

9. Por que, mesmo sem usar o adjetivo **alta**, é possível saber que a torre da igreja é alta?

10. Com os colegas, faça novamente a leitura do poema em voz alta. Os meninos deverão ler as estrofes indicadas em vermelho, e as meninas, as estrofes indicadas em verde. Por fim, todos lerão juntos a última estrofe.

DICA Para se ler junto, é preciso manter o mesmo ritmo.

SÓ PARA LEMBRAR

1. Leia uma estrofe do poema **Cereais e grãos**, de César Obeid.

> O arroz com o feijão
> É mistura genial
> O feijão é um lindo grão
> O arroz é um cereal
> Combinando esses dois
> Todo prato é especial.
> [...]

César Obeid. Cereais e grãos. In: César Obeid. **Rimas saborosas**. São Paulo: Moderna, 2009. p. 29.

- Feijão com arroz é uma combinação saborosa e saudável. Você sabia que é o prato mais consumido no Brasil?

  Você também come feijão com arroz?

  ☐ Sim.   ☐ Não.

2. Arroz e feijão são alimentos igualmente nutritivos. Isso é o mesmo que afirmar que:

☐ arroz é **mais** nutritivo **do que** feijão.

☐ arroz é **menos** nutritivo **do que** feijão.

☐ arroz é **tão** nutritivo **quanto** feijão.

As palavras destacadas nas frases indicam que o adjetivo nutritivo está no grau comparativo. O grau comparativo pode ser:

• de **igualdade**	tão + adjetivo + quanto tão + adjetivo + como
• de **superioridade**	mais + adjetivo + que mais + adjetivo + do que
• de **inferioridade**	menos + adjetivo + que menos + adjetivo + do que

3. Leia a história em quadrinhos.

— Michelangelo foi um grande artista. Pintou a Capela...
— A Capela Sistina, a casa do Papa. As paredes, o teto...
— Esse negócio de pintar paredes é mais interessante que desenhar no papel, né, pai?
— É. E **tão** importante **quanto** pintar paredes é fazer esculturas.
— Hum... Fazer esculturas eu acho **menos** interessante **que** pintar paredes.
— Sabe, pai, as paredes eu já pintei...
— Mas pra pintar o teto, vou precisar de uma mãozinha sua.

Marcelo Pacheco. **Paieê!** (Publicação original – São Paulo: Quinteto, 1990.)

• Observe as palavras em destaque na história em quadrinhos. O que elas indicam?

4. Circule no terceiro quadrinho o adjetivo usado na comparação.

  • O grau comparativo é de:

  ☐ igualdade.   ☐ superioridade.   ☐ inferioridade.

5. No quarto quadrinho, o grau comparativo do adjetivo **interessante** é de:

  ☐ igualdade.   ☐ superioridade.   ☐ inferioridade.

6. Escreva sua opinião sobre os assuntos a seguir usando adjetivos no grau comparativo de igualdade, superioridade ou inferioridade. Use os adjetivos entre parênteses.

  a) Praia ou piscina? (divertido)

  _____
  _____

  b) Matemática ou Língua Portuguesa? (fácil)

  _____
  _____

• Observe outro modo de fazer o grau comparativo de superioridade de alguns adjetivos:

Adjetivos	Grau comparativo de superioridade
bom	melhor (do) que
mau	pior (do) que
pequeno	menor (do) que
grande	maior (do) que

7. Leia uma frase que usa o grau comparativo de superioridade.

> Preservar o meio ambiente é **melhor do que** poluir.

• Agora, escreva uma frase usando o grau comparativo de inferioridade.

_____
_____

MAIS SOBRE... POEMA

1. Os poemas aguçam os sentidos. Leia.

> aqui
> nesta pedra
>
> alguém sentou
> olhando o mar
>
> o mar
> não parou
> pra ser olhado
>
> foi mar
> pra tudo quanto
> é lado.
>
> Paulo Leminski. **Caprichos e relaxos**. São Paulo: Brasiliense, 1983. p. 68.

- Responda.

a) Nesse poema, o eu lírico fala como se tivesse presenciado uma cena. Que cena é essa?

b) Na sua opinião, se trocarmos a expressão **nesta pedra** por **na pedra** o sentido continua o mesmo? Por quê?

c) E como estava o mar?

2. Escreva o que você entendeu da última estrofe.

_____
_____

3. Você estudou que as rimas do poema podem ser internas ou externas. Mas será que todo poema precisa ter rima? Leia.

Lagoa

Eu não vi o mar.
Não sei se o mar é bonito,
não sei se ele é bravo.
O mar não me importa.

Eu vi a lagoa.
A lagoa, sim.
A lagoa é grande
e calma também.

Na chuva de cores
da tarde que explode
a lagoa brilha
a lagoa se pinta
de todas as cores.
Eu não vi o mar.
Eu vi a lagoa...

Lagoa. In: **Alguma poesia**, de Carlos Drummond de Andrade, Companhia das Letras, São Paulo. Carlos Drummond de Andrade © Graña Drummond www.carlosdrummond.com.br.

Monumento natural do Pontões Capixabas, 2015.

- O eu lírico está triste por não conhecer o mar? Sublinhe o verso que responde a essa pergunta.

4. Escreva por que, na sua opinião, o eu lírico diz que a tarde explode.

_____

_____

5. Todos os poemas têm rimas? Marque.

☐ Sim.   ☐ Não.

> A rima é um elemento comum nos poemas. As mais frequentes são aquelas que aparecem no final dos versos, chamadas rimas externas. Mas há também poemas com **versos brancos**, isto é, versos que não apresentam rima.

COM QUE LETRA?

▼ PALAVRAS COM SS, Ç, X, XC, SÇ, SC

1. Os poemas de cordel fazem parte da cultura popular brasileira.

   A lente do fotógrafo José Eduardo Camargo registrou as placas mais malucas do Brasil, e os cordéis de L. Soares mostram que a irreverência do povo brasileiro não tem limites.

   > Me bateu agora a fome
   > Mas não sei o que é que eu faço
   > Eu não sei se vou embora
   > Ou se peço um pedaço
   > Se aqui nessa pizzaria
   > Nem sabem escrever espaço

   José Eduardo Camargo e L. Soares. **No país das placas malucas**. São Paulo: Panda Books, 2011. p. 10.

   - Que palavra da placa motivou a brincadeira no cordel?

   _____

   - Na sua opinião, por que algumas pessoas têm dúvida ao escrever palavras com **ss** e **ç**?

   _____

2. Leia em voz alta as palavras a seguir, observando as letras em destaque.

discu**ss**ão	**c**edo	**s**exta
sonho	na**sc**er	bagun**ç**a
a**ss**ustar	e**xc**epcional	de**sç**a

   - Marque as alternativas adequadas.
     - ☐ As letras destacadas têm sons diferentes.
     - ☐ As letras destacadas têm o mesmo som.
     - ☐ As letras destacadas têm som de **s**.
     - ☐ As letras destacadas têm som de **z**.

3. Observe o banco de palavras a seguir. Depois, sublinhe as letras que representam o som da letra **s**.

extremo	açúcar	significado
coincidência	sessenta	cresça
excelente	crescente	excesso

- Agora, separe as sílabas das palavras a seguir.

a) Excelente: _____

b) Sessenta: _____

c) Excesso: _____

- Na separação das sílabas, o que aconteceu com as letras que representam o som da letra **s**?

_____

4. Complete as frases com palavras da mesma família das que estão entre parênteses.

a) Os _____ se perderam na floresta. (caça)

b) O Natal está se _____. (próximo)

c) Ele se sentiu _____ a fazer aula de futebol. (pressão)

d) A campanha tinha a intenção de _____ sobre o uso da água. (consciência)

e) O _____ das eleições está favorável para o candidato. (texto)

DICA Atenção! Não existem regras para a escrita das palavras com **ss, ç, x, xc, sç, sc**. Para conhecer a grafia dessas palavras, deve-se memorizar as de uso frequente e consultar o dicionário, quando necessário. Lembre-se de que palavras da mesma família são escritas com a mesma letra, o que pode ajudar em caso de dúvidas.

5. Escreva duas frases usando as palavras da atividade anterior.

_____

_____

AS PALAVRAS NO DICIONÁRIO

1. Uma palavra pode ter mais de um significado, a depender do contexto em que está inserida. Leia o poema.

> ### Barbeiro
> Barbeiro é quem faz barba e cabelo,
> profissão antiga feita com o maior zelo.
> Mas pode ser um inseto, que só de ver eu piro:
> ele se alimenta de sangue fresco feito vampiro.
>
> Rogério G. Nigro. Barbeiro. In: Rogério G. Nigro. **Esperança é o bicho**: brincando com as palavras e a biodiversidade. São Paulo: Ática, 2011. p. 9.

- Agora leia o verbete de dicionário e sublinhe o(s) sentido(s) com que a palavra **barbeiro** foi usada no poema.

barbeiro (bar.**bei**.ro), s.m. **1.** Pessoa que corta cabelos, raspa ou apara barba. **2.** (Pop.) Mau condutor de veículos; pessoa inábil em uma profissão ou atividade, que pode prejudicar os outros. **3.** (Zoo.) Inseto cuja picada transmite a doença de Chagas [...]

Silveira Bueno. **Dicionário Global escolar Silveira Bueno da língua portuguesa**. 3. ed. São Paulo: Global, 2009. p. 88.

a) No verbete, a palavra **barbeiro** aparece separada em sílabas. Por que uma das sílabas aparece em destaque?

b) Escreva quantos sentidos o significado **2** da palavra **barbeiro** tem.

☐

- Circule a pontuação usada para separar esses sentidos.

2. Nos dicionários, para economizar espaço, é comum aparecerem muitas abreviaturas. Veja.

Adj. = adjetivo	**s.f.** = substantivo feminino
Adv. = advérbio	**s.m.** = substantivo masculino
Pl. = plural	**v.** = verbo

a) O que quer dizer a abreviatura "Pop." que aparece no significado **2** do verbete?

b) A que classe gramatical pertence a palavra **barbeiro**?

- Pinte de cor clara no verbete a parte que confirma sua resposta.

135

PRODUÇÃO TEXTUAL

Agora, você e seus colegas irão montar um livro em homenagem à cidade em que moram. Para isso, cada um deverá escrever um poema. Você irá homenagear o local em que vive (a rua onde fica sua casa, seu condomínio, sua quadra etc.) ou um lugar da cidade de que goste muito. No final, os poemas serão reunidos em um livro que poderá ser divulgado no jornal, no mural, no *site* da escola e/ou no *blog* da turma.

1. Antes de iniciar a produção do poema, pense em características do local em que vive: De que você mais gosta? Como são as ruas? Há mais casas ou edifícios? Quem são seus vizinhos? Como eles são? Pense em outras perguntas que sirvam de inspiração para os versos em homenagem a esse local.

2. Depois de pensar nos aspectos de que você mais gosta do local que será tema do seu poema, crie uma ilustração que represente a sua homenagem.

3. O professor vai expor as ilustrações criadas no mural para que a turma possa observar os diferentes locais da cidade que foram representados.

DICA Esse mural servirá como apoio durante a produção do poema, pois vocês poderão se inspirar nos desenhos e até em palavras e frases que possam ter criado.

4. Ao produzir o poema, observe os seguintes aspectos:
   - os poemas são escritos em versos e estrofes. Os versos são as linhas do poema e as estrofes são o conjunto dos versos, que se separam por um espaço em branco;
   - os versos e as estrofes podem ter tamanhos variados;
   - os poemas podem apresentar rimas, mas isso não é obrigatório;
   - as frases podem ser escritas de uma forma diferente da que estamos acostumados, com recursos como: inversão da ordem das frases, repetição de palavras, entre outros.

DICA Se o poema for digitado no computador, o editor de textos indicará algumas correções ortográficas, assim você poderá corrigir durante a produção. Se precisar, consulte o dicionário.

5 Releia cada estrofe para observar se os versos apresentam o ritmo que você deseja. Depois, releia todo o poema para observar se:
- você destacou aspectos interessantes do lugar escolhido;
- você conseguiu passar as emoções e sensações que pretendia;
- o título é atraente e dá pistas ao leitor sobre o tema tratado.

DICA Se o poema for manuscrito, faça a revisão ortográfica do texto. Se necessário, consulte os colegas, o professor e o dicionário.

6 Antes de considerar o trabalho concluído, é importante mostrá-lo ao professor. Ele poderá dar sugestões para que seu poema fique ainda mais carregado de sensações, emoções e sentimentos.

7 Faça as alterações sugeridas pelo professor e outras que julgar pertinentes. Só então passe o texto a limpo ou salve a última versão no computador.

8 O professor vai abrir espaço para que a turma leia em voz alta os poemas criados. Fique atento às orientações para essa atividade.

9 Antes de montarem o livro, o professor vai reunir os poemas para divulgá-los no jornal ou no *site* da escola e no *blog* da turma.

10 Decidam, em conjunto: o título do livro; quem ficará encarregado de ilustrar a capa; e qual será o critério para organizar a ordem dos poemas. Lembrem-se de identificar na capa a turma que produziu o livro.

HORA DE AVALIAR

✔ Na sua opinião, seu poema valoriza a sua cidade?

✔ Que sentimentos você transmitiu sobre ela?

✔ O livro criado por vocês vai atrair a atenção dos leitores de outras turmas? Por quê?

VIVA A DIVERSIDADE!

RAP TAMBÉM É POEMA!

1 Você já ouviu falar em *hip-hop*?

O *hip-hop* é um movimento que engloba o *rap*, a instrumentação dos DJs, o grafite e a dança *break*.

Por isso, o *hip-hop* é mais do que um movimento musical, é um movimento cultural.

Grafite no Parque Ibirapuera em São Paulo. Manifestação visual do movimento *hip-hop* (março de 2017).

Apresentação de *hip-hop* em São Paulo (dezembro de 2017).

O *rap* é a trilha sonora desse movimento e é um estilo musical muito atual. O termo *rap* vem do inglês *rhythm and poetry*, que em português significa **ritmo e poesia**.

Esse gênero musical surgiu na Jamaica, nos anos 1960, quando os primeiros mestres de cerimônia animavam os bailes e usavam as letras e o ritmo para falar sobre a política do país, racismo e violência. Mas hoje os estilos estão cada vez mais ecléticos e os temas, mais diversificados.

a) Você conhece algum *rap*? Sabe cantar?

b) Na sua opinião, o que caracteriza o *rap*?

c) Você conhece algum *rapper*? Quem?

2 O trecho a seguir faz parte de um *rap* que se chama **É hora de brincar**. Ele brinca com as palavras. Vamos lá?

O professor vai acessar o *site* para que você e os colegas ouçam e cantem o *rap*.

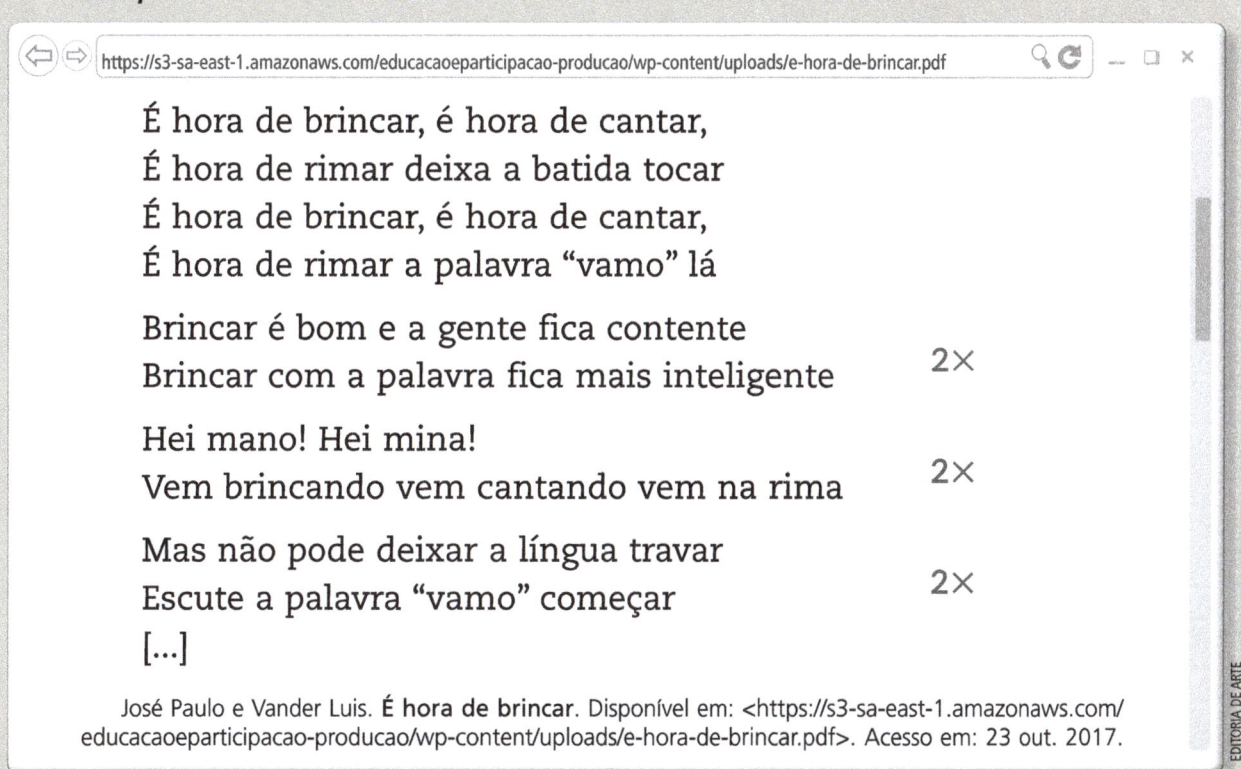

https://s3-sa-east-1.amazonaws.com/educacaoeparticipacao-producao/wp-content/uploads/e-hora-de-brincar.pdf

É hora de brincar, é hora de cantar,
É hora de rimar deixa a batida tocar
É hora de brincar, é hora de cantar,
É hora de rimar a palavra "vamo" lá

Brincar é bom e a gente fica contente
Brincar com a palavra fica mais inteligente   2×

Hei mano! Hei mina!
Vem brincando vem cantando vem na rima   2×

Mas não pode deixar a língua travar
Escute a palavra "vamo" começar   2×
[...]

José Paulo e Vander Luis. **É hora de brincar**. Disponível em: <https://s3-sa-east-1.amazonaws.com/educacaoeparticipacao-producao/wp-content/uploads/e-hora-de-brincar.pdf>. Acesso em: 23 out. 2017.

Responda.

a) De que forma esse *rap* brinca com as palavras?

b) Qual a importância das rimas para o *rap*?

c) Na sua opinião, por que a palavra "vamo" foi escrita entre aspas?

3 Agora que você já conhece mais sobre o *rap* e ouviu um *rap* criado por crianças, que tal escolher, com os colegas e o professor, um tema e produzir um *rap* da turma?

#FICA A DICA

111 poemas para crianças, de Sérgio Capparelli, L&PM.

Será interessante selecionar, com os colegas e o professor, livros de poemas de um autor de que gostem. Sérgio Capparelli possui muitos livros com poemas de diversos temas. Se 111 poemas para crianças fizer parte do acervo da biblioteca da sua escola, incluam-no na roda de leitura. Esse livro é uma coletânea de poemas encantadores desse poeta.

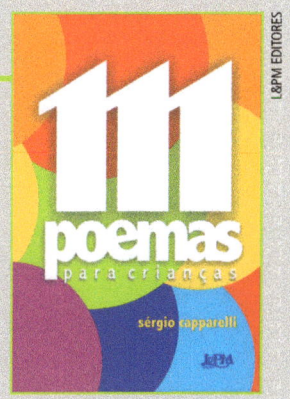

UNIDADE 5
PESSOAS, FATOS E ASSUNTOS

1. Você já leu em jornais e revistas ou assistiu na televisão a alguma entrevista? Quem eram os entrevistados?

2. Que tipos de perguntas foram feitos nas entrevistas que você já viu?

3. Na sua opinião, estas imagens têm relação com entrevista? Por quê?

4. Quem você gostaria de entrevistar? Artistas, músicos, jogadores de futebol, bombeiros, veterinários... Faça uma lista com as cinco pessoas para quem você adoraria fazer perguntas.

Entrevista com Ziraldo

Em entrevista à CRESCER, ele conta como surgiu sua paixão pela literatura infantil e uma passagem emocionante que passou com 'O Menino Maluquinho'

Por Marina Vidigal – atualizada em 07/10/2015 20h22

Esbanjando simpatia, disposição, entusiasmo, informalidade e senso de humor, Ziraldo conversou com a CRESCER sobre sua história na literatura e sobre o momento profissional que está vivendo...

CRESCER: Como foi sua relação com o desenho, a leitura e a escrita durante a infância?

Ziraldo: Desde pequeno, sempre tive uma relação muito forte com o desenho. Em minhas lembranças mais antigas, eu me vejo sempre desenhando. E ainda criança imaginava que na vida adulta iria desenhar, pintar, trabalhar com algo nessa linha. Na medida em que fui crescendo, conheci as histórias em quadrinhos e me apaixonei pelo gênero. Isso fez com que meu desenho passasse a ser narrativo, revelando-se em quadrinhos, charges e *cartoons*. Essas linguagens sempre me encantaram.

As pessoas que eu gostaria de entrevistar...

1 _____
2 _____
3 _____
4 _____
5 _____

NESTA UNIDADE VOCÊ VAI:

- Ler algumas entrevistas.
- Descobrir a importância desse gênero textual para conhecer mais sobre pessoas, fatos e assuntos.
- Planejar e realizar uma entrevista.

CAPÍTULO 1
ENTREVISTA IMPRESSA

- O que você sabe sobre Lázaro Ramos? Esse ator e escritor lançou o livro **Na minha pele**, que trata sobre a questão racial, afetividade e discriminação. Nele, Lázaro compartilha também relatos de sua vida, descobertas e conquistas.
- Lázaro Ramos foi entrevistado pelo jornal **Correio Braziliense**.
- Que perguntas você acha que foram feitas a ele?

LEITURA

1. Leia um trecho da entrevista. Depois comente com seus colegas se o que você pensou se confirmou.

Todos contra o racismo

Nahima Maciel

Na minha pele está longe de ser uma biografia e Lázaro Ramos faz sempre questão de reforçar esse detalhe. O ator de 38 anos não gosta da ideia de autobiografia quando se tem ainda uma boa caminhada pela frente. [...] É um livro sobre a questão racial e a importância da pluralidade com uma proposta de diálogo que convide a sociedade brasileira a refletir sobre o tema.

[...]

Nas novelas, ele foi o empresário Foguinho, protagonista de *Cobras & lagartos*, e André Gurgel, o sedutor em *Insensato coração*, papéis que o colocavam num protagonismo distante dos estereótipos. No grupo baiano Bando de Teatro Olodum, escola importante de formação, ele encarnou personagens clássicos do teatro que raramente são oferecidos a atores negros. Ramos fala disso no livro numa triste constatação. *Na minha pele* é exercício de cidadania, leitura essencial para quem quer um Brasil menos desigual e mais diverso.

Você diz que escreveu um livro para todos os leitores. Como é isso?

Tento abraçar todos porque a transformação vai ser possível se todos fizerem alguma coisa. [...] A cada linha, fui descobrindo estratégias de aproximação sem abrir mão do conteúdo.

[...]

Falamos corretamente sobre identidade no Brasil?

[...] A diversidade é tão importante pra gente e a gente escorrega várias vezes negando quem nós somos. É uma constatação diária. Hoje, vejo várias pessoas com discurso oposto a isso, com discurso de aceitação e, inclusive, de interesse pelo outro. É isso que gosto de valorizar, o interesse pelo outro e a autoestima, o saber sua potência e visualizar o outro como possível potência. Mas não vejo isso como prática diária. A gente precisa lembrar o tempo inteiro.

[...]

Como conciliar a delicadeza da reflexão com a violência do ato racista?

A estratégia não é sempre de delicadeza. A delicadeza é uma das estratégias, mas acho que cada ouvinte se desperta para uma estratégia. Em cada estágio em que você se relaciona com uma pessoa, você consegue se abrir mais. Você vai confiando mais no amigo e vai compartilhando coisas em tons diferentes. Em vários momentos, tive que ser duro, em vários momentos dei limites às pessoas. É importante o limite para a pessoa entender que dói. Porque, às vezes, as pessoas são muito cruéis e acham que não dói no outro. O alerta à dor também é uma estratégia que passou pela minha vida em vários momentos.

Você é um dos nomes que ajudou a mudar a presença do ator negro na televisão brasileira. Você está satisfeito? O que ainda é preciso ser feito?

Ih, um monte de coisas. Acho que continuamos em movimento, sempre na batalha para oferecer ao público entretenimento mais diverso, contar a mais pessoas e com maior qualidade a diversidade que somos e que às vezes negamos. A luta continua. Eu podia citar melhoras e problemas, mas acho que o movimento continua e o importante é continuarmos o movimento.

Quais seriam as melhores armas para combater o racismo?

Nem a pau vou cair nessa cilada! As pessoas têm que pensar juntas. Pensar junto é uma arma. [...] O livro tem algumas reflexões, mas eu realmente quero inserir as pessoas. Essa nossa entrevista não vai bastar. Acho que essa entrevista vai ser mais útil se for um alerta para a gente pensar junto. [...]

Nahima Maciel. Todos contra o racismo. Diversão e arte. **Correio Braziliense**. Brasília, 24 jul. 2017.

Estereótipo: modo generalizado de pensar sobre pessoas ou coisas.
Inserir: colocar pessoas ou coisas em determinado conjunto.

2. Responda.

a) Por que Lázaro Ramos foi entrevistado?

b) O que você achou mais interessante na entrevista? Por quê?

c) Quem entrevistou o ator e escritor?

d) Onde a entrevista foi publicada?

e) De que forma foram diferenciadas as perguntas da jornalista das respostas do entrevistado?

3. Antes da entrevista, há um texto em que são apresentados o assunto e o entrevistado. Releia e responda.

> **Na minha pele** está longe de ser uma biografia e Lázaro Ramos faz sempre questão de reforçar esse detalhe. O ator de 38 anos não gosta da ideia de autobiografia quando se tem ainda uma boa caminhada pela frente. [...] É um livro sobre a questão racial e a importância da pluralidade com uma proposta de diálogo que convide a sociedade brasileira a refletir sobre o tema.

- Que informações sobre o entrevistado foram fornecidas ao leitor antes da entrevista?

4. As entrevistas orais são, geralmente, gravadas em áudio ou vídeo e depois transcritas em um jornal ou em uma revista.

Nessa entrevista, foram conservados traços do registro oral da língua, como repetições de palavras.

a) Encontre e circule exemplos dessas repetições.

b) Na entrevista, aparecem exemplos de registro informal, com linguagem descontraída, próxima à oralidade. Sublinhe dois exemplos desse registro na entrevista.

c) Na sua opinião, por que a jornalista preferiu manter esses traços de oralidade ao transcrever as respostas de Lázaro Ramos?

5. Por meio de uma entrevista, é possível conhecer muito da personalidade do entrevistado.

Na entrevista, Lázaro Ramos mostrou ser:

☐ formal e cerimonioso.

☐ informal, descontraído e com senso de humor.

☐ medroso.

☐ preocupado com questões sociais.

☐ pessimista.

☐ otimista.

☐ uma pessoa que se acha "dona da verdade".

☐ uma pessoa que leva em consideração a opinião dos outros.

6. Releia um trecho da entrevista.

> [...] às vezes, as pessoas são muito cruéis e acham que não dói no outro. [...]

- Que comportamento das pessoas Lázaro Ramos quis evidenciar nesse trecho?

_____
_____
_____
_____

7. Na sua opinião, o título dado à entrevista:

a) contribui para despertar no leitor a vontade de ler a entrevista? Por quê?

_____
_____

b) combina com o pensamento de Lázaro Ramos sobre como combater o racismo?

_____
_____
_____

MAIS SOBRE... ENTREVISTA

1. Responda.

a) Qual é a função de uma entrevista?

b) Quem normalmente lê entrevistas?

c) Por que algumas pessoas são escolhidas para serem entrevistadas?

d) Onde podemos encontrar entrevistas?

e) Nas entrevistas impressas ou nas virtuais, isto é, as que são publicadas na internet, as perguntas do entrevistador e as respostas dos entrevistados são caracterizadas de maneira diferente. Por que você acha que isso acontece?

2. É importante que o entrevistador prepare com antecedência as perguntas que fará ao entrevistado? Justifique sua resposta.

_____
_____
_____
_____

3. Qual é a importância das fotos que costumam acompanhar as entrevistas publicadas em jornais, revistas e na internet?

_____
_____

4. Em uma entrevista, os fatos relatados pelos entrevistados são reais ou inventados?

_____
_____

5. Antes de iniciar as perguntas, o entrevistador costuma fazer uma apresentação da pessoa que será entrevistada. Quando impressas, as entrevistas costumam conter um texto introdutório com informações sobre o entrevistado e o tema que será abordado.

• Leia a seguir um trecho da entrevista que a revista **Língua Portuguesa** fez com a escritora Ruth Rocha.

A encantadora de crianças

Formada em Sociologia e Política, Ruth conquistou parte de seu repertório nos 15 anos em que atuou como orientadora educacional, no colégio Rio Branco, em São Paulo. Depois de escrever artigos sobre educação, passou a colaborar com histórias para a então recente revista **Recreio**, em 1969.

[...]

Língua Portuguesa – Como reage quando os críticos dizem que literatura infantil é "mais fácil"?

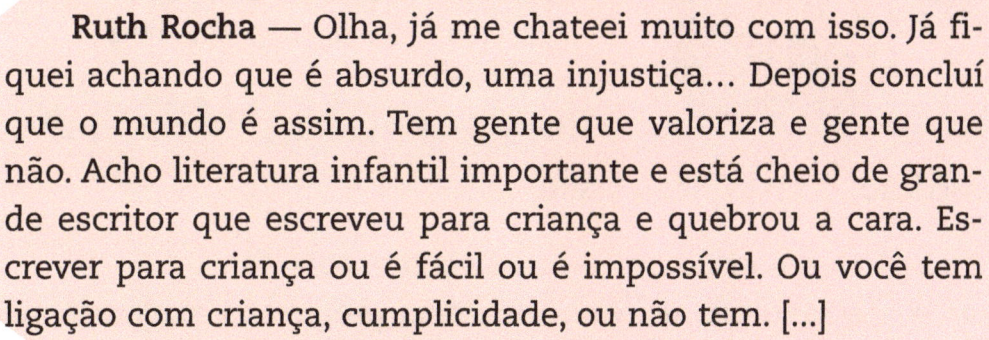

Ruth Rocha — Olha, já me chateei muito com isso. Já fiquei achando que é absurdo, uma injustiça... Depois concluí que o mundo é assim. Tem gente que valoriza e gente que não. Acho literatura infantil importante e está cheio de grande escritor que escreveu para criança e quebrou a cara. Escrever para criança ou é fácil ou é impossível. Ou você tem ligação com criança, cumplicidade, ou não tem. [...]

A ENCANTADORA de crianças. **Língua Portuguesa**, São Paulo, n. 32, p. 12-16, jun. 2008.

- Discuta as questões a seguir com seus colegas. O professor vai registrar na lousa as conclusões da turma.

    a) Qual é a importância dessa introdução?

    b) Como você imagina que o entrevistador conseguiu elaborar esse texto introdutório?

6. Relacione as duas colunas, identificando o que é atribuição do entrevistador e do entrevistado.

Atribuições do entrevistador	• Fazer perguntas.
	• Responder às perguntas.
	• Escrever um texto introdutório.
	• Fornecer informações para o texto introdutório.
Atribuições do entrevistado	• Selecionar assuntos de interesse dos leitores.
	• Introduzir novos assuntos.

7. Uma turma de 5º ano realizou uma entrevista com os avós para saber como era a vida deles quando crianças.

Os alunos gravaram e transcreveram a entrevista. Veja um trecho de uma das entrevistas.

— *Como era o uniforme da sua escola?*

— *As meninas... Ahn... Ééé... As meninas usavam uma saia pregueada azul com suspensório. A blusa... Hum... A blusa era branca e o sapato era preto, bem diferente dos uniformes de hoje, né? Kkkk.*

- Na transcrição, o texto ficou assim:

> **Luiza** — Como era o uniforme da sua escola?
> **Avó** — As meninas usavam uma saia pregueada azul com suspensório. A blusa era branca e o sapato preto, bem diferente dos uniformes de hoje (risos).
>
> Entrevista da aluna Luiza Mendonça, cedida pela professora Fabrizia Moraes, Centro de Ensino Fundamental 410 norte, Brasília, DF.

a) Na transcrição da entrevista, o que foi modificado?

_____

_____

b) No final da transcrição da resposta da avó, aparece uma palavra entre parênteses. Qual é ela?

_____

c) O que essa palavra representa?

_____

d) Por que essa palavra foi escrita entre parênteses?

_____

_____

Na fala é comum aparecerem hesitações, repetições, pausas, pois o planejamento do que vai se dizer e o que é dito ocorrem quase que simultaneamente.

8. Agora é sua vez. Transcreva mais um trecho da entrevista.

— *Na sua escola estudavam meninos e meninas?*

— Ah! Na minha escola só estudavam meninas. A gente não podia... Era proibido encontrar os meninos do colégio... Hum... Como é mesmo o nome?... Colégio Dom Bosco, onde só estudavam meninos. Se a gente desobedecesse... A palmatória era certa! Acredita?

— *Palmatória? O que é isso?*

— Você não sabe? Palmatória era uma espécie de... De régua usada pra bater na palma da mão dos alunos. Era um tipo de castigo.

Durante a entrevista, é preciso estar atento ao que o entrevistado fala, pois podem surgir dúvidas ou curiosidades que gerem perguntas não planejadas e isso pode enriquecer a conversa.

9. Na entrevista, Luiza fez uma pergunta a partir de uma resposta da avó. Que pergunta foi essa? Sublinhe-a.

149

COM QUE LETRA?

▼ USO DE PORQUÊ, POR QUÊ, PORQUE, POR QUE

1. Leia uma tirinha do Armandinho.

> MUITAS PESSOAS SÃO PORTADORAS, E NEM SABEM...
> E TODOS SOFREMOS COM ISSO!

> PODE SER TRANSMITIDO PELOS PAIS, AMIGOS DA ESCOLA E ATÉ PELA TEVÊ!
> E TEM CURA?
> TEM!

> PRECONCEITO SE TRATA COM EDUCAÇÃO!

Alexandre Beck. **Armandinho nove**. São Paulo: Matrix Editora, 2016. p. 5.

a) O humor de Armandinho é o mesmo em todos os quadrinhos? O que o levou a essa conclusão?

b) Na sua opinião, os programas de televisão podem contribuir para aumentar ou diminuir preconceitos? **Por quê**?

• Complete a frase como quiser:

Preconceito se trata com educação **porque**:

_____
_____
_____
_____
_____
_____

2. Observe as palavras em destaque na atividade anterior.

• Qual foi o motivo de essas palavras terem sido escritas de forma diferente?

_____
_____

3. Agora, leia o quadro a seguir para verificar se o que você pensou se confirma.

por que	Usado no início ou no meio de frases interrogativas.	**Por que** é importante estabelecer regras de boa convivência na sala de aula? Você sabe **por que** é importante estabelecer regras de boa convivência na sala de aula?
porque	Usado nas respostas.	**Porque** as regras informam nossos direitos e nossos deveres.
por quê	Usado no fim das frases interrogativas.	É importante saber quais são nossos direitos e nossos deveres. **Por quê**?
porquê	Significa razão, motivo. Vem sempre acompanhado do artigo **o**.	O **porquê** é simples: sabendo nossos direitos e nossos deveres convivemos melhor e em harmonia.

4. Julieta resolveu entrevistar o Menino Maluquinho. Invente uma pergunta e a resposta para ela. Não se esqueça de usar **por que, por quê, porque** ou **porquê** de acordo com a situação.

Ziraldo. As melhores tiradas do Menino Maluquinho. São Paulo: Melhoramentos, 2000. p. 65.

- O professor vai abrir espaço para que aqueles que desejarem possam ler suas produções.

5. Complete as frases com **por que, porque, por quê** ou **porquê**.

a) — _____ você faltou ao treino de basquete ontem?

— Faltei _____ machuquei o dedo do pé.

b) Ouvi dizer que Paulo não vai ao meu aniversário. _____?

c) Não sei o _____ de você ter se atrasado.

d) Lorena foi dormir cedo hoje. _____?

e) Quero saber _____ você não escovou os dentes.

NOSSA LÍNGUA

1. Você conhece alguma obra ou personagem de Eva Furnari? Já leu alguma história da Bruxinha Zuzu, personagem criada por essa escritora?

   Nas últimas páginas dos livros de literatura, é comum a presença de uma breve biografia do autor.

   Em um dos livros de Eva Furnari, a Bruxinha Zuzu entrevista sua criadora para contar um pouco sobre ela.

   Leia.

   ### A Bruxinha entrevista Eva Furnari

   ◆ — Antes de mais nada, quero dizer que adoro seus personagens.
   ◆ — Obrigada, Bruxinha, obrigada...
   ◆ — Onde você estudou, Eva?
   ◆ — Estudei na Universidade de São Paulo. Fiz o curso de Arquitetura.
   ◆ — Que chique! Você é arquiteta?
   ◆ — Bom, eu me formei arquiteta, mas não exerço a profissão. Sou artista plástica, professora de artes e também escritora.
   ◆ — Você tem varinha mágica?
   ◆ — Não, não tenho.
   ◆ — E como é que você inventa essas histórias?
   ◆ — Ah, foi uma bruxinha que pôs feitiço em mim.
   ◆ — Ah, sei... entendo... obrigada pela entrevista.

   Eva Furnari. **Bruxinha 2**. 4. ed. São Paulo: FTD, 1996.

   • Responda.

   a) Você estudou que, em entrevistas, os fatos relatados pelos entrevistados são reais. Isso acontece nessa entrevista?

   b) Na sua opinião, qual o objetivo da autora ao escolher contar um pouco sobre si dessa forma?

2. Que recurso gráfico foi usado para diferenciar as perguntas do entrevistador das respostas do entrevistado?

_____

_____

3. Ao criar uma entrevista fictícia na qual um de seus personagens lhe faz perguntas que lhe dão oportunidade de contar um pouco sobre si, Eva Furnari mostra traços de sua personalidade, que são:

☐ criatividade e bom humor.   ☐ mau humor.

☐ formalidade e seriedade.   ☐ simpatia.

4. Bruxinha Zuzu é um dos personagens mais famosos de Eva Furnari. Releia a primeira pergunta e a resposta da entrevista.

> ♦ — Antes de mais nada, quero dizer que adoro seus personagens.
> ♦ — Obrigada, Bruxinha, obrigada...

a) Que sinal de pontuação foi usado no final da resposta?

_____

b) O uso desse sinal de pontuação foi uma forma de a autora marcar:

☐ uma interrupção no pensamento.

☐ que a frase continua.

☐ um toque de humor, pois, ao dar voz à Bruxinha Zuzu, e elogiar seus personagens, a autora estaria elogiando a si própria.

5. Releia mais um trecho da entrevista.

> ♦ — E como é que você inventa essas histórias?
> ♦ — Ah, foi uma bruxinha que pôs feitiço em mim.
> ♦ — Ah, sei... entendo... obrigada pela entrevista.

a) A quem Eva Furnari está se referindo em sua resposta?

_____

b) A entrevista foi criada para parecer uma conversa oral e informal. Localize nesse trecho marcas que representam esse tipo de registro e sublinhe.

6. Calvin é um menino arteiro, inteligente e muito inventivo. Leia.

Quadrinho 1: SABE, É INCRÍVEL A QUANTIDADE DE COISAS QUE PODEM SER DESMONTADAS COM UMA SIMPLES CHAVE DE FENDA!

Quadrinho 2: QUE COISAS? / BEM, PRA COMEÇAR, TEM O...

Quadrinho 3: ... É... QUER DIZER, HIPOTETICAMENTE FALANDO... NÃO QUE EU TENHA FEITO DE FATO, É CLARO... SÓ NA TEORIA... ISTO É... BEM, É DIFÍCIL DIZER.

Quadrinho 4: EU TENHO QUE PARAR COM ESSA MANIA DE FICAR PUXANDO ASSUNTO PRA CONVERSAR.

Bill Watterson. O melhor de Calvin. Quadrinhos. **O Estado de S. Paulo**. 6 ago. 2017. C4. Caderno 2.

a) Na sua opinião, Calvin usou a chave de fenda? Para quê?

b) Calvin contou ao pai o uso que fez da chave de fenda? Por quê?

7. Circule na tirinha a pontuação usada para marcar a indecisão de Calvin no momento de relatar a utilidade da chave de fenda para o pai.

8. Certamente você conhece a história **Os três porquinhos**. Leia um trecho que conta por que o lobo resolveu ir atrás dos porquinhos.

> [...] Numa noite de muita chuva, o lobo sentiu fome de repente. Correu à sua despensa, mas... estava vazia! Foi então ao *freezer* e... nada! O lobo ficou desesperado. Precisava sair para pegar um ou dois porquinhos para comer. [...]
>
> Suely Mendes Brazão. **Os três porquinhos**. São Paulo: FTD, 1997. p. 11.

a) Em que frases houve uma pausa? Sublinhe.

b) Escreva que pontuação foi usada para indicar a pausa das frases.

___

9. Com os colegas, releia as frases a seguir, em voz alta.

☐ Foi então ao *freezer* e... nada!

☐ Foi então ao *freezer* e nada!

a) Houve mudança na entonação das frases?

☐ Sim.   ☐ Não.

b) Assinale a alternativa em que a frase foi pontuada de forma a criar maior suspense.

10. Leia a piada a seguir observando a pontuação usada nas frases em destaque.

> Na lanchonete da rodoviária, o viajante pede um bolinho.
> O garçom diz:
> — Não leve a mal, mas o bolinho não é de hoje.
> — **Então, me dê uma coxinha.**
> — Meu senhor, também a coxinha é de ontem.
> — **Então me dê aquele espetinho.**
> — O espetinho também é de ontem.
> O viajante, já nervoso, indaga:
> — **Como é que eu faço para comer alguma coisa de hoje?**
> O garçom:
> — Passe aqui amanhã.
>
> Donaldo Buchuveitz. **Piadas para você morrer de rir**. Belo Horizonte, Leitura, 2001. p. 53.

• O viajante ficou indeciso na hora de fazer os pedidos?

11. Marque a alternativa adequada. Depois, justifique sua resposta oralmente.

• Na hora de fazer os pedidos, o garçom ficou:

☐ confuso, porque, para comer um salgado do dia, ele teria de voltar à lanchonete outro dia.

☐ chateado, porque todos os salgados da rodoviária eram muito caros no dia em que ele foi lá.

12. Releia um trecho da piada. Depois, responda.

> — Não leve a mal, mas o bolinho não é de hoje.
> — **Então... me dê... uma coxinha.**
> — Meu senhor, também a coxinha é de ontem.
> — **Então... me dê... aquele espetinho.**

a) O que mudou na pontuação da fala do viajante?

b) O uso dessa pontuação passa a ideia de que o viajante está certo ou indeciso sobre o que vai pedir?

13. Reescreva a frase a seguir usando uma pontuação que indique dúvida, indecisão.

Vou levar um pastel de queijo e outro de carne.

ESPAÇO LITERÁRIO

1. A história que o professor vai ler faz parte do livro **Histórias de ninar para garotas rebeldes – 100 fábulas sobre mulheres extraordinárias**.

   Trata-se de um livro que conta um pouco da história de mulheres que, com força, coragem, determinação e confiança, têm transformado o mundo em um lugar melhor.

   • A história que você vai ouvir fala sobre **Malala Yousafzai**, uma jovem ativista do Paquistão. Conte para os colegas o que você sabe sobre ela.

2. Ouça com atenção. Depois comente com os colegas se o que Malala viveu pode trazer inspiração para sua vida. Justifique sua opinião com argumentos.

> VAMOS PEGAR NOSSOS LIVROS E CANETAS. ESSAS SÃO AS ARMAS MAIS PODEROSAS. UMA CRIANÇA, UM PROFESSOR, UM LIVRO E UMA CANETA PODEM MUDAR O MUNDO.
> (MALALA YOUSAFZAI)

3. Você concorda com a afirmação de Malala de que a educação pode mudar o mundo? Justifique.

_____
_____
_____

4. Fábulas são histórias fictícias, curtas, que, geralmente, têm animais como personagens e trazem um ensinamento no final.

Na sua opinião, por que o autor considerou a história de Malala uma fábula?

_____
_____
_____

5. Imagine que você é um repórter e foi convidado a entrevistar **Malala Yousafzai**. Pense em perguntas que gostaria de fazer para conhecer um pouco mais sobre essa jovem ativista e sua luta pela educação e escreva-as abaixo.

_____
_____
_____
_____
_____
_____

- O professor vai abrir espaço para que você e os colegas leiam as perguntas que formularam.

#FICA A DICA

Histórias de ninar para garotas rebeldes, 100 fábulas sobre mulheres extraordinárias, de Elena Favilli, Vergara & Ribas Editoras.

Que tal selecionar na biblioteca livros que contam histórias de mulheres que fazem ou fizeram a diferença em todo o mundo e levá-los para a roda de leitura da turma?

Se **Histórias de ninar para garotas rebeldes** fizer parte do acervo, será uma ótima opção, pois é um livro inspirador, que conta a história de 100 mulheres incríveis que deixaram sua marca no mundo.

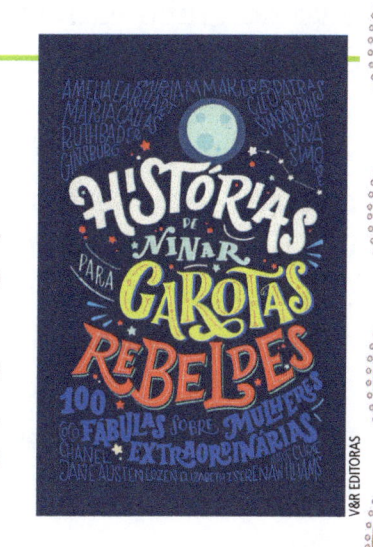

CAPÍTULO 2
ENTREVISTA NA REDE

- Você e os colegas fizeram perguntas que ajudariam a saber um pouco mais sobre a vida de Malala Yousafzai. Será que alguma dessas perguntas vai ser respondida pela entrevista que você vai ler a seguir?
- Na sua opinião, em que língua foi realizada a entrevista?

LEITURA

1. Leia a entrevista concedida por Malala Yousafzai e descubra. Depois comente com os colegas que perguntas feitas pela turma foram respondidas pela entrevista.

http://veja.abril.com.br/mundo/a-educacao-e-o-caminho-para-acabar-com-o-terrorismo-diz-malala/

'A educação é o caminho [...]', diz Malala

Tatiana Gianini

Aos 16 anos, a paquistanesa Malala Yousafzai tornou-se a maior voz mundial em defesa da educação feminina. Nos meses em que o Talibã dominou a região em que vivia no Paquistão, entre 2007 e 2009, as escolas para meninas receberam ordem de fechar as portas. As que não obedeceram foram dinamitadas. Por contar das suas privações em um *blog* e falar contra a opressão sofrida pelas mulheres em seu país, ela se tornou alvo do grupo extremista. [...] agora vive em Birmingham, na Inglaterra, com a família.

[...] Malala falou a VEJA por telefone. [...]

Por que o Talibã tem medo de você? O Talibã tem medo porque sabe que, se as mulheres tiverem acesso à educação, serão capazes de exercer um papel ainda maior do que o que elas já têm na sociedade. Em geral, são as mulheres que cuidam das famílias. São elas que administram a casa, cuidam dos filhos. Com a educação apropriada, elas poderão ter ainda mais oportunidades. Isso assusta o Talibã. É uma visão muito ruim, porque o mundo precisa de igualdade. Se as mulheres, que são metade da população mundial, não tiverem acesso à educação, o mundo não se desenvolverá. O Talibã também desenvolveu um sistema próprio de leis, que não tem nada a ver com o Islã. O Islã nos diz que a educação e o conhecimento são direitos de todas as pessoas. Então, eu acho que o Talibã não leu o Corão da forma apropriada. [...]

Você disse que quer ser Primeira-ministra do Paquistão. O que você faria nesse cargo? Decidi que quero ser política porque a verdadeira política pode salvar todo um país. [...] Quero guiar o meu país pelo caminho certo. Vou transformar a educação na maior prioridade do Paquistão. Há muito para fazer nessa área. Quero transformar o Paquistão em um país desenvolvido. Mostrarei às pessoas um Paquistão de paisagens maravilhosas, de pessoas incríveis, de recursos fantásticos.

[...]

Hoje você vive na Inglaterra. É melhor ser menina na Inglaterra ou no Paquistão? Na Inglaterra, as mulheres têm a oportunidade de descobrir quais são seus talentos. Toda mulher pode decidir o que quer fazer da vida e pode efetivamente realizar seus sonhos. No Paquistão, somos limitadas. Não temos a chance de identificar nossos talentos nem descobrir nossas habilidades. Só podemos ter filhos e cuidar de nossa família.

[...]

Você não tem medo de voltar ao Paquistão e ser assassinada pelo Talibã? O Talibã tentou me matar e fracassou. Agora estou certa de que as pessoas não querem me matar. Eles entenderam que minha causa é a educação. Mesmo se eu for baleada, a minha causa não deve mudar com a minha morte. Essa causa nunca vai morrer.

[...]

Sua luta teria sido possível sem o apoio incondicional de seu pai *(o pai de Malala fundou a escola em que a filha estudava no Paquistão, a Khushal School and College)?* Aprendi muito com o meu pai. Acho que eu poderia defender essa causa mesmo sem ele, mas não tão jovem. Talvez com 20, 30 anos. Mas o meu pai foi um exemplo para mim e eu fui educada. Eu aprendi pouco, mas pelo menos aprendi. Sou muito grata a ele por isso.

Tatiana Gianini. "A educação é o caminho para acabar com o terrorismo", diz Malala. **Veja** *on-line*. Disponível em: <http://veja.abril.com.br/mundo/a-educacao-e-o-caminho-para-acabar-com-o-terrorismo-diz-malala/>. Acesso em: 29 ago. 2017.

Corão: livro sagrado do Islã e dos muçulmanos. O mesmo que Alcorão.
Talibã: diz-se do movimento nacionalista que governou o Afeganistão e o Paquistão.
Terrorismo: modo de combater ou ameaçar pelo uso do terror.

2. Responda.

a) Que outras informações sobre Malala você obteve com a leitura da entrevista?

b) Onde a entrevista foi publicada? Como você descobriu?

c) Como o grupo Talibã ficou sabendo que Malala era uma defensora da igualdade entre homens e mulheres?

3. Malala concedeu a entrevista:

☐ por telefone. ☐ por *e-mail*. ☐ pessoalmente.

4. Em conversas informais, é comum o uso de palavras e expressões como: **aí, e daí, né, olha** etc.

As perguntas e respostas dessa entrevista não apresentam essas palavras ou expressões. Por quê?

_____

_____

5. Na entrevista, Malala é tratada por **você**. Na sua opinião, se a entrevistada fosse uma pessoa mais velha, esse tratamento seria o mesmo? Por quê?

_____

_____

_____

6. Escreva **V** para verdadeiro e **F** para falso.

☐ Malala é contra as mulheres fazerem serviços domésticos.

☐ Malala é contra as mulheres só terem oportunidade de fazerem serviços domésticos e com isso não mostrarem outras habilidades que têm.

☐ Malala não pretende voltar para o Paquistão.

☐ A luta de Malala é para que mulheres e homens tenham os mesmos direitos de se educar.

☐ O pai de Malala apoia a luta da filha.

7. Releia um trecho da entrevista.

> Sua luta teria sido possível sem o apoio incondicional de seu pai (*o pai de Malala fundou a escola em que a filha estudava no Paquistão, a Khushal School and College*)? Aprendi muito com o meu pai. [...]

a) Que pontuação foi usada pela repórter para acrescentar informações ao leitor em relação ao pai de Malala?

_____

b) Essas informações são importantes para entender o posicionamento do pai de Malala em relação à luta da filha? Por quê?

_____
_____
_____

8. Observe a pontuação do texto e responda.

a) Em que situação foram usados pontos de interrogação?

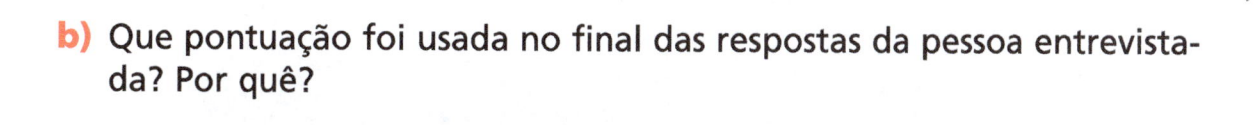

_____

b) Que pontuação foi usada no final das respostas da pessoa entrevistada? Por quê?

_____

9. Releia um trecho de uma das respostas de Malala.

> [...] O Talibã tem medo porque sabe que, se as mulheres tiverem acesso à educação, serão capazes de exercer um papel ainda maior do que o que **elas** já têm na sociedade. [...]

a) A quem se refere o pronome em destaque?

_____

b) Nesse trecho, a forma verbal **serão** poderia ser substituída por **será**? Por quê?

_____
_____

161

FIQUE SABENDO

- Na entrevista de **Malala Yousafzai**, você viu que a jovem ativista luta para que mulheres também tenham o direito de estudar em seu país.
Você sabia que antigamente mulheres não tinham o direito de frequentar as escolas e que a primeira escola destinada a meninas só surgiu em 1809?
Será que as meninas iam para a escola pelas mesmas razões de hoje em dia? Leia e descubra.

> [...] O comportamento das alunas, com roupas brancas e puras, denota a atmosfera do aprendizado, voltado muito mais a formar futuras donas de casa, investindo nas aulas de bordado, tricô, costura, etiqueta e culinária. [...]
>
> Nélida Piñon, Marilena Chaui e Schuma Schumaher. In: Nigge Loddi e Leonel Kaz (Org.). **Século XX**: a mulher conquista o Brasil. Rio de Janeiro: Aprazível Edições, 2006. p. 43.

As fotos a seguir são de turmas de formandos do curso de Direito. A foto **A** é de 1927, e a **B** é de 2001.

A AUTOR DESCONHECIDO. 1927. COLEÇÃO PARTICULAR.

B ALAMY STOCK PHOTO/LATINSTOCK

Responda.

a) Comparando as duas imagens, o que é possível afirmar sobre o número de mulheres que se formam no ensino superior?

b) A lei garante que homens e mulheres tenham os mesmos direitos. Na sua opinião, isso já é realidade? Por quê?

NOSSA LÍNGUA

1. Você sabe em que dia é comemorado o **Dia Internacional da Mulher** e por que se comemora essa data? Leia e fique sabendo.

> ### Dia Internacional da Mulher
>
> O Dia da Mulher, 8 de março, é comemorado desde o início do século XX. A data tem origem nas manifestações femininas por melhores condições sociais, como trabalho digno, salário justo e direito de voto. [...]
>
> Ato de professores e movimentos sociais no Dia Internacional da Mulher, em São Paulo, 8 de março de 2017.
>
> O objetivo dessa data é, de um lado, lembrar as conquistas sociais, políticas e econômicas das mulheres, e, do outro, refletir sobre as discriminações e a violência a que muitas mulheres ainda estão sujeitas em todo o mundo. [...]
>
> MULHER: o dia, a história, os avanços e desafios. **Turminha do MFP**. Brasília: Ministério Público Federal. Disponível em: <http://www.turminha.mpf.mp.br/viva-a-diferenca/mulher/dia-da-mulher-a-historia-os-avancos-e-os-desafios>. Acesso em: 13 out. 2017.

Responda.
- Na sua opinião, em um mundo em que houvesse igualdade entre homens e mulheres, haveria necessidade de se comemorar o dia da mulher?

2. Sublinhe no texto **Dia Internacional da Mulher** todas as palavras em que dois ou mais sons vocálicos apareçam juntos.
Uma dessas palavras é **dia**.

- Nas palavras que você sublinhou, circule os sons vocálicos que estão juntos.

> Quando dois ou mais sons vocálicos aparecem juntos na mesma palavra, formam um **encontro vocálico**.

3. Separe as sílabas das palavras a seguir.

biscoito	saguão	chapéu
porcaria	enxaguou	dourado
saúde	iguais	primeiro
Uruguai	viagem	rainha

- Agora escreva as palavras separando-as em três grupos **A**, **B** e **C**.

A Palavras com encontros de dois sons vocálicos na mesma sílaba.

B Palavras com encontro de três sons vocálicos na mesma sílaba.

C Palavras com encontro de dois sons vocálicos em sílabas separadas.

> Nas palavras do **grupo A**, o encontro vocálico chama-se **ditongo**.
> Nas palavras do **grupo B**, o encontro vocálico chama-se **tritongo**.
> Nas palavras do **grupo C**, o encontro vocálico chama-se **hiato**.

4. Escreva quatro palavras com hiato que sejam:

a) nome de pessoa.

b) nome de animal.

COM QUE LETRA?

▼ A LETRA S DEPOIS DE DITONGOS

1. Separe as sílabas das palavras a seguir. Depois sublinhe os ditongos.

   > Você já estudou que **ditongo** é o encontro de dois sons vocálicos pronunciados na mesma sílaba.

   a) beijo _____

   b) dourado _____

   c) dinheiro _____

   d) manteiga _____

2. Complete as palavras com ditongos.

   a) p____sa   d) l____sa   g) f____são

   b) c____sa   e) p____sagem   h) n____sea

   c) ____sência   f) p____sada   i) apl____so

   • Circule a letra que vem imediatamente depois do ditongo.

3. Agora, complete.

   > Depois de ditongo, o som da letra **z** é representado pela letra ____.

4. Complete as palavras com **s** ou **z**. Depois, escreva-as.

aplau__o	repou__o	pai__agem

   • O que você pensou para decidir se usaria **s** ou **z** nessas palavras?
   _____
   _____

SÓ PARA LEMBRAR

Você já estudou que a pontuação é um recurso da escrita que ajuda a dar compreensão a um texto.

1. Releia o primeiro parágrafo da introdução da entrevista de Malala Yousafzai. Ele foi reescrito eliminando, de propósito, as letras maiúsculas em começo de frase e os pontos finais.

> aos 16 anos, a paquistanesa Malala Yousafzai tornou-se a maior voz mundial em defesa da educação feminina nos meses em que o Talibã dominou a região em que vivia no Paquistão, entre 2007 e 2009, as escolas para meninas receberam ordem de fechar as portas as que não obedeceram foram dinamitadas por contar das suas privações em um *blog* e falar contra a opressão sofrida pelas mulheres em seu país, ela se tornou alvo do grupo extremista

DICA Uma das funções da pontuação é organizar o encadeamento de frases.

a) A falta de pontos finais desse trecho dificultou a compreensão da leitura? Comente com os colegas.

b) Reescreva o mesmo trecho colocando os pontos finais e as letras iniciais maiúsculas. Depois, compare-o com o parágrafo original no início da entrevista na página 158.

2. A luta das mulheres por igualdade e reconhecimento independe de etnia. O trecho a seguir faz parte do livro **Natyseño: trajetória, luta e conquistas das mulheres indígenas**. Esse trecho traz informações sobre uma mulher indígena de grande destaque e foi escrito, de propósito, sem divisão de parágrafos. Faça uma barra (/) para marcar cada parágrafo.

> **Vitória Santos dos Santos**
>
> Chamada pelas lideranças de cacique geral, Vitória tem 56 anos, é guerreira do povo Karipuna, mora na aldeia Santa Isabel, no município de Oiapoque, Amapá. [...] Aos 13 anos saiu da aldeia para estudar em Belém, onde se formou em odontologia. Depois de oito anos de formada, escolheu ingressar no movimento indígena e lutar pela união e melhoria da condição de vida dos povos indígenas. E hoje também é membro do Conselho Estadual das Mulheres Indígenas do Amapá. Considera a discriminação racial o maior problema enfrentado pelos povos indígenas e defende a participação da mulher indígena na luta por melhores condições de vida para os índios brasileiros. [...]
>
> Conselho Nacional de Mulheres Indígenas. **Natyseño**: trajetória, luta e conquistas das mulheres indígenas. Belo Horizonte: FALE/UFMG, 2006. p. 95.

a) Justifique suas marcações contando o assunto central de cada parágrafo.

_____
_____
_____
_____
_____
_____
_____

b) Agora, reescreva o texto, em uma folha à parte, organizando-o em parágrafos. Você já sabe que os parágrafos começam afastados da margem esquerda da página.

PRODUÇÃO TEXTUAL

Você vai entrevistar uma pessoa mais velha que nasceu em outra cidade, para conhecer um pouco mais sobre a cultura da região dessa pessoa.

A entrevista será gravada, depois transcrita e apresentada a seus colegas de turma. Neste trabalho, vocês poderão recolher fotos e objetos da região do entrevistado e expô-los, junto com a entrevista, fora da sala de aula.

Além de homenagear a cidade ou o estado em que o entrevistado nasceu, a exposição dará oportunidade à turma de conhecer melhor diferentes lugares do país. A entrevista será fonte de informação sobre paisagem do lugar (se há praia, rio, morro, vale, cachoeira etc.), festas tradicionais, culinária, música, gírias e expressões usadas pelos moradores do local, entre outros.

Para a entrevista, siga as etapas:

1 Lembre-se das pessoas mais velhas que você conhece e que nasceram em outras cidades do Brasil, ou mesmo em outros países. Defina quem você entrevistará e combine o dia e o horário da entrevista.

2 Pense no que quer saber e como vai perguntar. Lembre-se de que o entrevistado vai ceder parte do tempo dele para conversar com você. Por isso, é preciso preparar o roteiro das perguntas, que deve ser formulado de acordo com suas curiosidades.

Elabore perguntas para descobrir, por exemplo:
- como era a paisagem do lugar onde nasceu o entrevistado;
- quais eram as brincadeiras que as crianças costumavam brincar;
- se havia algum prato típico do lugar;
- se havia expressões ou termos comuns falados na época.

DICA Formule outras perguntas, se quiser, de acordo com as suas curiosidades sobre o tema.

3 O professor vai entregar um formulário como o do modelo a seguir para ser preenchido com os dados do entrevistado. Esse formulário ajudará a compor o texto introdutório da entrevista e poderá ser exposto junto com os materiais recolhidos.

Dados do entrevistado	
Nome	
Data de nascimento	
Naturalidade	
Filiação	
Endereço	
Telefone	
Profissão	

MODELO

4 Reveja seu roteiro e estabeleça a ordem em que as perguntas serão feitas, para que elas tenham uma sequência lógica, de modo que ajude o entrevistado a se lembrar do máximo de informações possíveis.

5 Faça uma pergunta de cada vez e não interrompa o entrevistado.

DICA Durante a entrevista, é preciso estar atento ao que o entrevistado fala, pois podem surgir dúvidas ou curiosidades que gerem perguntas não planejadas e isso pode enriquecer a conversa.

6 No final da entrevista, pergunte ao entrevistado se ele tem alguma foto e/ou objeto que possa emprestar para ser exposto com a entrevista. Lembre-se de agradecer a contribuição do entrevistado.

7 Elabore um pequeno texto para apresentar o entrevistado e o assunto da entrevista. Ele deve informar:
- o nome do entrevistado;
- a sua relação com ele (parente, amigo, vizinho);
- o motivo que levou você a entrevistá-lo;
- o tema da entrevista.

8 Para produzir o texto, você deve revisar os registros que fez durante a entrevista, eliminando a repetição excessiva de palavras e expressões comuns da linguagem oral como: **aí, e daí, né, então, olha**.

9 Releia o texto para verificar se você usou:
- letra inicial maiúscula no início das frases;
- letra inicial maiúscula nos substantivos próprios;
- ponto de interrogação para indicar as perguntas;
- as palavras **por que** nas perguntas e **porque** nas respostas.

DICA Verifique se escreveu todas as palavras corretamente. Se tiver dúvida, consulte o dicionário.

10 Depois de tudo pronto, entregue sua produção para o professor. Ele a devolverá com orientações de como torná-la ainda melhor.

11 Passe a produção a limpo, em letra legível, seguindo as orientações dadas pelo professor.

HORA DE AVALIAR

	sim	não
✔ As perguntas elaboradas na entrevista foram claras?	☐	☐
✔ Surgiram outras perguntas a partir das respostas dadas?	☐	☐
✔ Você ampliou o seu conhecimento sobre as vivências das pessoas de mais idade?	☐	☐
✔ O trabalho realizado cumpriu o objetivo pretendido? Justifique.	☐	☐

EXPRESSÃO ORAL

No dia combinado com o professor, relate para a turma o resultado da entrevista.

DICA Cada aluno terá 5 minutos para fazer sua apresentação.

1. Conte:
   - quem você entrevistou, se tem ou não parentesco com essa pessoa e a idade dela;
   - o que você achou mais interessante e por quê;
   - que descobertas fez sobre a escola, as brincadeiras e os costumes da época do entrevistado;
   - quais as semelhanças e diferenças entre a época de infância do entrevistado e a sua.

2. Mantenha a postura corporal, faça gestos de acordo com o que estiver relatando, fale em tom de voz que todos possam ouvir. Esses aspectos colaboram para manter a atenção e o interesse da plateia.

3. Ouça os relatos dos colegas com atenção e interesse e, se achar necessário, faça perguntas ou peça mais explicações sobre algo que foi relatado.

4. Com o professor e os colegas, preparem a apresentação da exposição do resultado da entrevista. Escolham o local de exposição dos objetos e fotografias trazidos pela turma junto com os formulários com os dados dos entrevistados. Combinem a data e o local em que a exposição vai acontecer.

5. Ao final, avaliem oralmente o resultado do trabalho. Comentem como vivenciaram o projeto, que habilidades adquiriram e o que podem melhorar em um próximo trabalho.

VIVA A DIVERSIDADE!

PELA IGUALDADE DE GÊNEROS

1 No Brasil, a Constituição Federal assegura os direitos e deveres de todos os cidadãos, entre eles estudar. Estudar é um direito assegurado pelo artigo 205 da Lei Maior de nosso país:

> Art. 205. A educação, direito de todos e dever do Estado e da família, será promovida e incentivada com a colaboração da sociedade, visando ao pleno desenvolvimento da pessoa, seu preparo para o exercício da cidadania e sua qualificação para o trabalho.
>
> BRASIL. **Constituição da República Federativa do Brasil de 1988**. Disponível em: <http://www.planalto.gov.br/ccivil_03/constituicao/constituicaocompilado.htm>. Acesso em: 20 jan. 2018.

- O que você sabe sobre a Constituição Federal e sobre os direitos que esse documento garante às pessoas?

2 As fotos a seguir são de alguns profissionais exercendo seu trabalho.

172

- Responda.

    a) Na sua opinião, há alguma profissão que só possa ser exercida por homens?

    b) E há alguma que só possa ser exercida por mulheres?

3. Na sua casa, há uma divisão justa dos afazeres domésticos? Explique.

4. Que tal você e os colegas montarem um mural fora da sala de aula com colagens de cenas, palavras, frases etc. que valorizem a igualdade entre homens e mulheres?

- A pesquisa dos materiais que irão compor o mural pode ser feita em jornais, revistas e na internet. É importante que o título do mural contribua para chamar a atenção das pessoas para a relevância do tema.

- Converse sobre como vocês irão distribuir as imagens e as informações para que o mural fique atrativo e chame a atenção das pessoas.

UNIDADE 6
NOTÍCIA EM FOCO

1. Você acha que é importante se manter informado do que acontece ao seu redor e no mundo?
2. Como você acha que os jornais selecionam o que vão noticiar?
3. Na sua opinião, os jornais impressos, os digitais, os telejornais e os jornais veiculados em rádios transmitem as notícias com o mesmo nível de detalhamento?
4. Na sua opinião, qual meio é capaz de dar a notícia assim que ela acontece? *Sites* na internet ou jornais impressos?

Cena do filme **Zootopia**, Disney, 2016.

NESTA UNIDADE VOCÊ VAI:
- Comparar as primeiras páginas de jornais impressos.
- Identificar a finalidade das notícias.
- Conhecer os elementos que compõem uma notícia.
- Comparar notícias em diferentes meios de comunicação.
- Produzir e apresentar uma notícia.

CAPÍTULO

1 SAIU NA PRIMEIRA PÁGINA

Será que jornais diferentes tratam da mesma forma as mesmas notícias?

LEITURA

1. Observe a reprodução da primeira página do jornal **Correio Braziliense**. Veja a notícia em destaque.

Correio Braziliense. Brasília, DF, 25 out. 2017. Primeira página.

- Agora, veja como essa mesma notícia apareceu na primeira página do jornal **Folha de S.Paulo,** no mesmo dia.

» **INCÊNDIO** Voluntário tenta apagar fogo na Chapada dos Veadeiros, em Goiás; segundo instituto de conservação, as chamas afetaram 64 mil hectares (26%) da área Cotidiano B7

Folha de S.Paulo. São Paulo, 25 out. 2017. Primeira página.

177

2. Responda.

a) Qual dessas formas de apresentar a mesma notícia na primeira página do jornal chamou mais sua atenção? Por quê?

b) Qual é o acontecimento destacado na página do **Correio Braziliense** e na **Folha de S.Paulo**?

_____

c) Na primeira página do **Correio Braziliense**, todos os títulos têm o mesmo tamanho? Por quê?

d) A **manchete** é o título principal publicado em destaque e indica o fato mais importante da edição.

- Qual é a manchete na primeira página do **Correio Braziliense**?

_____

3. Marque **sim** ou **não**.

- Há mais de uma manchete nessa página do **Correio Braziliense**?

☐ Sim. ☐ Não.

- Na sua opinião, por que isso acontece?

_____
_____

4. O jornal **Correio Braziliense** é da região Centro-Oeste e a **Folha de S.Paulo** é da região Sudeste.

- Responda.

a) Qual dos jornais deu mais destaque ao incêndio ocorrido na Chapada dos Veadeiros na primeira página?

_____

b) Na sua opinião, por que isso aconteceu?

_____
_____
_____

5. Algumas vezes os jornais optam por destacar, na primeira página, a chamada de uma notícia usando apenas uma foto.

   a) Na primeira página de qual jornal esse recurso foi usado?
   _____

   b) Localize a legenda que acompanha essa fotografia. Ela complementa informações da imagem? Justifique.
   _____
   _____
   _____

6. Leia alguns títulos presentes na primeira página do jornal **Folha de S.Paulo** e copie os verbos.

ILUSTRADA
Diretor novato investe em humor no terceiro filme do herói Thor C1

COTIDIANO
Febre amarela muda rotina de bairro pacato na zona norte de SP B5

_____

   a) Marque a alternativa adequada.

   ☐ Os títulos de notícias não incluem verbos.

   ☐ Os títulos podem incluir verbos.

   b) Em que tempo estão conjugados os verbos desses títulos?

   ☐ Passado.   ☐ Presente.

7. Observe uma foto da Chapada dos Veadeiros antes do incêndio noticiado pelos jornais.

- Justifique o título da manchete do jornal **Correio Braziliense**: "Era uma vez um paraíso".

_____
_____
_____
_____
_____
_____

Chapada dos Veadeiros, Alto Paraíso de Goiás, Goiânia, maio de 2017.

8. Você sabe quais são os principais motivos dos incêndios florestais? Leia o texto a seguir. Depois, comente que atitudes evitariam a destruição da flora e da fauna brasileiras.

FIQUE SABENDO

Com a intensificação do período de seca, os incêndios florestais aumentam na mesma proporção em que a umidade relativa do ar diminui. O problema se agrava em áreas do cerrado, presentes em dez estados e no Distrito Federal, e a mudança de comportamento ajuda a evitar o alastramento do fogo no bioma. Atitudes simples como não jogar bitucas de cigarro pela janela do carro aparecem entre as ações que podem contribuir para conter as queimadas [...].

A atividade humana é uma das principais causas de queimadas [...]. Na maioria dos casos, decorrem do uso incorreto do fogo para a renovação de pastagens, da caça e de ações criminosas em represália à criação e gestão de unidades de conservação. Em menor escala, há casos de queimadas que começam, de maneira natural, por conta de raios.

[...]

Lucas Tolentino. Ser humano é o maior culpado pelo aumento de incêndios florestais. **Portal MMA**. Disponível em: <http://www.mma.gov.br/index.php/comunicacao/agencia-informma?view=blog&id=433>. Acesso em: 25 out. 2017.

Bioma: tipo de vegetação de uma região determinada pelas condições de clima, de solo etc.

COM QUE LETRA?

▼ **USO DAS PALAVRAS MAIS OU MAS**

1. Os jornais são divididos em seções ou cadernos temáticos. Esportes, cultura e política são alguns deles. Os jornais também trazem os **classificados**, caderno em que são anunciados produtos ou serviços que as pessoas querem vender ou comprar.

   • Leia, a seguir, um poema inspirado nos anúncios feitos em jornais.

   ### Sem pulgas
   Nem as pulgas mais gostam de mim
   Foram todas embora
   Na semana passada
   E ontem fui quase atropelada
   Mas ainda estou aqui
   Malmequer
   Bem-te-vi
   Talvez uma criança
   Ainda me veja
   Me queira
   Me pegue
   Me leve
   Me guarde
   Me ilumine
   Não peso quase nada
   Como pouquinho
   Mas não economizo
   no carinho.

   Almir Correia. Sem pulgas. In: Almir Correia. Anúncios carentes de bichos abandonados por gente. São Paulo: Biruta, 2013. p. 30.

• Responda.

a) Na sua opinião, esse texto poderia fazer parte dos classificados de um jornal? Por quê?

b) Quem é o eu lírico desse poema e qual é o desejo dele?

2. Observe as palavras em destaque no texto. Elas indicam:

☐ Aumento de quantidade.

☐ Contraste, oposição.

3. Complete as frases com **mas** ou **mais**.

a) Por favor, faça _____ café, _____, desta vez, com menos açúcar, tá?

b) Fátima está ansiosa, _____ Ana está _____ que ela.

c) Quanto _____ eu falava, _____ segura eu ficava.

4. Descubra a resposta da adivinha. Depois, reescreva-a, substituindo a palavra em destaque por outra que tenha **significado semelhante**.

> **O que é, o que é?**
> Tem escamas, **mas** não é peixe
> Tem coroa, **mas** não é rei.
>
> (Folclore.)

Resposta: _____

_____

_____

- Responda outra adivinha. Depois, reescreva-a, substituindo a palavra em destaque por outra que tenha **significado contrário**.

> **O que é, o que é?**
> Quanto **mais** se tira,
> **Mais** aumenta.
>
> (Folclore.)

Resposta: _____

_____

_____

NOSSA LÍNGUA

1. Reveja estes títulos dos jornais **Correio Braziliense** e **Folha de S.Paulo**.

> Era uma vez um paraíso

> **ILUSTRADA**
> Diretor novato investe em humor no terceiro filme do herói Thor c1

a) Que palavras apresentam acentuação?

_____

b) Circule a sílaba tônica nessas palavras.

2. Separe as palavras a seguir em três grupos, de acordo com a posição da **sílaba tônica**.

| polêmica | café | jardim | morango | ética | língua |

Última sílaba	Penúltima sílaba	Antepenúltima sílaba

- Agora, marque a alternativa que completa a frase.
  Em relação à sílaba tônica, as palavras **polêmica** e **ética** são:

  ☐ oxítonas. ☐ paroxítonas. ☐ proparoxítonas.

3. Complete as palavras com as sílabas que faltam.

a) gi_____tica

b) mate_____tica

c) _____rebro

d) qui_____metro

e) ca_____tulo

f) _____pido

- Responda.
Todas as sílabas das palavras que você completou foram acentuadas? Por quê?

_____

183

SÓ PARA LEMBRAR

1. Nos jornais, é comum encontrar uma seção com tirinhas, no caderno de cultura. Leia uma delas.

Christie Queiroz. Tirinha Turma do Cabeça Oca. **O popular**, Goiânia, 13 jul. 2017, M7.

- Responda.

   a) Por que Cabeça Oca estava escondido no fundo do rio?

   b) Qual foi a reação de Liminha ao ver Cabeça Oca? Por quê?

   c) No primeiro balão, a palavra **mas** pode ser substituída por **mais**? Por quê?

   d) Que palavra tem o mesmo sentido da palavra **mas** no primeiro balão?

   e) Que sentido tem a palavra **rapaz** no último quadrinho?

2. Releia o texto do primeiro quadrinho e responda.

   - A quem se referem os pronomes pessoais usados na tirinha?

   Eu: _____.

   Ela: _____.

   > **Pronome pessoal** é a palavra que indica a pessoa do discurso.
   > **Eu**, **tu**, **ele**, **ela**, **nós**, **vós**, **eles**, **elas** são pronomes pessoais.

3. Alguns jornais e revistas possuem seções destinadas a publicar cartas de leitores. Nessas seções, também são publicados comentários sobre leitores e cartas recebidas.

   Leia um comentário sobre uma leitora da revista **Ciência Hoje das Crianças**.

A carioca Mariana M.S.M. tem 11 anos, está no 6º ano e adora desenhar, conversar e ler – principalmente se a leitura for de um exemplar fresquinho da CHC. Ciência é a sua matéria favorita na escola, e a parte da revista de que ela mais gosta são os quadrinhos. Mariana diz que também aprende muito com a Galeria dos Bichos Ameaçados, e que a seção despertou sua atenção para a necessidade de proteger a natureza e o hábitat dos animais para que eles não desapareçam. Quando crescer, Mariana quer ser arquiteta e trazer ainda mais beleza para o nosso mundo. Boa sorte, Mariana!

Ciência Hoje das Crianças, Rio de Janeiro, ano 29, n. 275, p. 28, jan./fev. 2016.

- Responda.

   Na sua opinião, na primeira frase do comentário, seria necessário inserir o nome da menina antes da palavra **está**, em "está no 6º ano", para facilitar a compreensão? Por quê?

4. Sublinhe na segunda frase o recurso usado pelo autor do comentário para substituir o nome Mariana.

   - O uso desse recurso foi importante? Por quê?

   _____

   _____

5. Escreva a que palavra se refere o pronome **eles**.

   _____

6. Marque a alternativa adequada.

   a) A quem o autor se refere ao utilizar o pronome **nosso** em "nosso mundo"?

   ☐ Ao leitor.   ☐ À menina e ao leitor.

   ☐ A ele próprio, à menina e ao leitor.

   b) Na última frase do comentário, a quem o autor se dirige?

   ☐ Ao leitor.   ☐ À menina.

- Qual é a função da vírgula nessa frase?

7. Alguns jornais, impressos e virtuais, costumam publicar receitas em cadernos de culinária. Algumas delas são publicadas para crianças! Leia.

Sanduíche quente de carne
[...]

Modo de preparo
1. Em uma tigela, coloque as tiras de carne e tempere com o alho e o sal.
2. Coloque o azeite de oliva em uma panela pequena, aqueça em fogo médio e frite as tiras de carne por 5 minutos.
3. Junte a cebola, os pimentões e refogue por mais 5 minutos. Acrescente o *ketchup*, o molho de mostarda, o molho inglês e aqueça por mais 3 minutos. Retire do fogo e reserve.
4. Preaqueça o forno em temperatura média (180 °C).
5. Espalhe a maionese sobre os discos de pão, distribua a mistura reservada sobre os discos de pão, salpique o cheiro-verde e enrole cada um formando um rocambole.
6. Coloque-**os** em uma assadeira retangular grande [...] deixando um espaço entre eles e leve ao forno por 5 minutos. Retire do forno e sirva.

CHEF ensina receitas rápidas para uma deliciosa maratona de séries e filmes. **Jornal da Franca**, Franca. Disponível em: <http://www.jornaldafranca.com.br/chef-ensina-receitas-rapidas-para-uma-deliciosa-maratona-de-series-e-filmes>. Acesso em: 27 out. 2017.

a) A que se refere o pronome oblíquo em destaque?

_____

> A palavra **os** está no lugar do nome **discos de pão**. Nesse caso, **os** é pronome pessoal oblíquo.

b) Releia e responda.

A [...] Coloque-**os** em uma assadeira [...]

B [...] distribua a mistura reservada sobre **os** discos de pão [...]

• Nos dois trechos as palavras em destaque estão substituindo um nome?

_____
_____
_____

186

8. Com os colegas, encontrem e sublinhem no modo de preparo de uma receita, a seguir, as palavras que foram repetidas desnecessariamente.

> Modo de preparo:
>
> Quando a massa estiver firme, abra a massa com um rolo. Use formas em formato divertido ou um copo para demarcar os biscoitos. Coloque-os em uma assadeira e leve a assadeira ao forno brando. Retire os biscoitos quando estiverem dourados. Espere os biscoitos esfriarem e depois decore os biscoitos com tinta comestível e confeitos coloridos.

- Para cada pronome pessoal reto, há pronomes pessoais oblíquos correspondentes. Veja.

Pronomes pessoais		
Pessoa	Retos	Oblíquos
1ª pessoa do singular	eu	me, mim, comigo
2ª pessoa do singular	tu	te, ti, contigo
3ª pessoa do singular	ele, ela	se, si, o, a, lhe, consigo
1ª pessoa do plural	nós	nos, conosco
2ª pessoa do plural	vós	vos, convosco
3ª pessoa do plural	eles, elas	se, si, os, as, lhes, consigo

9. Agora, reescreva o modo de preparo da receita, substituindo as repetições desnecessárias por pronomes pessoais.

CAPÍTULO
2 NOTÍCIAS IMPRESSAS E ON-LINE

- Você sabe por que, em algumas épocas do ano, é comum a presença de baleias jubartes no litoral brasileiro?
- Quando essas baleias encalham em praias, o resgate tem de ser feito rapidamente e é sempre muito difícil. Você sabe explicar por quê?

LEITURA

1. Leia uma notícia sobre o resgate de uma baleia no jornal impresso **O Globo**, do dia 25 de agosto de 2017.

O RESGATE DA BALEIA JUBARTE EM BÚZIOS

Moradores passaram quase 24 horas regando o cetáceo na Praia Rasa para tentar salvá-lo. Animal voltou para o mar com ajuda de cordas e retroescavadeiras.
Simone Candida

Fotos de Pablo Jacob
União faz a força. Grupo empurra animal, amarrado por cordas à retroescavadeira: segundo especialistas, baleia pesa 28 toneladas.

Depois de 24 horas de sofrimento — e mobilização popular — uma baleia jubarte que estava encalhada na areia da Praia Rasa, em Búzios, conseguiu voltar ao mar. O animal, que pesa cerca de 28 toneladas, e mede 13 metros, retornou para a água com a ajuda de uma retroescavadeira e de cordas puxadas por três barcos de pescadores, numa operação que contou com a participação do Corpo de Bombeiros, da Secretaria de Meio Ambiente de Búzios e do Laboratório de Mamíferos Aquáticos e Bioindicadores (MAQUA), do Departamento de Oceanografia da Uerj.

A jubarte encalhou por volta das 16h da quarta-feira, e biólogos, veterinários e voluntários precisaram correr contra o tempo para tentar salvá-la. Eles chegaram a providenciar um analgésico para tentar amenizar o sofrimento do cetáceo. [...]

Após 24 horas encalhada, a baleia jubarte consegue se soltar e as pessoas que ajudaram comemoram.

O encalhe da jubarte causou comoção na cidade. Desde o início da manhã de ontem, cerca de 200 pessoas, entre elas muitas crianças, aglomeraram-se na Praia Rasa. Elas jogaram água sobre a baleia e tentaram abrir uma vala na areia para formar uma espécie de piscina em volta da jubarte. [...] Preocupado, um especialista alertou para o risco de a população se aproximar da baleia. Havia o receio de que ela se virasse sobre quem tentava desencalhá-la. [...]

Inicialmente, os banhistas acreditaram que se tratava de um filhote. Mas especialistas do Instituto Baleia Jubarte analisaram fotos do animal e constataram, pelo tamanho, que era uma baleia jovem. Um vídeo compartilhado nas redes sociais mostra o exato momento em que o animal encalhou, na altura do canal da Marina, na Praia Rasa. [...]

De acordo com a médica-veterinária do IBJ Adriana Colosio, este ano, já foram registrados encalhes de 62 jubartes na costa brasileira.

— É comum, nesta época do ano, encalhar jubartes por causa do período de migração para sua reprodução na costa brasileira. Esse período inicia em julho e termina em novembro. [...] — diz.

Causa de encalhe é desconhecida

Não foi possível identificar o sexo da baleia. Nem mesmo saber o motivo de ela ter parado na areia. Mas segundo o médico-veterinário do IBJ Hermani Ramos, não está descartada a hipótese de o animal estar doente.

— Existem várias causas para o encalhe de animais vivos: os mais idosos podem estar morrendo, por exemplo; já os filhotes podem se perder da mãe. Há, ainda, casos de baleia que sofrem colisão com uma embarcação e, feridas, ficam desorientadas, e situações em que o animal vai parar na areia porque está com alguma enfermidade. [...]

Simone Candida. O resgate da baleia jubarte em Búzios. **O Globo**. Sexta-feira, 25 de agosto de 2017. p. 12.

2. Responda.

a) Qual o nome do autor da notícia?

b) Na sua opinião, que fatos costumam ser noticiados em jornais?

3. O **lide** é a introdução da notícia e normalmente está no primeiro parágrafo. Ele fornece, de forma resumida, as principais informações do fato noticiado, podendo responder às seguintes questões: **o que aconteceu, com quem, quando, onde, como, por que** e **para quê**.

• Escreva:

a) o que aconteceu: _____

b) quando o fato aconteceu: _____

c) onde o fato aconteceu: _____

4. De acordo com a notícia, é possível saber por que o fato aconteceu?

5. Apesar de essa notícia relatar os fatos com veracidade e certo grau de neutralidade, no primeiro parágrafo aparece uma palavra que evidencia o envolvimento da jornalista com o fato. Qual é essa palavra? Sublinhe-a.

6. Não basta a notícia ser verdadeira, ela precisa parecer verdadeira. Isto é, ela precisa ter veracidade. Que elementos da notícia dão veracidade a ela?

7. Nas notícias, os depoimentos dados por pessoas são marcados com aspas ou travessão. Qual foi a pontuação escolhida nessa notícia para marcar os depoimentos?

#FICA A DICA

Vários jornais possuem cadernos destinados ao público infantil, com artigos, tirinhas, reportagens, dicas de cinema e muito mais. Acesse!

Folhinha. Disponível em: <http://ftd.li/m3fc89>. Acesso em: 27 out. 2017.
Estadinho. Disponível em: <http://ftd.li/jrpeb8>. Acesso em: 27 out. 2017.
Globinho. Disponível em: <http://ftd.li/4csq3i>. Acesso em: 27 out. 2017.

DE TEXTO EM TEXTO

1. Diferente do jornal **O Globo**, a notícia sobre a baleia jubarte não foi publicada no jornal impresso **O Estado de S. Paulo**, do dia 25 de agosto de 2017. No entanto, foi veiculada na página do jornal na internet. Leia.

http://brasil.estadao.com.br/noticias/geral,baleia-jubarte-que-estava-encalhada-em-buzios-volta-ao-mar,70001949523

Baleia jubarte que estava encalhada em Búzios volta ao mar

Desde a manhã desta quinta, pelo menos duzentas pessoas se revezaram para jogar água no filhote e mantê-lo vivo.

Marcio Dolzan, O Estado de S. Paulo
24 Agosto 2017 | 21h28

Baleia jubarte ficou encalhada na praia de Búzios.

Um filhote de baleia jubarte que estava encalhado desde o fim da tarde de quarta-feira, 23, na Praia Rasa, em Armação dos Búzios, na Região dos Lagos, foi devolvido ao mar por volta das 16 horas desta quinta, 24. Um grupo de voluntários ajudou no resgate, e três retroescavadeiras foram utilizadas.

A baleia mede cerca de 13 metros e pesa 28 toneladas. Desde a manhã desta quinta, pelo menos duzentas pessoas se revezaram para jogar água na jubarte. Biólogos, veterinários e técnicos ambientais trabalharam para manter o animal vivo.

Apesar de conseguir retornar ao mar, os biólogos alertam que o animal poderá encalhar novamente. A região possui muitos bancos de areia.

Marcio Dolzan. Baleia jubarte que estava encalhada em Búzios volta ao mar. **O Estado de S. Paulo** *on-line*. São Paulo, 24 ago. 2017. Disponível em: <http://brasil.estadao.com.br/noticias/geral,baleia-jubarte-que-estava-encalhada-em-buzios-volta-ao-mar,70001949523>. Acesso em: 8 set. 2017.

2. Responda.

A notícia foi publicada primeiro no meio impresso ou digital?

_____

3. Releia o **olho** dessa notícia, ou seja, o pequeno trecho, abaixo do título, que fica destacado no corpo da matéria.

> Desde a manhã desta quinta, pelo menos duzentas pessoas se revezaram para jogar água no filhote e mantê-lo vivo.

a) A informação de que a baleia jubarte era um filhote pode ser confirmada na notícia impressa do jornal **O Globo**? Marque.

☐ Sim.   ☐ Não.

• Sublinhe na notícia do jornal **O Globo** o trecho que confirma a sua resposta.

b) Na sua opinião, qual das notícias traz a informação correta sobre essa característica da baleia?

_____

c) Por que você acha que houve divergência entre as duas publicações: impressa e *on-line*?

_____

_____

_____

4. A informação sobre a quantidade de retroescavadeiras usadas para levar a baleia jubarte de volta ao mar é a mesma nas duas notícias? Justifique.

_____

_____

_____

5. Qual das notícias foi publicada com mais detalhes sobre o encalhe da baleia? Por que você acha que isso aconteceu?

NOSSA LÍNGUA

1. O Brasil tem lindas praias. Em Aracaju, capital de Sergipe, há a praia de Atalaia. Nessa cidade há também um grande oceanário.
   - Você sabe o que é um **oceanário**? Já visitou algum?
   - Leia o poema e veja se você acertou.

   > Em Aracaju também
   > Há um belo OCEANÁRIO,
   > Onde o visitante pode
   > Divertir-se com o cenário:
   > Tartarugas e peixinhos
   > E demais seres marinhos
   > A nadar num grande aquário.

   Oceanário de Aracaju, Sergipe.

   Mauricio de Sousa. **Brasil no papel em poesia de cordel**. São Paulo: Melhoramentos, 2014. p. 16.

2. Você já estudou que **ditongos** são encontros de **sons vocálicos** na mesma sílaba.
   Sublinhe no poema as palavras com **ditongo**.

3. Leia as palavras a seguir. Depois circule os **ditongos**.

régua	princípio	cárie	dicionário
início	relógio	língua	memória
óleo	glória	experiência	calendário

   - Responda.

   a) Em relação à sílaba tônica, essas palavras são: oxítonas, paroxítonas ou proparoxítonas? _____

   b) Todas essas palavras são acentuadas?
      ☐ Sim.   ☐ Não.

   c) Há encontro vocálico em todas elas?
      ☐ Sim.   ☐ Não.

   d) Em que posição estão os ditongos? _____

4. Com os colegas, discutam a regra de acentuação das palavras da atividade **3**.

_____

_____

5. Escreva as palavras completando-as com ditongo. Acentue-as, se necessário.

a) ser _____   c) edific _____   e) c _____ xote

b) mag _____   d) ingen _____   f) am _____ xa

6. Leia as palavras do quadro.

biquínis	bônus	fórum	órgãos	álbuns
órfã	ravióli	ímãs	Cristóvão	Vênus

- O que todas essas palavras têm em comum?

  ☐ São paroxítonas acentuadas.   ☐ São oxítonas acentuadas.   ☐ São proparoxítonas.

- Agora separe essas palavras de acordo com os grupos.

   a) i(s): _____.

   b) us: _____.

   c) um(uns): _____.

   d) ão(s): _____.

   e) ã(s): _____.

7. Discuta com os colegas a regra de acentuação dessas palavras. Depois, registre a conclusão da turma.

_____

_____

_____

AS PALAVRAS NO DICIONÁRIO

1. As manchetes e os títulos das notícias podem vir acompanhados de um pequeno trecho, chamado **olho**. Uma das funções do olho é chamar a atenção do leitor, oferecendo mais informações além das mencionadas no título ou na manchete.

   Releia o título da notícia impressa sobre o resgate da baleia e o olho dessa notícia.

   > **O RESGATE DA BALEIA JUBARTE EM BÚZIOS**
   > Moradores passaram quase 24 horas regando o cetáceo na Praia Rasa para tentar salvá-lo. Animal voltou para o mar com ajuda de cordas e retroescavadeiras.

   • Você sabe o que é **cetáceo**? Leia o verbete de dicionário a seguir.

   > **Cetáceo** sm. Mamífero que vive na água e se parece com um peixe – *A baleia e o golfinho são cetáceos.* **Ce.tá.ceo**
   >
   > Geraldo Mattos. **Dicionário Júnior da língua portuguesa.** São Paulo: FTD, 2010. p. 162.

2. Sublinhe no olho da notícia as palavras usadas para evitar a repetição da palavra **baleia**.

   DICA Uma das funções do dicionário é ajudar a encontrar sinônimos e outras palavras que possam ajudar a evitar a repetição desnecessária de palavras em textos.

3. Você sabe o que é um abutre? Já viu um?
   Leia o verbete.

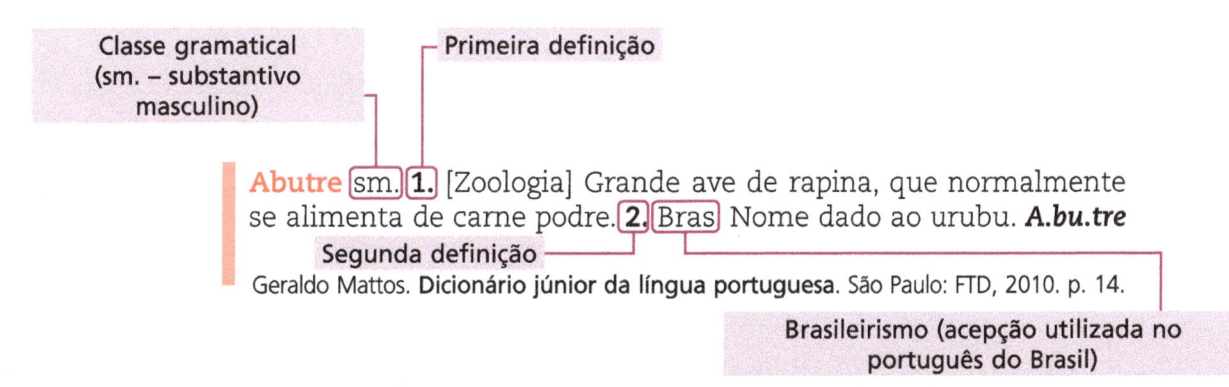

   Classe gramatical (sm. – substantivo masculino) — Primeira definição

   > **Abutre** sm. 1. [Zoologia] Grande ave de rapina, que normalmente se alimenta de carne podre. 2. Bras Nome dado ao urubu. **A.bu.tre**
   >
   > Geraldo Mattos. **Dicionário júnior da língua portuguesa.** São Paulo: FTD, 2010. p. 14.

   Segunda definição — Brasileirismo (acepção utilizada no português do Brasil)

   • Além da expressão **ave de rapina**, encontrada no dicionário, que outras palavras ou expressões podem ser usadas para um abutre?

4. Agora, leia as seguintes informações.

> ### Abutres
>
> Os abutres são necrófagos — os abutres comem restos de animais que foram mortos por predadores, como leões. Bandos de abutres voam em círculos acima do animal agonizante, sabendo que logo terão um banquete. Os abutres têm um ácido incrivelmente forte no estômago que facilita a digestão. Alguns abutres podem digerir até mesmo ossos. [...] A maioria dos abutres tem a cabeça pelada. Seria difícil os abutres manterem as penas limpas alimentando-se de carcaças.
>
> Lynn Huggins-Cooper. **Aves e morcegos exóticos**. Tradução Nelson Alessio. São Paulo: Zastras, 2010. p. 7.

a) Que informação sobre o abutre você achou mais interessante? Por quê?

b) Que palavra foi repetida desnecessariamente?

c) O que a repetição dessa palavra provoca no texto?

d) Que pontuação foi usada para explicar o que são **necrófagos**?

5. Junte-se a um colega e reescreva o texto **Abutres** sem repetir desnecessariamente o nome do animal.

MAIS SOBRE... NOTÍCIA

1. Responda.

   a) Quem geralmente lê notícias?

   b) Onde é comum encontrar notícias?

2. As notícias costumam ser ilustradas com fotos. Elas contribuem para dar veracidade ao fato e algumas vezes o título só faz sentido com o apoio da imagem. Veja.

A amarelinha está sobrando novamente

Philippe Coutinho celebra gol em jogo entre Brasil e Equador na Arena do Grêmio em Porto Alegre, 2017.

A AMARELINHA está sobrando. **Jornal de Brasília**. Brasília, DF, sexta-feira, 1º set. 2017, p. 21.

- Responda.
  A imagem contribui para a compreensão desse título? Justifique.
  _____
  _____

3. Escreva o que você entendeu pela expressão **está sobrando** nesse título.
_____
_____
_____
_____

- Agora, leia um trecho da notícia para ver se o que você pensou se confirma. Se necessário, complemente a sua resposta.

197

> A seleção brasileira continua imbatível nas eliminatórias sul-americanas para a Copa do Mundo-2018. [...]
>
> Com a vitória, a nona consecutiva na competição, o time dirigido por Tite conseguiu algo inimaginável há um ano. Com três rodadas de antecedência, conquistou o título simbólico do torneio – soma 36 pontos e não pode mais ser alcançado pela Colômbia, vice-líder, com 25. [...]
>
> A AMARELINHA está sobrando. **Jornal de Brasília**. Brasília, DF, sexta-feira, 1º set. 2017, p. 20.

4. Sublinhe no texto anterior a palavra usada para se referir a algo que não era imaginável.

- Agora complete:

a) O que não é aceitável é _____.

b) O que não é eficiente é _____.

5. Releia um trecho da notícia impressa sobre o encalhe da baleia.

> De acordo com a médica-veterinária do IBJ Adriana Colosio, este ano, já foram registrados encalhes de 62 jubartes na costa brasileira.
>
> — É comum, nesta época do ano, encalhar jubartes por causa do período de migração para sua reprodução na costa brasileira. Esse período inicia em julho e termina em novembro. [...] — diz.

a) Quem foi a pessoa entrevistada?

_____

- Circule o verbo usado para indicar a fala da pessoa entrevistada.

b) Na sua opinião, foi importante informar a profissão da pessoa entrevistada? Por quê?

_____

_____

DICA As notícias podem apresentar informações um pouco diversas de um veículo de comunicação para outro. Por isso, sempre que se interessar por uma notícia, vale a pena ler sobre o assunto em mais de uma publicação.

PRODUÇÃO TEXTUAL

O professor vai reunir a turma em grupos de quatro integrantes para produzirem uma notícia e depois apresentá-la em forma de jornal televisivo na seção **Expressão oral**.

1. Pensem em um fato relevante que aconteceu recentemente na sua cidade, no Brasil ou no mundo.

2. Decidam que notícia irão escrever e preencham um quadro como o do modelo a seguir, em uma folha à parte.

O que aconteceu?	
Quando aconteceu?	
Onde aconteceu?	
Como aconteceu?	
Por que aconteceu?	

MODELO

3. Planejem a notícia. Pensem:
   - em um título que desperte a atenção do leitor;
   - no que vão informar no lide, ou primeiro parágrafo. Dica: usem as três primeiras informações do quadro;
   - o que vão escrever nos parágrafos seguintes. Dica: usem as duas últimas perguntas do quadro.

DICA Vocês poderão inserir depoimentos de especialistas e de pessoas que presenciaram o ocorrido.

4. Decidam:
   - como as tarefas de ditar e escrever serão compartilhadas pelos integrantes do grupo;
   - se a notícia será digitada no computador ou se será manuscrita.

5. Durante a escrita, leiam e releiam o texto para verificar:
   - o que já escreveram e o que ainda falta informar;
   - se o texto está claro, de forma que o leitor não tenha dúvidas sobre o que e como ocorreu.

DICA Lembrem-se de que os títulos de notícias costumam usar o verbo no tempo presente e que, em algumas notícias, os títulos costumam ser acompanhados do olho, ou seja, um pequeno resumo do fato para instigar o leitor a ler a notícia na íntegra.

6 Releiam mais uma vez a notícia, agora para verificar se:
- ela está dividida em parágrafos;
- usaram a pontuação para organizar as frases;
- evitaram a repetição desnecessária de palavras, usando pronomes e palavras com sentido semelhante;
- usaram travessão ou aspas para marcar os depoimentos das pessoas entrevistadas;
- usaram verbos, como: disse, relatou, afirmou, observou, após as aspas ou o travessão para indicar de quem é o depoimento.

DICA Verifiquem se grafaram corretamente todas as palavras do texto. Em caso de dúvida, consultem o dicionário.

7 Mostrem a notícia ao professor. Ele poderá dar dicas para torná-la ainda mais clara e atraente para os futuros leitores.

8 Façam as mudanças sugeridas pelo professor e outras que julgarem necessárias.

9 Passem a notícia a limpo ou, caso tenham feito direto no computador, salvem a última versão. Usem letras com tamanhos e formatos diferentes para diferenciar título, olho e corpo do texto. Deixem espaço para a ilustração.

DICA Se a notícia foi digitada, que tal dar o formato de notícia de jornal impresso, dispondo o texto em duas colunas?

10 Combinem com o professor o dia e a forma de exporem as notícias em um mural fora da sala de aula.

HORA DE AVALIAR

	SIM	NÃO
✔ O título da notícia chama a atenção do leitor?	☐	☐
✔ O olho da notícia convida a ler a notícia toda?	☐	☐
✔ O primeiro parágrafo tem todas as informações de um lide?	☐	☐

EXPRESSÃO ORAL

Os mesmos grupos que redigiram a notícia agora vão apresentá-la, para a turma, em forma de telejornal.

Dois alunos do grupo serão os apresentadores do telejornal, outros dois serão o repórter de campo e o entrevistado.

1. Antes, deverão assistir a um telejornal para observar:
   - os assuntos que foram tratados;
   - a duração aproximada do telejornal;
   - a duração aproximada de cada notícia;
   - o modo como o jornalista apresenta as notícias e como o repórter de campo produz a matéria: gestos, entonação de voz, postura corporal, vestuário;
   - a relação entre os entrevistados e o assunto da matéria.

   DICA Façam anotações do que observaram. Esse registro servirá de apoio à memória, pois, na data combinada pelo professor, cada grupo vai relatar o que observou no telejornal.

2. Ensaiem a apresentação das notícias. Levem em consideração que as notícias televisivas são mais resumidas do que as impressas. Por isso, decidam quais são as partes mais importantes e quem ficará encarregado de apresentar cada uma delas.

   DICA Cada grupo terá até 5 minutos para apresentar a notícia.

3. Durante os ensaios, fiquem atentos:
   - aos gestos;
   - ao tom de voz;
   - ao ritmo de fala e às expressões faciais;
   - ao uso do registro formal.

4. Escolham um título para o telejornal.

5. Na data combinada, apresentem a notícia e ouçam com atenção as notícias apresentadas pelos outros grupos.

6. Ao final, avaliem as apresentações, comentando que notícias consideraram mais interessantes e se os gestos e as expressões faciais usados foram adequados aos fatos noticiados.

VIVA A DIVERSIDADE!

▼ MEIO AMBIENTE EM FOCO

1 Observe a cena.

Escultura gigante de baleia morta, às margens do Rio Sena, Paris, 2017.

• Responda.

a) O que você vê na imagem?

b) O que a imagem lhe causa? Por quê?

c) Como você imagina que essa baleia foi parar nessa calçada?

2 Agora leia um trecho de uma notícia publicada na internet para verificar se o que você e os colegas pensaram se confirma.

> [...] as pessoas em Paris acordaram com uma notícia inusitada: uma baleia encalhada foi encontrada nas margens do Sena, perto de Notre Dame.
> [...]
> Horas mais tarde a verdade por trás do espetáculo bizarro foi revelada. Embora parecesse muito com um animal real, tudo não passava de uma instalação artística criada pelo coletivo belga Capitão Boomer.
> A escultura gigante media 17 metros e simulava o cheiro de uma baleia morta, com todos seus detalhes, incluindo o sangue.
>
> AÇÃO coloca baleia encalhada às margens do Rio Sena. **Exame *on-line***. 31 jul. 2017. Disponível em: <http://exame.abril.com.br/marketing/acao-coloca-baleia-encalhada-as-margens-do-rio-sena/>. Acesso em: 13 set. 2017.

3 A exposição da escultura em local de grande circulação de pessoas teve o objetivo de aumentar a conscientização sobre o impacto provocado pelos seres humanos no meio ambiente.

• Responda.

a) O que você achou dessa forma de protesto? Por quê?

b) Na sua opinião, esse tipo de protesto pacífico pode contribuir para a causa da preservação do meio ambiente?

c) Na sua opinião, de que forma a interferência dos seres humanos no meio ambiente prejudica os animais?

4 A Floresta Amazônica é um patrimônio da humanidade e é considerada a maior floresta tropical do mundo, com grande biodiversidade: rica em fauna e flora. No entanto, vem sendo desmatada ano a ano.

• Veja duas imagens da Floresta Amazônica: uma de 2000 e outra de 2012.

Desmatamento na Floresta Amazônica, Rondônia, 2000.

Desmatamento na Floresta Amazônica, Rondônia, 2012.

• Responda.

a) O que as imagens representam?

b) Você consegue identificar o que são as áreas mais claras das imagens? O que elas representam?

5 Combine com os colegas e o professor um horário para irem à sala de informática para pesquisar a importância da Floresta Amazônica para o planeta, as causas do desmatamento e as consequências que ele provoca.

6 Que tal combinarem uma forma de protesto pacífico contra o desmatamento da Floresta Amazônica, de forma a chamar a atenção de alunos de outras turmas, professores, funcionários da escola e até pessoas da comunidade? Soltem a imaginação e abracem essa causa!

UNIDADE 7
CONHECIMENTO PARA TODOS

1. Você gosta de aprender coisas novas?

2. Que tipo de assunto científico aguça mais a sua curiosidade?

3. Onde é possível encontrar pesquisas científicas?

4. Os textos científicos são sempre escritos em linguagem que só especialistas conseguem entender? Justifique.

NESTA UNIDADE VOCÊ VAI:

- Ler artigos de divulgação científica e conhecer algumas de suas características.
- Escrever um artigo de divulgação científica.
- Apresentar um seminário.

CAPÍTULO

1 HORMÔNIOS NO CONTROLE

- O que você sabe sobre hormônios?
- Você sabe qual a importância deles para o corpo humano?

LEITURA

1. Leia o artigo de divulgação científica a seguir e descubra algumas funções dos hormônios. Não interrompa a leitura, mesmo que encontre palavras cujo significado desconheça. Deixe a consulta ao dicionário para outro momento.

ELES CONTROLAM VOCÊ!

Sabia que até o seu crescimento depende da ação dos **HORMÔNIOS** produzidos pelo corpo humano? Entenda melhor como eles agem.

Texto • Lucas Vasconcellos
Design • Caue Yuiti

CÉREBRO

NO COMANDO!
Pode acreditar: tudo o que acontece com o seu corpo tem a participação dos hormônios. Por exemplo: você sai correndo porque tomou um susto. É sinal de que a adrenalina, hormônio produzido nas glândulas suprarrenais (nos rins), entrou em ação. E você está mais alto hoje do que um ano atrás? Um dos responsáveis por isso é o GH, também chamado de hormônio do crescimento, liberado pela hipófise (uma glândula no cérebro).

Alguns hormônios só atuam em uma área específica. É o caso da gastrina, produzida por glândulas no estômago e responsável pela produção de parte do suco gástrico. Outros trabalham juntos, como a noradrenalina e a adrenalina, que aceleram a respiração e os batimentos cardíacos diante de uma situação de perigo, por exemplo.

DE CARONA
Mas o que são hormônios? São substâncias produzidas por **glândulas endócrinas**, localizadas em diversas regiões do corpo, como cérebro, pâncreas e rins. Essas glândulas liberam os hormônios na corrente sanguínea, que funciona como um carro: dá carona para que essas substâncias cheguem a **determinados locais** do organismo.

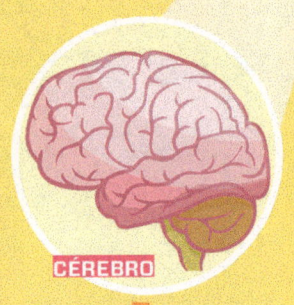

Quem coordena as glândulas endócrinas é a hipófise. Essa é a glândula responsável por avisar às demais de que está na hora de produzir hormônios. Além dos já conhecidos, a ciência sabe que existem outros hormônios – mas a função deles segue sendo um mistério!

Estrogênio: nome genérico de alguns hormônios femininos.
Hormônio: substância que o corpo produz e o sangue leva para o lugar em que ela deve agir.
Testosterona: principal hormônio masculino.
Tireoide: glândula endócrina que fica na parte da frente e de baixo do pescoço.

TIREOIDE
CORAÇÃO
ESTÔMAGO
RINS
PÂNCREAS

FEMININO E MASCULINO
Alguns hormônios, produzidos pelo aparelho reprodutor humano, estão presentes em maior quantidade nos meninos do que nas meninas – e vice-versa! A testosterona, por exemplo, é mais presente entre os garotos e leva os homens a ter mais pelos e voz mais grossa. Nas meninas, a quantidade maior de estrogênio faz com que elas desenvolvam seios e tenham a voz mais fina.

APARELHO REPRODUTOR FEMININO
APARELHO REPRODUTOR MASCULINO

HORA DE AGIR
Quando chegam ao destino final (células ou órgãos), os hormônios controlam o funcionamento da área. Esses locais possuem receptores que respondem apenas a essas substâncias. Graças a isso, um hormônio não atrapalha a atuação do outro.

PROBLEMAS À VISTA!
Algumas falhas no organismo podem causar um desequilíbrio na quantidade de hormônios produzida. Isso leva a problemas de saúde. O hormônio insulina, por exemplo, é produzido no pâncreas e libera glicose para as células, diminuindo a quantidade dessa substância no sangue. Se algo errado acontece nesse processo, mais glicose permanece no sangue e surge uma doença chamada de diabetes.

Lucas Vasconcellos. Eles controlam você! **Revista Recreio.** n. 918. Ano 17. 12 de out. 2017, p. 26 e 27.

2. Responda.

a) A que público esse artigo de divulgação científica se destina? Como você chegou a essa conclusão?

b) No título, a que se refere a palavra **eles**?

c) E a quem se refere a palavra **você**?

3. Escreva que relação existe entre o título e as informações do artigo.

_____

_____

_____

4. As ilustrações apenas ilustram o artigo ou trazem outras informações? Justifique.

_____

_____

_____

5. Releia as informações a seguir do subtítulo **DE CARONA** e marque a alternativa que justifica a presença dele no artigo.

☐ Explicar o que são hormônios.

☐ Explicar que os hormônios são transportados por todo o corpo pelo sangue.

☐ Explicar que as glândulas endócrinas localizam-se em diversas regiões do corpo.

• As glândulas endócrinas produzem os hormônios. O que você imagina que significa **endócrinas**? Escreva. Se necessário, consulte o dicionário.

_____

_____

6. De acordo com o artigo de divulgação científica, onde se localiza a hipófise?

_____

_____

7. Releia.

> Quem coordena as glândulas endócrinas é a hipófise. **Essa** é a glândula responsável por avisar às demais de que está na hora de produzir hormônios. [...]

• Qual a função da palavra **essa** nesse trecho?

_____

_____

8. Que hormônios são responsáveis pela aceleração dos batimentos cardíacos e da respiração quando sentimos medo? Marque.

☐ Gastrina. ☐ Adrenalina. ☐ Noradrenalina.

9. Releia o subtítulo **FEMININO E MASCULINO** e responda.

a) Que hormônio está mais presente no corpo dos meninos?

_____

b) E no das meninas? _____

10. Releia.

> **HORA DE AGIR**
> Quando chegam ao destino final (células ou órgãos), os hormônios controlam o funcionamento da área. **Esses** locais possuem receptores que respondem apenas a essas substâncias. Graças a isso, um hormônio não atrapalha a atuação do outro.

a) Nesse trecho, qual a função dos parênteses?

_____

_____

b) Sublinhe no trecho a que se refere a palavra em destaque.

c) Que expressões poderiam substituir "Graças a isso" sem alterar o sentido do trecho? Marque.

☐ Apesar disso. ☐ Por isso. ☐ No entanto.

☐ Por causa disso. ☐ Embora isso. ☐ Por esse motivo.

11. Em determinada fase da vida, a voz dos adolescentes, às vezes, fica fina igual à de uma criança e, às vezes, fica grossa igual à de um homem. Você sabe por que isso acontece?

- Leia o trecho de um artigo de divulgação científica. Depois, comente com os colegas se o que você pensou se confirma.

FIQUE SABENDO

Por que a voz dos adolescentes muda?

É culpa dos hormônios, que perturbam o organismo da moçada nessa fase da vida. Na adolescência, tanto os garotos como as meninas começam a produzir os hormônios que realçam as diferenças sexuais. Nelas, aumenta a produção de estrógeno e progesterona. Neles, a testosterona explode, desencadeando uma série de transformações. Uma das mudanças é o crescimento da cartilagem da laringe, onde se localizam os músculos vocais que compõem a prega vocal. E é a vibração dessa prega durante a passagem do ar que sai dos pulmões que produz a nossa voz.

Com o crescimento da laringe, os músculos vocais se esticam e aumentam de tamanho. "Com isso a estrutura vocal muda e a voz fica mais grave", diz o otorrinolaringologista (especialista em ouvido, nariz e garganta) Reginaldo Raimundo Fujita, da Universidade Federal de São Paulo (Unifesp). Como o crescimento da cartilagem da laringe é muito maior no corpo masculino, os garotos ganham nessa fase o famoso pomo de adão, ou gogó.

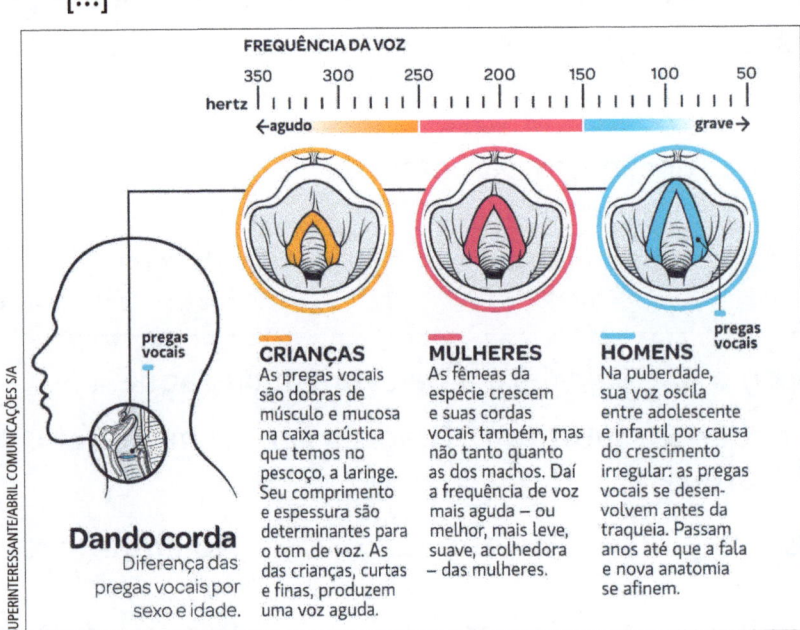

[...]

Dando corda
Diferença das pregas vocais por sexo e idade.

CRIANÇAS
As pregas vocais são dobras de músculo e mucosa na caixa acústica que temos no pescoço, a laringe. Seu comprimento e espessura são determinantes para o tom de voz. As das crianças, curtas e finas, produzem uma voz aguda.

MULHERES
As fêmeas da espécie crescem e suas cordas vocais também, mas não tanto quanto as dos machos. Daí a frequência de voz mais aguda – ou melhor, mais leve, suave, acolhedora – das mulheres.

HOMENS
Na puberdade, sua voz oscila entre adolescente e infantil por causa do crescimento irregular: as pregas vocais se desenvolvem antes da traqueia. Passam anos até que a fala e nova anatomia se afinem.

POR QUE a voz dos adolescentes muda? **Mundo Estranho**, ed. 33, 1º nov. 2004, p. 64. Mundo Estranho/Abril Comunicações S/A. Disponível em: <https://mundoestranho.abril.com.br/saude/por-que-a-voz-dos-adolescentes-muda/>. Acesso em: 13 set. 2017.

COM QUE LETRA?

▼ AS FORMAS VERBAIS TERMINADAS EM -EM/-ÊM E -Ê/-EEM

Você já sabe que existem mudanças que marcam a puberdade.

1. Leia alguns depoimentos.

"A minha voz começou a mudar, às vezes sai grossa, às vezes, fininha. E a coisa piora sempre que eu fico bravo e falo mais alto. Aí é uma gozação. As meninas **têm** muita sorte por não terem de passar por isso."

Gabriel Souza Sousa Silva, 13 anos.

"Foi emoção comprar meu primeiro sutiã. Ele era rosa, com rendinha branca. Tão lindo! Pena que eu não o guardei. Minha mãe **tem** o dela guardado até hoje."

Jessica Andrade, 13 anos.

- Responda.

Na sua opinião, a mudança de voz deve ser motivo de gozação? Por quê?

2. Releia as palavras destacadas nos dois depoimentos. Depois responda.

a) Apesar de muito parecidas, as formas verbais em destaque têm uma diferença quanto à grafia. Qual é essa diferença?

_____

b) A quem se refere a forma verbal **têm**? _____

c) O substantivo a que essa palavra se refere está no singular ou no plural? _____

d) A quem se refere a forma verbal **tem**? _____

e) O substantivo a que essa palavra se refere está no singular ou no plural?

_____

211

3. Discuta a questão a seguir com os colegas. O professor vai escrever na lousa a conclusão da turma. Depois, registre-a.

- Com base nas respostas da atividade anterior, que regra pode ser construída para o uso das formas verbais **tem** e **têm**?

_____

_____

_____

4. Complete as frases com uma das formas verbais indicadas: **tem** ou **têm**.

a) Será que a loja _____ o que procuramos?

b) Os moradores _____ pressa de que a obra termine logo.

5. Leia as frases a seguir, observando as formas verbais em destaque.

A	O caçador **vê** o alvo com precisão.
B	Os turistas **veem** os monumentos com entusiasmo.

a) Qual frase está no singular? Copie a forma verbal em destaque nessa frase.

_____

b) Qual frase está no plural? Copie a forma verbal em destaque nessa frase.

_____

- Agora, observe o quadro com outros verbos no singular e no plural.

LER	Ela **lê** muitos contos.	Eles **leem** as notícias todos os dias.
CRER	Ele **crê** no seu sucesso.	Eles ainda não **creem** que ganharam.

6. Complete as frases com a forma adequada dos verbos entre parênteses.

a) Maria _____ o jornal durante o café da manhã. (lê – leem)

b) Faz tempo que elas não _____ os primos. (vê – veem)

c) Eles não _____ nas histórias de terror. (crê – creem)

212

MAIS SOBRE... ARTIGO DE DIVULGAÇÃO CIENTÍFICA

1. Assinale a alternativa que completa a frase.

Os artigos de divulgação científica publicados em revistas e jornais de grande circulação destinam-se:

☐ a especialistas no assunto.   ☐ ao público em geral.

2. Os artigos de divulgação científica costumam apresentar um registro formal. No entanto, o artigo **Por que a voz dos adolescentes muda?** apresenta palavras e expressões de linguagem mais descontraída. Releia um trecho.

> É culpa dos hormônios, que perturbam o organismo da moçada nessa fase da vida. [...]

- Nesse caso, o uso do registro informal está adequado? Marque a alternativa adequada.

☐ Sim, porque as revistas devem sempre usar registro informal.

☐ Não, porque as revistas devem sempre usar registro formal.

☐ Sim, porque a revista em que o artigo foi publicado se destina prioritariamente ao público jovem. Assim, o uso desse registro aproxima o leitor do texto, facilitando a compreensão do assunto apresentado.

3. Releia outro trecho desse artigo, em que a fala de um especialista é citada.

> [...] "Com isso a estrutura vocal **muda** e a voz **fica** mais grave", **diz** o otorrinolaringologista (especialista em ouvido, nariz e garganta) Reginaldo Raimundo Fujita, da Universidade Federal de São Paulo (Unifesp). [...]

- Responda.

a) Qual é o objetivo de os artigos de divulgação científica citarem depoimentos de especialistas?

_____
_____
_____

213

b) As formas verbais destacadas estão em que tempo?

_____

c) Você saberia dizer por que, nos artigos de divulgação científica, os verbos são usados nesse tempo?

_____

_____

4. Agora observe novamente este infográfico.

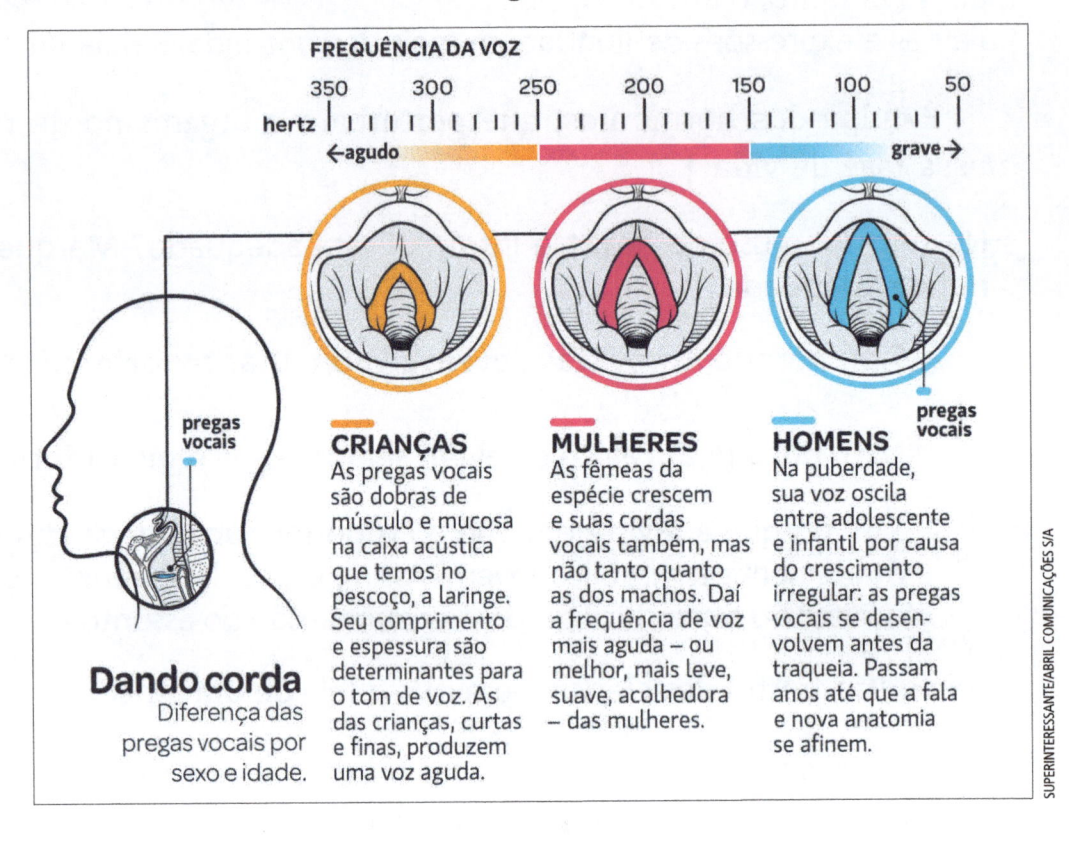

FREQUÊNCIA DA VOZ

350 300 250 200 150 100 50
hertz
←agudo   grave→

pregas vocais

Dando corda
Diferença das pregas vocais por sexo e idade.

CRIANÇAS
As pregas vocais são dobras de músculo e mucosa na caixa acústica que temos no pescoço, a laringe. Seu comprimento e espessura são determinantes para o tom de voz. As das crianças, curtas e finas, produzem uma voz aguda.

MULHERES
As fêmeas da espécie crescem e suas cordas vocais também, mas não tanto quanto as dos machos. Daí a frequência de voz mais aguda – ou melhor, mais leve, suave, acolhedora – das mulheres.

HOMENS
Na puberdade, sua voz oscila entre adolescente e infantil por causa do crescimento irregular: as pregas vocais se desenvolvem antes da traqueia. Passam anos até que a fala e nova anatomia se afinem.

pregas vocais

SUPERINTERESSANTE/ABRIL COMUNICAÇÕES S/A

- O infográfico evidencia que:

  ☐ quanto maior a prega vocal, mais grave o som da voz.

  ☐ quanto menor a prega vocal, mais grave o som da voz.

- A função de imagens como as desse infográfico, nos artigos de divulgação científica, é:

  ☐ apenas deixar a leitura do artigo mais agradável.

  ☐ ajudar o leitor a compreender as informações do texto escrito.

SÓ PARA LEMBRAR

1. Nesta unidade, você está estudando algumas glândulas e hormônios do corpo. As glândulas também são responsáveis por aquele cheirinho desagradável quando a gente transpira muito. Você sabe por que isso acontece?

2. Leia um trecho do artigo de divulgação científica a seguir e descubra se o que você pensou se confirma.

Por que temos ce-cê?

[...]
Na verdade, esse cheirinho azedo, popularmente conhecido como ce-cê, não aparece de um dia para o outro. Ele surge e vai aumentando de intensidade aos poucos, quando nossas glândulas sudoríparas apócrinas começam a funcionar. Glândulas sudoríparas são aquelas que produzem o suor. [...]

Engana-se quem pensa que o suor já é o próprio ce-cê! Este cheirinho esquisito surge do lado de fora, quando bactérias que estão no nosso corpo entram em contato com o suor apócrino.

Para evitá-lo é preciso cuidados com a higiene. Ao tomar banho, dê uma atenção especial aos seus sovacos, lave-os com água e sabão e, depois, faça uso de um desodorante. Esse produto reduz as bactérias da axila, e, quanto menos bactérias em contato com o suor apócrino, menor será a intensidade do ce-cê. [...]

Luiz Fernando Monte. Por que temos ce-cê? In: Universidade das Crianças. Minas Gerais, 9 out. 2012. Disponível em: <http://www.universidadedascriancas.org/perguntas/por-que-temos-cece/>. Acesso em: 13 set. 2017.

3. Que pronomes ou expressões foram usados para se referir ao **ce-cê**? Sublinhe.

4. Agora releia.

> [...] Ao tomar banho, dê uma atenção especial aos seus sovacos, **lave-os** com água e sabão e, depois, faça uso de um desodorante. [...]

- A que se refere o pronome em destaque?

215

CAPÍTULO 2

CONHECENDO SEU CORPO

- Você já reparou que seu corpo está mudando à medida que você cresce?
- Sabe por que isso acontece?

LEITURA

1. Leia o artigo de divulgação científica a seguir e comente com os colegas que informações novas você obteve.

Nem criança, nem adolescente

Gabriela Cavalcanti

Existe uma fase na vida chamada puberdade. Todos, meninos e meninas, passam por ela entre os 9 e 12 anos.

A puberdade representa a passagem da infância para a adolescência. Ou seja, quem chega a essa etapa vai deixando de ser criança, mas ainda não é adolescente. A criança torna-se um pré-adolescente.

Nessa fase o corpo começa a ganhar novas características: pelos nascem nas axilas e perto dos órgãos sexuais, as mamas das meninas começam a aparecer, e o pênis dos meninos vai ficando maior.

Algumas meninas passam a usar sutiã e outras até menstruam. [...]

Com as transformações da puberdade, é comum surgirem dúvidas e curiosidades frente ao que está por vir.

[...]

Mudanças no corpo das meninas

As mudanças no corpo das meninas ocorrem devido ao aumento da produção de um hormônio chamado estrogênio.

Hormônio é uma substância transportada pelo sangue. Ele transmite informações de um órgão para o outro.

O hormônio estrogênio é produzido pela hipófise, uma pequena glândula que fica no cérebro. À medida que a menina vai chegando mais perto da adolescência, essa pequena glândula acelera a produção do hormônio estrogênio.

O hormônio estrogênio é responsável pelo crescimento das mamas e dos pelos que ficam na região do órgão sexual das meninas.

As mamas e os pelos das meninas vão se desenvolvendo conforme o aumento da produção do hormônio estrogênio.

Mudanças no corpo dos meninos

Assim como no corpo das meninas, as mudanças no corpo dos meninos ocorrem devido ao aumento da produção de um hormônio. Esse hormônio chama-se testosterona. Ele é transportado pelo sangue e transmite informações para o órgão sexual dos meninos.

O hormônio testosterona é responsável pelo crescimento dos pelos na região que cerca o órgão sexual dos meninos. Esse hormônio é produzido pela hipófise, uma pequena glândula que fica no cérebro.

À medida que o menino vai chegando mais perto da adolescência, essa pequena glândula acelera a produção do hormônio testosterona. O pênis e os testículos vão crescendo conforme o aumento da produção desse hormônio. [...]

O que você pode sentir na puberdade

Ansiedade – É provocada pela curiosidade que o menino e a menina têm de conhecer o próprio corpo ou o corpo do sexo oposto.

Indecisão – A fase da puberdade pode provocar esse sentimento porque tudo está começando a se modificar.

A pessoa está deixando de ser criança, mas ainda não é adolescente. O corpo não é nem de adulto nem de adolescente, mas também não é mais de criança.

Angústia – Pode ocorrer angústia porque a pessoa já não gosta mais das mesmas coisas de que gostava quando era criança. [..]

Medo – É natural sentir medo do futuro. Nessa fase da vida, geralmente o pré-adolescente já ouviu falar muito das mudanças que a adolescência traz, mas ainda não sabe ao certo que mudanças são essas. [...]

Gabriela Cavalcanti. Nem criança, nem adolescente. **Folha de S.Paulo**, São Paulo, 7 nov. 1998. Folhinha. p. 4-6. Fornecido por Folhapress.

2. Responda.

   a) Do que trata o artigo de divulgação científica que você acabou de ler?

   b) Com quem você conversa sobre esses assuntos?

3. Todo mundo passa pela puberdade na mesma idade?

   ☐ Sim.   ☐ Não.

   • Explique o que é puberdade.

4. Pinte de acordo com a legenda.

   ▬ Hormônio estrogênio.   ▬ Hormônio testosterona.

   ☐ Na puberdade, responsável pela mudança do corpo dos meninos.

   ☐ Na puberdade, responsável pela mudança do corpo das meninas.

   • Onde são produzidos esses hormônios?

5. Assinale a alternativa que completa a frase a seguir.
   As mudanças observadas na puberdade são:

   ☐ apenas físicas.

   ☐ apenas emocionais.

   ☐ físicas e emocionais.

6. Leia um subtítulo do artigo de divulgação científica e uma das informações relacionadas a ele.

O que você pode sentir na puberdade

> **Medo** – É natural sentir medo do futuro. **Nessa** fase da vida, geralmente o pré-adolescente já ouviu falar muito das mudanças que a adolescência traz, mas ainda não sabe ao certo que mudanças são **essas**. [...]

a) A que termo se refere a palavra **nessa**?

_____

b) Para que essa palavra foi usada?

_____

_____

c) Como ficaria o seguinte trecho se não tivesse sido usada a palavra **essas**? Complete.

O pré-adolescente já ouviu falar muito das mudanças que a adolescência traz, mas ainda não sabe ao certo que _____

_____

- Foi importante o uso da palavra **essas**? Por quê?

_____

#FICA A DICA

Patacoadas, de Patricia Auerbach, Escarlate.

Você já buscou na biblioteca da sua escola livros de contos sobre situações vividas por pré-adolescentes? Que tal montar uma roda de leitura com histórias comuns, mas que são contadas de uma maneira muito divertida?

O livro **Patacoadas**, de Patricia Auerbach, é uma coletânea de deliciosos contos sobre a infância e juventude da autora.

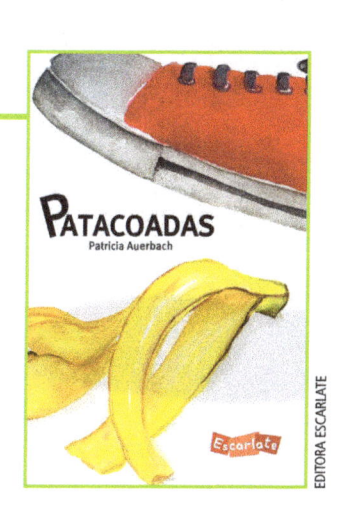

AS PALAVRAS NO DICIONÁRIO

1. Na puberdade, muitas mudanças acontecem no corpo e é comum aparecerem acnes. Você sabe por que isso acontece? Leia.

> [...] as glândulas sebáceas da pele crescerem, tornarem-se hiperativas e entupirem, resultando em espinhas ou mesmo acne [...].
>
> Geoff Price. **Puberdade**: só para garotos. São Paulo: Integrare Editora, 2008. p. 29.

- Responda.

  O que quer dizer **glândulas sebáceas** tornarem-se **hiperativas**? Se necessário, consulte o dicionário.

  _____

  _____

2. Na maioria das vezes, o elemento **hiper-** significa **muito, em alto grau, além**. Pesquise no dicionário duas palavras com seus respectivos significados começadas com **hiper-** que você usa ou ouve com mais frequência. Copie-as.

_____

_____

3. Você já estudou que uma mesma palavra pode ter mais de um significado a depender do contexto em que é empregada.

Leia a tirinha e escreva o que deu humor a ela.

LAERTE

_____

_____

_____

_____

- Agora escreva uma frase em que a palavra **cravo** tenha o sentido diferente do da tirinha.

_____

COM QUE LETRA?

▼ PALAVRAS COM CONSOANTE NÃO ACOMPANHADA DE VOGAL

1. O professor vai ditar quatro palavras. Registre-as abaixo.

_____   _____

_____   _____

- Um dos possíveis usos do dicionário é para consultar a grafia de palavras. Leia o verbete abaixo e verifique a grafia de uma das palavras que o professor ditou. Se necessário, faça a correção.

> **Acne** sm. [Medicina] Inflamação da glândula que protege a pele. **Ac.ne**
>
> Geraldo Mattos. **Dicionário Júnior da língua portuguesa.**
> São Paulo: FTD, 2010. p. 19.

- Agora, consulte o dicionário para verificar se escreveu corretamente as outras palavras ditadas.

2. Se você tivesse dúvidas na separação de sílabas da palavra **acne**, o dicionário ajudaria? Marque.

☐ Sim.   ☐ Não.

- Sublinhe no verbete o trecho que confirma a sua resposta.

3. Leia as palavras a seguir, observando as consoantes em destaque.

psicóloga	ma**g**nífico	o**b**ter
o**p**ção	a**d**vocacia	rece**p**cionar
té**c**nica	ma**g**nata	

- Assinale a alternativa que completa a frase abaixo.

Nessas palavras, as consoantes em destaque:

☐ vêm seguidas de vogal.   ☐ não vêm seguidas de vogal.

4. Leia observando como a palavra **psicológicas** poderia ser dividida em duas partes caso faltasse espaço na linha.

> Na puberdade acontecem mudanças físicas e psi-
> cológicas.

> Na puberdade acontecem mudanças físicas e psico-
> lógicas.

> Na puberdade acontecem mudanças físicas e psicoló-
> gicas.

> Ao separar as palavras em duas partes, foi usado um sinal chamado **hífen**.

5. Imagine que falta espaço na linha do caderno na hora de escrever as palavras listadas abaixo e separe-as de todas as formas possíveis. Observe o exemplo.

psicologia   impactante   interrupção

psi-cologia
psico-logia
psicolo-gia
psicologi-a

6. Separe as palavras abaixo em grupos de palavras da mesma família.

admiração   decepcionado   admirado   recepção   opção   decepção

opcional   admirar   recepcionar   recepcionado   decepcionar   optar

Grupo 1	Grupo 2	Grupo 3	Grupo 4

222

NOSSA LÍNGUA

1. Leia o depoimento a seguir.

   > Quanta transformação no nosso corpo! Eu já estou com gogó e até surgiram algumas espinhas no meu nariz.
   >
   > Theo Rezende Camargo, 12 anos.

   - Você sabe por que surgem espinhas na pré-adolescência?

2. Todas as palavras do quadro a seguir são **oxítonas**. Escreva-as formando dois grupos: **oxítonas acentuadas** e **oxítonas não acentuadas**.

gogó	nariz	lambari	heróis	tatu	sofás	avós
alguém	azul	robô	arroz	chapéu	troféus	parabéns
cobertor	Paraná	pudim	pajé	anéis	corrói	Inês

   _____

   _____

   _____

   - Marque as opções que completam a frase abaixo.

     As oxítonas acentuadas são terminadas em:

     ☐ a(s)   ☐ e(s)   ☐ ói(s)   ☐ o(s)

     ☐ em(ens) ☐ im(ins) ☐ i(s)   ☐ um(uns)

     ☐ éu(s)   ☐ r   ☐ éis   ☐ u

   - Com os colegas, criem uma regra de acentuação de palavras **oxítonas**. O professor vai registrar a conclusão da turma na lousa.

   _____

   _____

3. Você já estudou que **ditongo** é o encontro de duas vogais na mesma sílaba.

cha-p**éu**   pas-t**éis**   cons-tr**ói**

a) Leia as palavras e circule os ditongos.

destrói   hotéis   pincéis   beleléu

troféu   fogaréu   corrói

b) Agora, marque o que essas palavras têm em comum.

☐ São todas oxítonas acentuadas.

☐ Todas terminam com ditongos – **éi**(s); **éu**(s); **ói**(s).

4. Leia o quadro de palavras oxítonas observando as terminações.

Regra	Exemplos
Acentuam-se as palavras oxítonas terminadas em:	
• **a**, **e**, **o**, seguidas ou não de **s**.	• café, sofá, inglês, avô, cipós…
• alguns ditongos, como **éi**, **éu**, **ói**, seguidos ou não de **s**.	• anéis, papéis, escarcéu, pastéis, anzóis…
• **em**, **ens**.	• além, porém, também, parabéns…

5. Agora explique por que as palavras a seguir são acentuadas.

a) babá _____.

b) até _____.

c) também _____.

d) avô _____.

e) freguês _____.

f) parabéns _____.

g) após _____.

h) camelôs _____.

PRODUÇÃO TEXTUAL

Você estudou um pouco sobre as mudanças que ocorrem no corpo com a chegada da puberdade e da adolescência.

Agora, você e os colegas vão pesquisar mais informações sobre o corpo humano, para, em duplas, escrever artigos de divulgação científica que farão parte de um livro intitulado **Fantástico corpo humano**. Esse livro será doado à biblioteca da escola e servirá como fonte de consulta para outras turmas de 5º ano que realizarem essa atividade no próximo ano.

Ao final, a turma apresentará um seminário, ou seja, uma aula com as informações obtidas, a uma turma de 4º ano.

1 O primeiro passo será reunir, ler e selecionar o material de pesquisa.
Peçam ajuda a um funcionário da biblioteca para localizar livros de Ciências e outros sobre o corpo humano.

DICA Vocês também podem pesquisar em revistas e *sites* na internet.

2 Decidam sobre que parte do corpo humano cada dupla ficará encarregada de pesquisar e escrever.

3 Localizem o que desejam nos materiais disponíveis e façam as anotações.
- Este é o momento da leitura atenta e cuidadosa dos textos, a fim de selecionar as informações desejadas. Para isso, é fundamental que você e o colega de dupla tenham a compreensão clara do foco da pesquisa.
- Observem as fotos, as ilustrações e não deixem de ler as legendas.
- Tomem nota das referências bibliográficas do material que for utilizado: nome do autor, título do livro, cidade, nome da editora, ano da publicação e páginas consultadas.
- Para os *sites*, indiquem o endereço eletrônico da página consultada e a data de acesso. Além de ser um procedimento de pesquisa a ser seguido ao longo de toda a vida escolar, se tiverem de reler alguma informação, terão facilidade para encontrá-la.

DICA Como vocês estarão em contato com várias publicações, é importante que discutam e cheguem a um acordo sobre o que vão anotar. As anotações precisam ser suficientemente claras e detalhadas, para que sejam compreendidas mesmo depois de algum tempo.
Não copiem partes dos textos lidos. É preciso escrever as informações com as próprias palavras.

4 Decidam, com as outras duplas e o professor, se os artigos serão manuscritos ou digitados no computador.

5 Combinem quem da dupla ficará encarregado de registrar a produção ou se essa função será partilhada.

> **DICA** Se o texto for manuscrito, escrevam no rascunho dando espaço entre as linhas. Assim, durante as revisões, não será preciso passar o texto a limpo várias vezes.

6 O artigo de divulgação científica deve ser organizado assim:
- **título**: parte do corpo humano estudada;
- **1º parágrafo**: definição da parte do corpo humano;
- **2º e 3º parágrafos**: características da parte do corpo estudada;
- **4º parágrafo**: uma ou mais curiosidades sobre a parte do corpo.

> **DICA** Vocês podem dividir o texto em subtítulos, pois ajuda o leitor na localização das informações.

7 A revisão deverá ser feita em etapas.
- Primeiro, para verificar se o artigo:
    - ✓ contém todas as informações necessárias;
    - ✓ foi escrito de forma que os leitores o compreendam.
- Depois, para observar se:
    - ✓ foram usados pronomes para evitar a repetição desnecessária de palavras;
    - ✓ foi usado ponto final ao fim de cada frase;
    - ✓ há dúvida quanto à grafia de alguma palavra. Se houver, consultem o dicionário.

8 Mostrem o artigo para o professor. Ele poderá dar dicas para deixar o texto ainda mais claro.

9 Façam as alterações sugeridas pelo professor e outras que julgarem necessárias.

10. Se o artigo for digitado, escolham o tamanho, as cores e o tipo de letra que irão usar e salvem a última versão. Se o artigo for manuscrito, passem a produção a limpo em letra legível. Em ambas as situações, é importante que:
    - o título fique centralizado e destacado com letras maiores;
    - os subtítulos sejam escritos em letras menores que o título;
    - as figuras sejam bem recortadas antes de serem coladas.

DICA Criem legendas para as ilustrações e fotos. Lembrem-se de que elas devem informar mais do que o que está evidente na imagem.

11. Montem o livro:
    - reúnam os artigos das partes do corpo humano, em ordem alfabética;
    - numerem as páginas e façam o sumário;
    - combinem quais alunos ficarão encarregados de criar a capa do livro, que deverá apresentar ilustrações atraentes, o título e o nome da turma que o produziu.

12. Escolham representantes para, na data combinada pelo professor, entregarem o livro à biblioteca da escola.

    Combinem o que esses representantes irão dizer em nome da turma. É preciso que ressaltem que trabalhos foram desenvolvidos durante a confecção do livro e a importância que ele terá como fonte de consulta para outras turmas. Também devem salientar o quanto estão satisfeitos em contribuir com o acervo da biblioteca.

HORA DE AVALIAR

- ✔ Você e seu colega conseguiram material suficiente para a pesquisa?

- ✔ Compreenderam, desde o começo, quais informações deveriam buscar?

- ✔ Na sua opinião, os alunos de outras turmas irão se interessar pelo livro que vocês produziram?

EXPRESSÃO ORAL

Você e os colegas pesquisaram e escreveram artigos de divulgação científica que foram reunidos em um livro intitulado **Fantástico corpo humano**.

Chegou o momento de as duplas voltarem a se reunir para selecionar as informações mais interessantes do artigo que produziram e apresentá-las em um seminário, ou seja, em uma espécie de aula, para uma turma de 4º ano da escola.

O professor vai organizar os grupos para a apresentação do seminário, ou seja, será o mediador da atividade.

1 Para o sucesso do seminário, é importante criar apoios visuais, como: cartazes, gráficos, tabelas, infográficos, *slides*, entre outros. Esses apoios visuais, além de ajudá-los a se lembrar do que vão informar e em que ordem, facilitam a compreensão da plateia.

2 Organizem um roteiro de apresentação e ensaiem. É importante:
- falar em ritmo e tom de voz adequados para que todos possam ouvi-los;
- ficar atentos à postura: ereta, para transmitir segurança, e alternando o olhar para a plateia e para os materiais de apoio;
- fazer gestos e expressões faciais, de modo a prender a atenção da plateia.

DICA A fala não planejada ocorre em situações informais do dia a dia. Para um seminário, é importante elaborar um roteiro de fala e segui-lo.

3 A primeira apresentação será para a própria turma. Assim, terão oportunidade de analisar o que podem melhorar e de dar dicas às outras duplas para aprimorarem as apresentações delas.

Nesse momento, vocês podem fazer anotações que lhes interessem e elaborar perguntas para saber mais sobre o assunto. Mas atenção: não interrompam as apresentações. Esperem que a dupla termine a fala para perguntar.

DICA Lembrem-se de que, como se trata de um seminário, o registro usado deve ser formal, mas deve ser adequado ao público-alvo: alunos mais novos que vocês.

4 Ao término da atividade, avaliem o que puderam observar da reação da turma de 4º ano que ouviu o seminário. Comentem de que forma os ensaios e os recursos visuais usados contribuíram para o desempenho das apresentações.

ESPAÇO LITERÁRIO

1. Você vai ouvir o conto **Chuva** que faz parte do livro **Amoreco**, de Edson Gabriel Garcia.

   • Responda.

   a) Você já leu algum conto desse autor? Qual?

   b) Com base nos títulos do livro e do conto, o que você imagina que vai acontecer na história?

2. Ouça o conto e comente com os colegas que sentimentos a história despertou em você.

3. No poema visual a seguir, a palavra **chuva** sugere a imagem de pingos que caem. Observe.

Fernando Nuno. Chuva. In: Fernando Nuno. **O livro que não queria saber de rimas**. São Paulo: Companhia das Letrinhas, 2016. Não paginado.

• Em uma folha à parte, faça um poema visual semelhante. Para representar os pingos da chuva, use palavras que transmitam os sentimentos que o conto lhe causou.

Os poemas serão expostos no mural da classe.

NOSSA LÍNGUA

1. O livro **Segredos secretos**, de Fanny Abramovich, assim como o conto **Chuva**, também tem como tema um amor de infância.
Leia uma fala da autora sobre esse livro.

> Tomara que você curta [...] e se lembre dos seus segredos secretos. Todos têm os seus. Escondidinhos lá dentro. Pra não contar pra ninguém. Pra guardar por um tempão da vida. Pra lembrar de vez em quando e sentir uma baita saudade. [...] Pra sentir baixinho. SECRETÍSSIMOS...
>
> Fanny Abramovich. **Segredos secretos**. São Paulo: Atual, 1997. Contracapa.

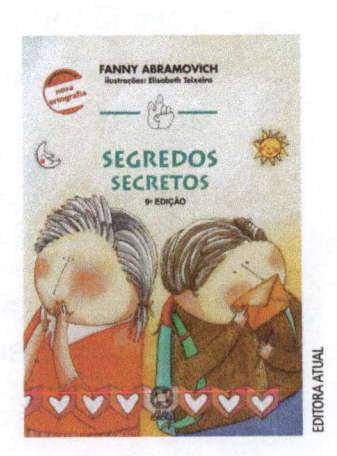

- Responda.

a) Você concorda com a autora? Por quê?

b) Se, em vez de ter usado **secretíssimos**, a autora tivesse usado as palavras **muito secretos**, teria passado a mesma emoção?

2. Leia as frases. Depois, sublinhe as palavras que caracterizam os substantivos.

Segredos muito secretos.   Segredos secretíssimos.

- Responda.

a) Na primeira frase, quantas palavras foram usadas para caracterizar o substantivo segredos?

b) E na segunda frase?

Quando um adjetivo destaca uma qualidade de um substantivo isoladamente, ele está no **grau superlativo absoluto**.

O grau superlativo absoluto pode ser:
- **Sintético** ➡ formado por uma só palavra.
- **Analítico** ➡ formado por mais de uma palavra.

3. Agora, pinte os quadrinhos das frases da atividade 2 de acordo com a legenda.

🟦 Grau superlativo absoluto analítico

🟩 Grau superlativo absoluto sintético

4. Leia a tirinha.

> ESTOU FELIZ TRÁ-LÁ-LÁ!
> MUITO FELIZ TRÁ-LÁ-LÁ
>
> FELICÍSSIMO! MUITO FELICÍSSIMO
>
> NÃO VAI PERGUNTAR POR QUÊ?
> TÁ BOM! POR QUE VOCÊ ESTÁ FELIZ?
>
> NÃO POSSO CONTAR SENÃO ESTRAGA!

Fernando Gonsales. **Niquel Náusea**: Nem tudo que balança cai. São Paulo: Devir, 2003. p. 37.

- Responda.

a) O que deu humor à tirinha?

b) No primeiro quadrinho, o que significa a expressão "trá-lá-lá"?

c) O ratinho roxo parece animado com o que o ratinho azul está falando?

d) A forma "muito felicíssimo" não está de acordo com a gramática normativa. Na sua opinião, por que o ratinho preferiu usar essa expressão em vez de apenas dizer que estava "felicíssimo"?

5. Escreva três adjetivos que o ratinho usou para caracterizar seu estado de espírito. Depois, marque o grau em que eles estão.

	Normal	Absoluto analítico	Absoluto sintético

231

6. Leia dois anúncios de classificados do jornal **O Popular**.

A — JARDINS MUNIQUE Área ótima de 906 m², posição de frente, em localização privilegiada. O condomínio oferece segurança 24h, extensas áreas verdes, lazer **completíssimo**, c/ minigolfe e quadra de tênis. www.alfacenter.com.br 3236-6111/99696-1946 Cj 4877

B — 04 SUÍTES Sobrado Novo. Alto padrão. **Lindíssimo!** C/ 2 corredores externos, gar. p/ 4 carros. R$ 390 mil. Ac. Financ. 3287-8192/99184-6612/99113-3915 C.8177

O popular. Goiânia, 22 ago. 2017. Classificados. Arquivo CB/D.A Press.

- Responda.

a) Em qual grau estão os adjetivos em destaque?

_____

b) Por que foram usadas as palavras **completíssimo** em vez de **completo** e **lindíssimo** em vez de **lindo**?

_____

7. Reescreva o trecho do conto a seguir, passando alguns adjetivos para o grau superlativo absoluto sintético.

Espantalho tão bonito e elegante nunca se tinha visto por aquelas redondezas. [...] Precisava só ouvir a conversinha do Dito Ferreira enquanto montava o espantalho, todo orgulhoso do seu trabalho:

— Nunca vi coisa igual. O patrão caprichou de verdade.

[...]

Tudo roupa velha, claro, como convém a um espantalho que se preza. [...]

O patrãozinho pensou em tudo. Com uma gravata de seda, fez esse cinto estampado. Até a palha do recheio é toda macia e cheirosa.

[...] Tinha um perfume forte, que ajudava a espantar a passarada.

Ana Maria Machado. **Quem perde ganha**. São Paulo: Global, 2008. p. 9.

- O professor vai pedir a alguns alunos que leiam o texto produzido.

_____
_____
_____
_____
_____
_____
_____
_____
_____
_____

8. Os adjetivos no superlativo absoluto sintético podem ser formados com as terminações **-íssimo** e **-érrimo**. Complete com as terminações adequadas.

pobre	simples
paup__érrimo__	simpl__íssimo__

amigo	fiel
amic__íssimo__	fidel__íssimo__

íntegro	célebre
integ__érrimo__	celeb__érrimo__

antigo	doce
antiqu__íssimo__	dulc__íssimo__

amargo	lindo
amar__íssimo__	lind__íssimo__

SÓ PARA LEMBRAR

1. Leia a tirinha e comente o que deu humor a ela.

Mauricio de Sousa. **O amor está no ar.** Porto Alegre: L&PM, 2015. p. 26.

- Responda às questões.

    a) Que frase demonstra surpresa e entusiasmo?

    b) Que pontuação foi usada para indicar esse sentimento?

2. Na fala, para expressar ideias e emoções, um recurso pode ser utilizado, que é a entonação, que consiste em elevar ou abaixar a voz, fazer pausas. Além disso, gestos e expressões faciais contribuem para passar a mensagem desejada.

A frase a seguir não teve pontuação interna. Leia.

— Meu pijama sumiu não está no armário.

Agora leia a mesma frase, pontuada de várias formas.

A — Meu pijama sumiu. Não está no armário!

B — Meu pijama sumiu não, está no armário.

C — Meu pijama sumiu? Não está no armário?

D — Meu pijama sumiu? — Não, está no armário.

E — Meu pijama sumiu? — Não! Está no armário...

F — Meu pijama sumiu? — Não! Está no armário!

DICA Na escrita, os sinais de pontuação indicam as diferenças de entonação e orientam o leitor na construção do significado do texto.

3. Leia o diálogo de um aplicativo de mensagens de celular e responda.

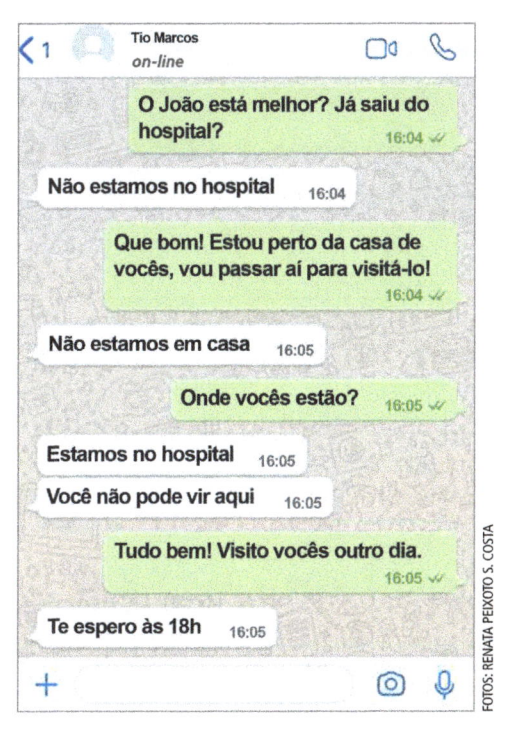

> **Tio Marcos** on-line
>
> O João está melhor? Já saiu do hospital? 16:04
> Não estamos no hospital 16:04
> Que bom! Estou perto da casa de vocês, vou passar aí para visitá-lo! 16:04
> Não estamos em casa 16:05
> Onde vocês estão? 16:05
> Estamos no hospital 16:05
> Você não pode vir aqui 16:05
> Tudo bem! Visito vocês outro dia. 16:05
> Te espero às 18h 16:05

FOTOS: RENATA PEIXOTO S. COSTA

a) No início do diálogo, é possível saber se João já saiu do hospital? Como?

b) Em qual fala seria necessário acrescentar um sinal de pontuação para tornar essa informação clara?

4. Releia.

> Você não pode vir aqui 16:05
> Tudo bem! Visito vocês outro dia. 16:05
> Te espero às 18h 16:05

a) É possível afirmar que Tio Marcos deixou de pontuar sua penúltima fala? Por quê?

_____

_____

b) Então, qual sinal de pontuação deveria ser empregado na penúltima fala de Tio Marcos?

_____

235

5. Releia outra frase do diálogo.

> Não estamos em casa   16:05

FOTO: RENATA PEIXOTO S. COSTA

Reescreva essa frase, pontuando-a de forma a passar a ideia de que:

a) as pessoas estão em casa.

_____

b) as pessoas não estão em casa.

_____

6. O bilhete a seguir foi escrito sem pontuação. Veja.

> Papai
> Eu quero uma bicicleta
> não um skate de
> jeito nenhum gostaria
> de ganhar uma bola de futebol.
> Vicente

DESAFIO

Reescreva o bilhete, pontuando-o de forma que o desejo da criança seja ganhar:

uma bicicleta	uma bola de futebol

DICA Não se esqueça de usar a vírgula para separar o chamamento do restante da frase.

VIVA A DIVERSIDADE!

◤ INDÍGENAS: RITUAIS E CULTURA

1 Rituais que marcam a passagem da infância para a adolescência são muito comuns em praticamente todas as culturas. Eles existem há muito tempo e são muito importantes, pois marcam o amadurecimento das crianças, ou seja, o momento em que abandonam o mundo da infância para serem adolescentes, caminhando no sentido de assumir seus papéis no mundo adulto.

É o caso, por exemplo, dos povos indígenas. Leia um trecho do livro **Coisas de índio**, de Daniel Munduruku.

> [...] Quando o menino e a menina estão no processo de crescimento, passam por esses rituais que, às vezes, são bem doloridos, pois é preciso ser forte, resistente e saber aguentar a dor e o sofrimento, para ser considerado digno de pertencer ao povo indígena. [...]
>
> Daniel Munduruku. **Coisas de índio**.
> São Paulo: Callis, 2010. p. 80.

Para o ritual que marca a puberdade, as meninas Karajás se pintam e têm o cabelo cortado, formando um topete. Cuiabá (MT), 2013.

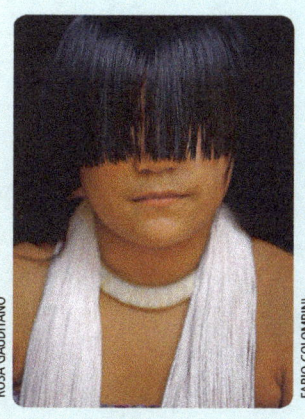

Menina Kalapalo com franja sem cortar, recém-saída da reclusão. Parque Indígena do Xingu (MT), 2011.

No ritual de passagem da infância para a adolescência, os meninos Xavantes convivem por cinco anos com seus padrinhos para aprenderem sobre a vida adulta. Pimentel Barbosa (MT), 2002.

2 Conhecer é o primeiro passo para preservar e respeitar a cultura indígena. Você e os colegas vão pesquisar sobre a arte visual dos povos indígenas: pintura corporal, arte gráfica na cerâmica e tecelagem. Depois, vão montar uma exposição com imagens e legendas sobre essa arte que representa a cultura de cada povo.

UNIDADE 8

O TEATRO E SEUS ENCANTOS

1. O que você observa nas imagens?

2. O que você sabe a respeito do teatro?

3. Você já foi ao teatro ou assistiu a uma peça teatral ou a algum musical? Conte para os colegas como foi.

4. Você já leu algum texto teatral? Qual?

HENRIQUE SITCHIN

NESTA UNIDADE VOCÊ VAI:
- Conhecer algumas características do texto teatral.
- Produzir um final para um texto teatral.
- Encenar uma peça teatral com os colegas.

Cena da peça teatral **A Bruxinha**, do grupo Cia. Truks. Teatro Funarte, São Paulo, 2010.

CAPÍTULO

1 ABRAM AS CORTINAS!

- De acordo com o título do texto a seguir, o que você acha que vai acontecer?
- Quem você acha que serão os personagens desse texto teatral?

LEITURA

Parte 1

1. Faça a leitura silenciosa da primeira parte do texto teatral. Fique atento às falas dos personagens e ao modo como o autor orienta a ação deles.

O rei careca

CENÁRIO

Salão nobre do palácio real. Vê-se o trono do rei e, no fundo, de cada lado, dois grandes retratos do pai e do avô do rei Baldônio II.

CENA I

(Entra o rei e chama o espelho)

[...]

REI — Espelho, espelho meu! Existe no mundo alguém mais bonito do que eu?

ESPELHO — Não, Majestade! Vossa Majestade é o homem mais bonito do mundo.

REI — Espelho, espelho meu! Existe no mundo alguém com os cabelos mais lindos do que os meus?

ESPELHO — Não, Majestade. Vossa Majestade tem os cabelos mais lindos do mundo.

[...]

REI — Muito bem, espelho. Eu, Baldônio II, sou o rei mais rico, mais poderoso e mais bonito do mundo. Viva eu! (sai)

ESPELHO (dirigindo-se à plateia) — É muito vaidoso, este rei. Onde já se viu dar viva a ele mesmo. Olhem, eu fui espelho do pai dele, Baldônio I, e do avô dele, Baldônio Zero. Ele é o mais vaidoso de todos. Se algum dia acontecer alguma coisa que atrapalhe a beleza dele, ele vai sofrer muito. (sai)

REI (entrando, apressado) — Meu Deus! Será que meus cabelos estão caindo? (Preocupado, faz o gesto de segurar alguma coisa na cabeça.) — Mas o que é isto? Um cabelo solto em minha cabeça! Será que eles estão caindo? Será que vou ficar careca? Vou consultar o espelho mágico. Ele vai me explicar o que está acontecendo comigo. (sai)

[...]

CENA II
(Preocupada, entra a rainha-mãe, andando de um lado para o outro.)

RAINHA-MÃE — Não! Isso não pode estar acontecendo com meu filho! Não pode ser verdade. Lacaio, mande chamar o primeiro-ministro.

LACAIO — Já fiz isso, senhora rainha. Ele deve estar chegando.

RAINHA-MÃE — Não aguento mais de aflição. Meu coração está batendo (gesto de coração batendo). Ai, que estresse horrível!

LACAIO (entrando) — Senhora Rainha, chegou o primeiro-ministro.

[...]

PRIMEIRO-MINISTRO (entrando e beijando a mão da rainha) — Boa noite, senhora rainha. Que problema tão grave levou Vossa Majestade a me chamar a esta hora da noite? Acaso os assaltantes invadiram o palácio? Ou será que estão tramando contra nosso rei?

RAINHA-MÃE — Não, senhor ministro. É muito, muito pior. É... É... (começa a chorar)

PRIMEIRO-MINISTRO — Então conte. Conte, pelo amor de Deus. Alguém morreu? O que aconteceu ao rei? Alguma doença grave?

[...]

RAINHA-MÃE — Não. É muito pior. Muito pior. Ele... Ele...

PRIMEIRO-MINISTRO — Fale, pelo amor de Jesus Cristo! Ele quem?

RAINHA-MÃE — Ele está ficando careca (cai em pranto). Meu filho está ficando careca! Aaa!... Aaa!... [...]

PRIMEIRO-MINISTRO — Calma, Majestade. Calma. O mundo está cheio de homens carecas. O que que tem isso?

RAINHA-MÃE — Você fala assim porque não é seu filho, uai. Coitado do Baldônio. Meu único filho, careca! (chora)

PRIMEIRO-MINISTRO — Pare com isso, senhora rainha. Para que fazer drama à toa?! Eu insisto, o mundo está cheio de carecas que vivem muito bem, e é dos carecas que elas gostam mais.

RAINHA-MÃE — Mas não existe rei careca. Baldônio vai ser o primeiro. Quando ele descobrir isso, vai morrer de tristeza. Aquele espelho mágico só serve para bajulá-lo e deixá-lo cada dia mais vaidoso. [...] (chora)

[...]

PRIMEIRO-MINISTRO — O que realmente me preocupa é o próprio rei. Quando perceber que vai ficar careca, pode ficar mais triste e entrar em depressão. E aí o reino vira bagunça.

RAINHA-MÃE — Pelo amor de Deus, senhor ministro. Faça alguma coisa.

PRIMEIRO-MINISTRO — Será que ele sabe que está ficando careca?

RAINHA-MÃE — Ele anda meio desconfiado. Passa o dia inteiro em frente ao espelho, contando cada fio de cabelo que cai.

LACAIO (entrando com uma bandeja) — Senhora rainha-mãe. Olhe o que o camareiro encontrou no travesseiro do rei.

RAINHA-MÃE — Santo Deus! É cabelo! Muito cabelo. Os cabelos estão caindo. Ele está ficando careca mesmo. Senhor ministro, faça alguma coisa. (Chora.)

PRIMEIRO-MINISTRO — Vou procurá-lo e ver o que posso fazer. Depois volto a falar com Vossa Majestade.

RAINHA-MÃE — A essa hora ele já deve estar dormindo. Vá até lá e veja.

PRIMEIRO-MINISTRO — Vou procurá-lo. (sai)

Ângelo Machado. **O rei careca**. Belo Horizonte: Lê, 2014. p. 10-12.

Ângelo Machado é zoólogo, ambientalista e escritor. Nasceu em Belo Horizonte, em 1934. É membro da Academia Brasileira de Ciências, da Academia Mineira de Letras e Professor Emérito da Universidade Federal de Minas Gerais. O autor já escreveu peças teatrais e mais de 36 livros infantis e juvenis.

2. Leia e responda.

O texto teatral está dividido em **cenas**, que marcam a mudança de cenário e a entrada e saída de personagens no palco.

   a) Quantas cenas há nesse trecho do texto?

   b) Que personagens aparecem na primeira cena?

   c) Que personagens foram apresentados na segunda cena?

   d) Quem é o protagonista, ou seja, o personagem principal desse texto teatral?

   e) Qual a principal característica desse personagem?

3. Responda.
Como são indicadas as falas dos personagens no texto teatral?

_____

4. Você observou que, em algumas partes do texto, antes da fala dos personagens aparecem trechos entre parênteses. Esses trechos são chamados **rubricas**.

> **DICA** Algumas vezes as rubricas também servem para descrever o cenário.

   • Volte ao texto e sublinhe as rubricas.

   • Escreva qual a função das rubricas no texto teatral.

_____
_____
_____

5. Onde as cenas se passam? _____

6. Releia a primeira fala do rei para o espelho.

   • Essa fala lembra a de um conto de fadas. Qual? Escreva.

_____

7. No início da história, tudo está tranquilo e o rei se sente confiante e bonito. Até que surge um **conflito**, ou seja, um problema. Qual é esse problema?

_____

8. Com os colegas, escolham cinco falas para fazer a leitura oral da parte 1 do texto teatral. Cada um lerá as falas de um personagem.

COM QUE LETRA?

▼ PALAVRAS COM LH OU LI

1. Leia a fala do espelho para o rei.

> VOSSA MAJESTADE, VOU CONFESSAR O QUE NÃO OUVIRÁ NEM DA FAMÍLIA: DE TÃO CARECA QUE ESTÁ VOSSA CABEÇA ATÉ BRILHA!

• Responda.

a) As palavras **família** e **brilha** terminam com sons semelhantes?

b) E são escritas com as mesmas letras finais?

2. Agora leia os nomes a seguir e responda.

| Cecília | Amélia | Túlio | Célia | Hélio |
| Júlio | Marília | Anália | Rubélio | Atílio |

Se você tivesse dúvida em usar **li** ou **lh** na hora de escrever um nome de pessoa, que opção faria? Por quê?

_____

_____

3. Escreva o nome das figuras. Se precisar, consulte o dicionário.

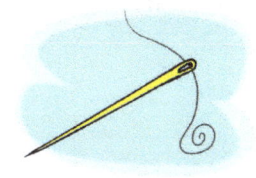

_____   _____   _____

245

4. Localize e circule cinco palavras com **lh** e cinco palavras com **li**. Depois escreva-as.

F	O	T	A	E	A	C	P	A	B	R	I	L	H	O	M	A
O	D	O	M	I	C	Í	L	I	O	A	O	C	Z	E	O	K
L	A	A	T	H	I	L	A	Ç	Q	A	X	E	A	E	L	N
I	K	L	C	N	K	I	C	B	A	R	U	L	H	O	H	A
A	A	H	A	O	B	O	P	Z	H	O	A	F	A	Q	O	A
R	T	A	U	J	P	S	F	A	M	Í	L	I	A	O	A	O
M	O	B	Í	L	I	A	A	N	C	E	S	P	E	L	H	O

_____

_____

_____

_____

5. Separe as palavras a seguir nos dois grupos. Depois, escreva o diminutivo de cada palavra. Observe o exemplo.

galho   bola   bolha   galo   abelha   martelo

Grupo 1 — Palavras com LH	
Grau normal	Diminutivo
malha	malhinha

Grupo 2 — Palavras com L	
Grau normal	Diminutivo
mala	malinha

6. Agora, com os colegas e o professor, elaborem uma conclusão sobre a escrita das palavras com **l** e com **lh** no diminutivo.

_____

_____

_____

MAIS SOBRE... TEXTO TEATRAL

1. Responda.

a) Qual a principal diferença entre um texto teatral e um conto?

b) Na sua opinião, um conto pode ser adaptado para se tornar um texto teatral? Justifique.

2. A maior parte das encenações realizadas no teatro acontece pela combinação de três elementos fundamentais: atores, plateia (ou público) e texto teatral.

Escreva qual dos elementos citados, na sua opinião, é o mais importante.

_____

- Agora, discuta essa questão com os colegas e o professor e registre a conclusão da turma.

_____
_____
_____
_____

3. Responda.

As rubricas são escritas apenas para orientar os atores?

_____
_____

4. Leia e responda.

Dramaturgo ou **teatrólogo** é o nome que se dá ao escritor de peças teatrais.

- Quem é o dramaturgo do texto teatral *O rei careca*?

_____

247

NOSSA LÍNGUA

1. Leia uma fala do texto teatral **O rei careca**. Depois marque a ilustração que combina com ela.

> **REI** (entrando, apressado) — Meu Deus! Será que meus cabelos estão caindo? (Preocupado, faz o gesto de segurar alguma coisa na cabeça.) — **Mas o que é isto?** Um cabelo solto em minha cabeça! Será que eles estão caindo? Será que vou ficar careca? [...]

- Na frase em destaque, sublinhe a palavra que ajudou você a decidir a imagem que mais combina com o trecho do texto.

- Explique para os colegas o motivo de ter sublinhado essa palavra.

2. Leia a tirinha.

PRECISO AMACIAR **ESTA** POLTRONA.

SERÁ QUE **AQUELA** POLTRONA VAI ESCAPAR?

ACHO QUE **ESSA** OUTRA TAMBÉM PRECISA DE UNS AJUSTES.

ACHO QUE TODA A FAMÍLIA VAI GOSTAR DO MEU TRABALHO!

• Marque a alternativa adequada.

O pronomes **esta**, **essa** e **aquela** são **pronomes demonstrativos**. Eles indicam:

☐ posse.

☐ posição dos seres e dos objetos.

☐ quantidade.

> Os **pronomes demonstrativos** podem indicar a posição dos seres e objetos no tempo e no espaço em relação à pessoa que fala.

Pronomes demonstrativos			
indicam o que	está perto da pessoa que fala – 1.ª pessoa	está perto da pessoa com quem se fala – 2.ª pessoa	está longe das pessoas da conversa
masculino	este/estes	esse/esses	aquele/aqueles
feminino	esta/estas	essa/essas	aquela/aquelas
invariável	isto	isso	aquilo

3. Complete as tirinhas com os pronomes demonstrativos adequados.

_____ É A LISTA DOS BICHOS DE ESTIMAÇÃO QUE EU QUERIA TER!

MAS NÃO TEM NENHUM BICHO PEQUENO?

O TIGRE É PEQUENO PERTO DO RINOCERONTE!

Alexandre Beck. **Armandinho Zero**. Florianópolis: A. C. Beck, 2013, p. 32.

FILHO, _____ ARANHA PODE SER PERIGOSA!

NÓS PODEMOS SER PERIGOSOS!

_____ LATA DE VENENO É MUITO PERIGOSA!

Alexandre Beck. **Armandinho oito**. Florianópolis: A. C. Beck, 2016. p. 43.

DE TEXTO EM TEXTO

1. Antigamente, era comum a nobreza contratar pintores para fazerem seus retratos.

Observe a tela do pintor francês Hyacinthe Rigaud, que retrata o Rei Luís XIV, da França.

Luís XIV, rei da França, de Hyacinthe Rigaud, 1701. Óleo sobre tela. 279 cm × 190 cm.

- Responda.

   a) Na sua opinião, uma pessoa que não saiba quem é a figura retratada poderia concluir que se trata de alguém da nobreza? Por quê?

   b) Que cores predominam na tela? Que sensação essas cores transmitem em relação à posição social do retratado?

   c) A fisionomia da pessoa retratada parece alegre ou séria?

   d) Na sua opinião, o cenário da pintura lembra um palco teatral? Justifique.

2. Luís XIV foi retratado com uma vasta cabeleira. Você acha que esse cabelo é natural? Marque.

☐ Sim.   ☐ Não.

3. Responda.

A pessoa retratada na tela passa uma ideia de estar limpa e ter o hábito de tomar banho todos os dias? Por quê?

4. Agora leia as informações a seguir para verificar se o que você e a turma pensaram se confirma. Depois, comente quais as informações que você achou mais interessantes.

FIQUE SABENDO

A moda das perucas

Não era todo mundo, apenas os aristocratas. A moda começou com Luís XIV (1638-1715), rei da França. Durante seu governo, o monarca adotou a peruca pelo mesmo motivo que muita gente usa o acessório ainda hoje: esconder a calvície. O resto da nobreza gostou da ideia e o costume pegou. A peruca passou a indicar, então, as diferenças sociais entre as classes, tornando-se sinal de *status* e prestígio.

Também era comum espalhar talco ou farinha de trigo sobre as cabeleiras falsas para imitar o cabelo branco dos idosos. Mas, por mais elegante que parecesse ao pessoal da época, a moda das perucas também era nojenta. "Proliferava todo tipo de bicho, de baratas a camundongos, nesses cabelos postiços", afirma o estilista João Braga, professor de História da Moda das Faculdades Senac, em São Paulo.

POR QUE todo mundo usava peruca na Europa dos séculos 17 e 18? **Mundo Estranho**. Disponível em: <https://mundoestranho.abril.com.br/historia/por-que-todo-mundo-usava-peruca-na-europa-dos-seculos-xvii-e-xviii/>. Acesso em: 15 set. 2017.

a) No trecho do artigo de divulgação científica, foi usado o registro formal ou informal? Circule exemplos desse registro.

b) Na sua opinião, o uso desse registro está adequado ao veículo de comunicação em que o artigo de divulgação científica foi publicado? Por quê?

c) Sublinhe no trecho do artigo de divulgação científica as palavras e expressões usadas para evitar a repetição da palavra **peruca**.

CAPÍTULO

2 ESPETÁCULO NA ESCOLA

- Você ficou curioso para saber como a história termina?
- Será que o rei vai conseguir resolver o problema? Como?

LEITURA

Parte 2

1. Leia a seguir a segunda parte da peça **O rei careca** e comente com os colegas suas impressões sobre o que aconteceu nesse trecho da história.

O rei careca

CENA III
CENÁRIO
Trono é substituído por uma cama do rei.
(Penumbra. Deitado na cama, o rei está tendo um pesadelo. Vestidas de negro, entram duas entidades presentes no pesadelo do rei.)

REI (agitando-se na cama) — Não! Não! Careca, não. Socorro! Meus cabelos estão caindo. Eu não quero ficar careca.
ENTIDADE I — Pois vai ficar careca, sim. Aliás, já está careca.
ENTIDADE II — Está mais careca do que bola de bilhar. Ah! Ah! Ah! Olhem o rei careca! Olhem o rei careca!
ENTIDADE I — Rei carequinha! Rei carequinha!
ENTIDADE II — Rei careca é horroroso! Rei careca é horroroso!
REI — Eu não sou horroroso. O espelho disse que sou bonito.
ENTIDADE I — Espelho mentiroso. Que rei mais horroroso.
ENTIDADE II — Espelho mentiroso. Que rei mais horroroso.
REI — Mentirosos são vocês. Eu ainda tenho um fio de cabelo. Quem tem cabelo não é careca. Eu não sou careca. Olhem o meu fio de cabelo! (Mostra.)
ENTIDADES I e II — Somente um fio de cabelo? Que vergonha! Que vergonha!
ENTIDADE II — Traga a tesoura. Vamos cortar o cabelo dele.
REI — Não! Tesoura, não.
ENTIDADE II — Tesoura, sim!
REI — Socorro! Estão querendo cortar o meu fio de cabelo.
ENTIDADE I — Vai ficar sem ele. Corte o cabelo dele. Vai ficar sem ele. Corte o cabelo dele.

RENAM PENANTE

REI (acordando) — Socorro! Socorro! Santo Deus! O que está acontecendo comigo? Estou suando frio. (Passa a mão na cabeça e acha o fio de cabelo, que deve ser enorme.) Graças a Deus! Ele ainda está aqui.

PRIMEIRO-MINISTRO (entrando) — O que foi isso, Majestade? Vossa Majestade está transtornado. Acordou gritando.

REI — É. Eu tive um pesadelo horrível, horrível mesmo.

PRIMEIRO-MINISTRO — Vim saber como está Vossa Majestade. A rainha-mãe está preocupada.

REI — Preocupada por quê? Estou ótimo.

PRIMEIRO-MINISTRO — Ótimo de corpo. Mas a cabeça...

REI — A cabeça o quê? Está achando que estou doente da cabeça? Que estou ficando doido?

PRIMEIRO-MINISTRO — Doido não, Majestade. Como é que eu vou dizer, está com... problemas no telhado. Está calvo. Quer dizer, com ligeira falta de cabelos. Ah, quer saber de uma coisa, Vossa Majestade está ficando careca.

REI — Careca! Eu? Essa é muito boa...

PRIMEIRO-MINISTRO (aproximando-se do ouvido do rei) — Não adianta mais esconder. Vossa Majestade é careca, muito careca.

REI — Dobre essa língua! Careca não tem cabelo e eu ainda tenho um fio. E quer saber de uma coisa? Dê o fora daqui.

PRIMEIRO-MINISTRO — Está bem. Mas, se precisar de mim para melhorar esse visual, é só chamar. (sai)

[...]

CENÁRIO Cama é substituída pelo trono.

[...]

CENA V (Entra um arauto até o **proscênio**, abre um comprido rolo de papel e, solenemente, lê o **decreto**:)

ARAUTO — Atenção todos para o decreto que o rei acabou de assinar!

Decreto número 2.222. Eu, Baldônio II, filho de Baldônio I e neto de Baldônio Zero, pelo poder que tomei do povo, decreto que, de hoje em diante, neste reino, quem tiver um fio de cabelo não poderá ser chamado de careca e quem o fizer será condenado à prisão na torre. Registre-se, proclame-se e cumpra-se! Assinado — Baldônio II, rei perpétuo de Baldônia. (Primeiro-ministro, entrando na sala do rei:)

PRIMEIRO-MINISTRO — Bom dia, Majestade.

REI — Bom dia, Senhor Ministro, meu decreto deu certo?

PRIMEIRO-MINISTRO — Foi lido em todas as cidades da Baldônia e acho que a população vai acatá-lo.

Ângelo Machado. **O rei careca**. Belo Horizonte: Lê, 2014. p. 17-29.

Decreto: decisão escrita e publicada por prefeito, governador ou presidente. No texto, publicada pelo rei.

Proscênio: espécie de palco.

2. Responda.

a) Na sua opinião, esse texto teatral é um drama, uma comédia, uma aventura ou um suspense? Por quê?

b) Você acha que esse texto teatral foi escrito para ser encenado em uma peça destinada ao público infantil, jovem ou adulto? Justifique.

c) Nas cenas que você acabou de ler, que outros personagens surgem na parte 2 da história?

d) Que traço da personalidade do rei fica evidenciado quando ele decreta que ninguém no reino que tenha um fio de cabelo poderá ser chamado de careca?

e) Na sua opinião, o problema estará resolvido com o decreto? Justifique.

f) A preocupação do rei era tanta que até pesadelos ele teve. Você acha que o problema era mesmo grave? Justifique.

3. Releia a fala a seguir.

> **PRIMEIRO-MINISTRO** (aproximando-se do ouvido do rei) — Não adianta mais esconder. Vossa Majestade é careca, muito careca.

- Como você imagina o tom de voz do primeiro-ministro nessa fala?

_____

4. O texto teatral é composto de diversos diálogos entre os personagens. Nesses diálogos, os personagens buscam atingir diferentes objetivos: perguntar, ordenar, acusar, cumprimentar, pedir.

Leia uma das falas do rei.

> **REI** — Dobre essa língua! Careca não tem cabelo e eu ainda tenho um fio. E quer saber de uma coisa? Dê o fora daqui.

- Essa fala do rei tem a intenção de:

  ☐ fazer um pedido.   ☐ dar uma ordem.

  ☐ fazer uma pergunta.

5. Você já estudou que nos textos teatrais as rubricas podem sinalizar vários aspectos: movimentação dos personagens, tom de fala, sentimentos, gestos, entre outros.

- Crie uma rubrica para o trecho a seguir. Lembre-se de destacar a rubrica com parênteses.

A

> **PRIMEIRO-MINISTRO** _____
> _____ — Doido não, Majestade. Como é que eu vou dizer, está com... problemas no telhado. Está calvo. Quer dizer, com ligeira falta de cabelos. Ah, quer saber de uma coisa, Vossa Majestade está ficando careca.

- Esse mesmo trecho poderia ter sido escrito assim:

B

> **PRIMEIRO-MINISTRO** — Doido não. Vossa Majestade está ficando careca.

a) Qual a intenção de criar uma fala em que o primeiro-ministro faz rodeios, ou seja, não diz imediatamente o que pensa?

_____
_____

b) Qual a intenção do uso das reticências no trecho **A**?

_____
_____

6. Leia mais um trecho do texto teatral.

> **ARAUTO** — Atenção todos para o decreto que o rei acabou de assinar!
> Decreto número 2.222. Eu, Baldônio II, filho de Baldônio I e neto de Baldônio Zero, pelo poder que tomei do povo, decreto que, de hoje em diante, neste reino, quem tiver um fio de cabelo não poderá ser chamado de careca e quem **o** fizer será condenado à prisão na torre. Registre-se, proclame-se e cumpra-se! Assinado — Baldônio II, rei perpétuo de Baldônia.

a) Nesse momento, o Arauto está:

☐ lendo o decreto. ☐ falando ao povo de improviso.

b) Que repetição foi evitada com o uso da palavra em destaque?

_____

_____

c) Copie do decreto o trecho que deixa claro que o poder de governar Baldônia vem sendo passado de geração em geração.

_____

d) Marque de que forma pode ser compreendido o trecho a seguir:

> pelo poder que tomei do povo

☐ Humor, pelo fato de o povo ser obrigado a acatar o que o governante manda.

☐ Suspense, pelo fato de os súditos não saberem qual será a ordem do rei.

7. Ao se dirigir às pessoas, devem ser usadas palavras ou expressões como forma de tratamento. Neste trecho, que expressão foi usada para se dirigir ao rei? Sublinhe.

> **PRIMEIRO-MINISTRO** — Vim saber como está Vossa Majestade. A rainha-mãe está preocupada.
> **REI** — Preocupada por quê? Estou ótimo.

Vossa Majestade é um **pronome de tratamento**.

8. Complete a faixa com um pronome de tratamento adequado à situação comunicativa.

PAIS
INFORMAMOS QUE AS MATRÍCULAS ESTARÃO ABERTAS A PARTIR DO DIA 15 DE NOVEMBRO

Colégio de Brasília informa o período das matrículas, 2017.

- Agora leia as informações do quadro da seção **Fique sabendo** para verificar se deseja manter ou modificar o que escreveu na faixa. Depois, discuta com os colegas e responda à seguinte questão:

  Para que são usados os pronomes de tratamento?

  _____

  _____

FIQUE SABENDO

Pronomes de tratamento	Abreviatura	Usados para
Você	v.	pessoas íntimas, familiares
Senhor, Senhora	Sr., Sr.ª	tratamento respeitoso em geral
Vossa Excelência	V. Ex.ª	autoridades: presidente da república, senadores, deputados, embaixadores etc.
Vossa Senhoria	V. S.ª	pessoas de cerimônia, principalmente em textos escritos, como correspondências comerciais, ofícios, requerimentos, convites etc.
Vossa Eminência	V. Em.ª	cardeais
Vossa Alteza	V. A.	príncipes e duques
Vossa Santidade	V. S.	o papa
Vossa Reverendíssima	V. Rev.ma	sacerdotes e religiosos em geral
Vossa Magnificência	V. Mag.ª	reitores de universidades
Vossa Majestade	V. M.	reis e rainhas

#FICA A DICA

Que história é essa? Flavio de Souza, Companhia das Letrinhas.

Que tal você e os colegas selecionarem livros de um escritor para a roda de leitura? Uma sugestão são os livros do autor, roteirista e ator Flavio de Souza.

Nos livros da coleção **Que história é essa?**, o autor faz paródias muito divertidas dos contos tradicionais infantis e as histórias clássicas são contadas sob o ponto de vista de um personagem.

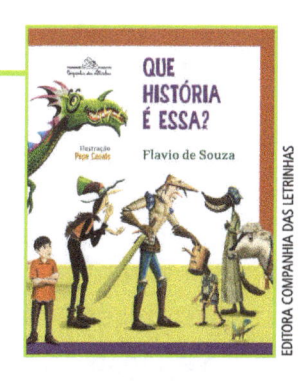

NOSSA LÍNGUA

1. Imagine a seguinte rubrica para este trecho do texto teatral *O rei careca*.

A PRIMEIRO-MINISTRO (entra em cena nervosamente) — O que foi isso, Majestade? Vossa Majestade está transtornado. Acordou gritando.

- Agora leia esse mesmo trecho com uma alteração na rubrica.

B PRIMEIRO-MINISTRO (entra em cena calmamente) — O que foi isso, Majestade? Vossa Majestade está transtornado. Acordou gritando.

a) Ao ler os dois trechos, há diferença de como o primeiro-ministro deve entrar em cena? Marque.

☐ Sim.   ☐ Não.

b) Copie as palavras que indicam o modo como o primeiro-ministro entrou em cada uma das cenas.

_____

c) Essas palavras se referem a um:

☐ substantivo.   ☐ verbo.   ☐ adjetivo.

As palavras **nervosamente** e **calmamente** são **advérbios**.

Conheça outros advérbios

Classificação	Advérbios
Tempo	hoje, ontem, agora, amanhã, antes, cedo, sempre, nunca, jamais, depois, tarde, ainda, logo
Lugar	aqui, ali, embaixo, acima, adiante, dentro, perto, longe, atrás, junto
Modo	assim, bem, mal, depressa, devagar, melhor, pior, e alguns terminados em **-mente**: suavemente, apressadamente
Intensidade	muito, pouco, bastante, demais, mais, menos, tão, tanto
Afirmação	sim, realmente, certamente
Negação	não
Dúvida	talvez, possivelmente, provavelmente, caso

2. Imagine que você precisa descrever as circunstâncias em que você estuda, ou seja, o **modo**, o **tempo**, o **lugar**, a **intensidade** etc. Dite para o professor o maior número de palavras que indiquem essas circunstâncias para completar a seguinte frase: Eu estudo...

Atenção: use apenas uma palavra para completar a frase! O professor vai registrar na lousa as respostas da turma. Escolha algumas e copie.

___

___

___

> As palavras que modificam os verbos, indicando ideia de **modo, lugar, tempo, afirmação, negação, intensidade, dúvida** são chamadas advérbios ou exercem a função de advérbio.

3. Leia a piada e sublinhe os advérbios.

> Ainda é cedo quando um jovem entra na fazenda à procura de serviço. Logo é atendido pelo fazendeiro, que lhe dá a primeira tarefa.
> — Tome este banquinho e este balde. Vá ali naquele galpão e tire o leite da malhada. É a minha vaquinha leiteira.
> — Certamente, senhor! Vou agora mesmo!
> Bastante animado, lá vai o rapaz.
> Não demora muito e ouvem-se mugidos e gritaria. O rapaz sai apressadamente do galpão segurando o banquinho em uma mão e o balde, sem nenhuma gota de leite, na outra.
> — O que houve? – perguntou o fazendeiro.
> — Senhor, tirar leite de vaca até que é fácil, mas fazer ela sentar no banquinho, não dá, mesmo!
>
> PIADAS. **Brisas educativas**. Disponível em: <https://brisaseducativas.wordpress.com/2017/09/21/piadas-2/>. Acesso em: 21 set. 2017.

- Agora faça uma nova leitura eliminando as palavras sublinhadas. Converse com o professor e os colegas e responda oralmente. Os advérbios fizeram falta no texto? Por quê?

4. Continue escrevendo palavras que acrescentam circunstâncias aos verbos. No quadro da esquerda, você deve escrever apenas uma palavra em cada linha, e, no da direita, mais de uma palavra em cada linha. Observe o exemplo.

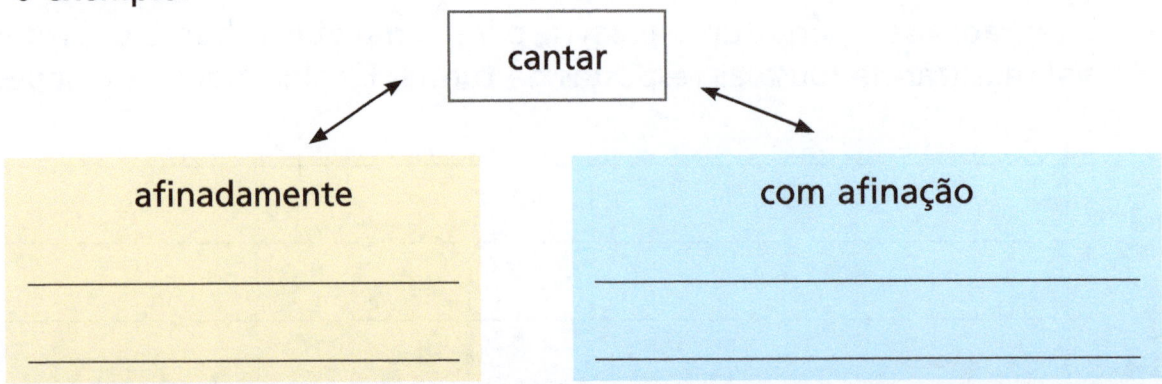

cantar

afinadamente

_____

_____

com afinação

_____

_____

- Você preencheu o quadro da esquerda com **advérbios** e o da direita com expressões chamadas **locuções adverbiais**.

a) Os advérbios e as locuções adverbiais dos dois quadros têm a mesma função? Justifique.

_____

_____

b) Há diferença de sentido entre o advérbio e a locução adverbial do exemplo?

_____

c) Então, o que há de diferente entre eles?

_____

_____

Conheça outras locuções adverbiais

Classificação	Locuções adverbiais
Tempo	às vezes, à noite, à tarde, de manhã, hoje em dia, de vez em quando, de repente
Modo	com cuidado, com calma, com pressa, com força, a cavalo
Lugar	à direita, à esquerda, em cima, ao lado, por dentro, por fora, por ali, de longe

PRODUÇÃO TEXTUAL

Sua turma leu quatro cenas do texto teatral **O rei careca**. Nesses trechos, vocês conheceram a **situação inicial** da história, alguns personagens e o aparecimento do **conflito**, ou seja, o problema: o rei ficou careca.

Agora, a turma será dividida em quatro grupos para criar a continuação do texto e um **desfecho** para ele.

Com o texto teatral pronto, vocês irão montar e apresentar a peça **O rei careca** para alunos de outras turmas e outros convidados que desejarem.

A peça também poderá ser gravada e postada no *blog* da turma.

Cada grupo ficará encarregado de uma cena, que poderá ter os seguintes enredos:

- **Cena V**: o decreto do rei não deu certo. Apresentem o motivo para isso e inventem outro decreto.
- **Cena VI**: o rei resolve chamar um médico, que dá alternativas para a resolução do problema. Tudo em vão.
- **Cena VII**: o rei decide que uma boa alternativa seria o uso de uma peruca. Ele fica muito feliz e até se interessa por uma princesa.
- **Cena VIII**: o rei descobre que a peruca está cheia de piolhos e esses piolhos acabam passando para a princesa. Assim, ela acaba descobrindo que o rei, na verdade, é careca. No entanto, a princesa adora carecas e os dois vivem felizes para sempre.

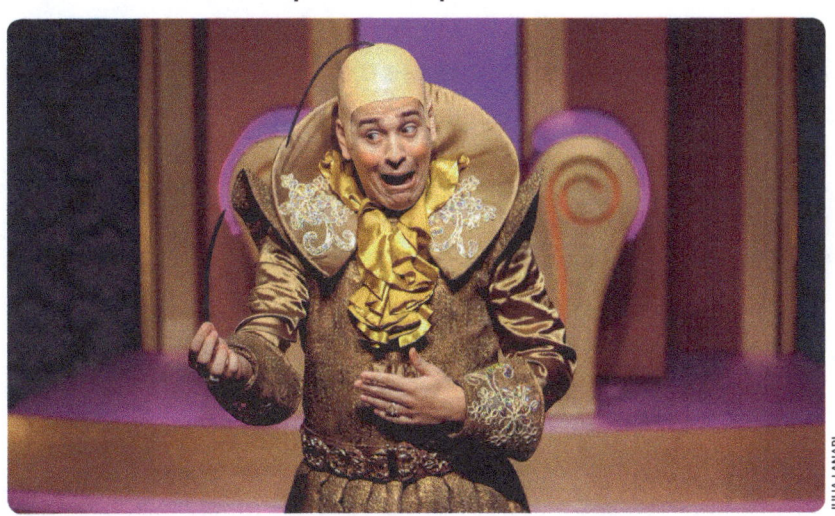

Ator Marcelo Duque interpretando o personagem principal da peça **O rei careca**. Belo Horizonte, 2011.

DICA O rei careca é um texto teatral de comédia. Procurem manter o humor da história.

1 Planeje com os colegas de grupo o que vai acontecer na cena que lhes coube, que personagens farão parte da cena, possíveis falas desses personagens e rubricas que ajudem no momento de encenarem a peça.

2 Decidam se a produção será digitada no computador ou se será manuscrita. Se for manuscrita, deixem espaço entre as linhas, de forma que possam fazer alterações durante a revisão sem ter de passar o texto a limpo várias vezes.

DICA Na criação das cenas, mantenham os personagens já apresentados e, se desejarem, acrescentem outros.

3 Decidam, também, como irão organizar as atividades de ditar e registrar. O interessante é que todos os integrantes tenham a oportunidade de vivenciar ambas as funções: escriba e ditante.

DICA Trata-se de um trabalho em grupo. Por isso, as sugestões dos colegas devem ser ouvidas com atenção, respeitadas, discutidas, até chegarem a um consenso.

4 Durante a escrita, leiam e releiam o texto para verificar se:
- numeraram a cena que lhes coube;
- iniciaram a cena com uma rubrica descrevendo o cenário;
- iniciaram as falas indicando o nome do personagem;
- fizeram rubricas indicando tom de voz do personagem, gestos, movimentação no cenário, entre outras orientações;
- usaram pontuação nas falas para mostrar o estado de espírito dos personagens.

DICA A fala dos personagens pode ser informal, mas o uso do pronome de tratamento **Vossa Majestade** deve ser mantido. Além disso, os textos dos decretos do rei precisam ter registro formal. Isso contribui para dar humor à história.

5 Releiam o texto mais uma vez. Agora, para verificar se:
- as falas mantêm o humor da história;
- as falas se relacionam e encaminham para o final da cena;
- desejam acrescentar rubricas ao texto, de forma a dar mais orientações aos atores e contribuir para dar humor à cena.

6 Mostrem o texto para o professor. Ele poderá sugerir alterações para deixá-lo ainda mais interessante.

7 Façam as alterações sugeridas e outras que julgarem convenientes.

8 Se o texto for digitado, formatem-no e salvem a última versão. Se for manuscrito, passem a limpo, tomando o cuidado de inserir as alterações feitas durante o processo de revisão.

9 Entreguem o registro da cena escrita pelo grupo para o professor. Ele vai organizar as cenas em ordem, incluindo o começo do texto teatral original. Antes de iniciarem a montagem da peça, toda a turma terá conhecimento do texto teatral completo.

HORA DE AVALIAR

✔ Você achou interessante participar da criação de um texto teatral? Por quê?

✔ O que você aprendeu sobre trabalhar em grupo, com um objetivo comum?

✔ Na sua opinião, a cena criada pelo grupo manteve o humor dos trechos originais? Justifique.

✔ O que você acha que deve ser providenciado para a encenação da cena criada pelo seu grupo?

DE TEXTO EM TEXTO

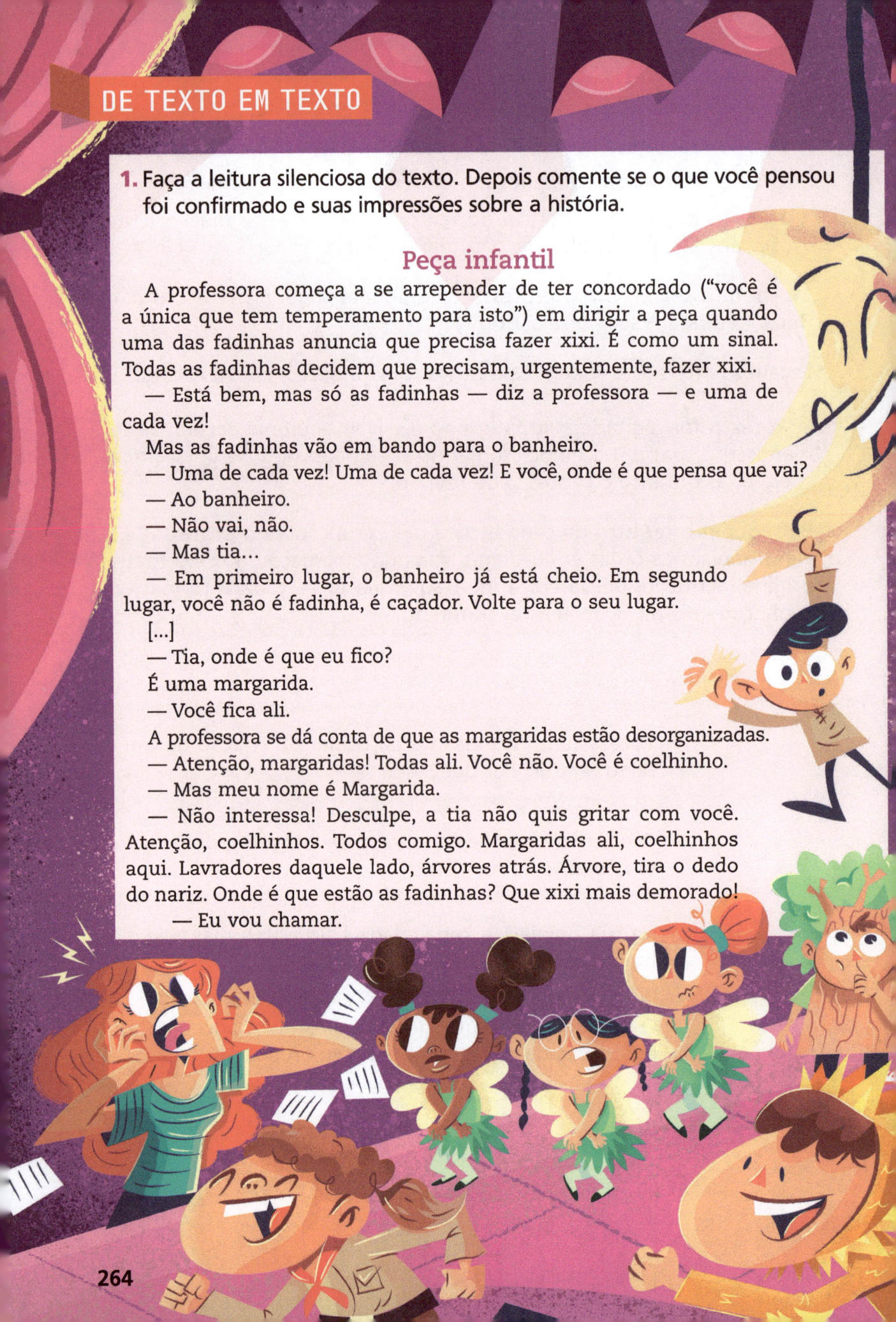

1. Faça a leitura silenciosa do texto. Depois comente se o que você pensou foi confirmado e suas impressões sobre a história.

Peça infantil

A professora começa a se arrepender de ter concordado ("você é a única que tem temperamento para isto") em dirigir a peça quando uma das fadinhas anuncia que precisa fazer xixi. É como um sinal. Todas as fadinhas decidem que precisam, urgentemente, fazer xixi.

— Está bem, mas só as fadinhas — diz a professora — e uma de cada vez!

Mas as fadinhas vão em bando para o banheiro.

— Uma de cada vez! Uma de cada vez! E você, onde é que pensa que vai?

— Ao banheiro.

— Não vai, não.

— Mas tia...

— Em primeiro lugar, o banheiro já está cheio. Em segundo lugar, você não é fadinha, é caçador. Volte para o seu lugar.

[...]

— Tia, onde é que eu fico?

É uma margarida.

— Você fica ali.

A professora se dá conta de que as margaridas estão desorganizadas.

— Atenção, margaridas! Todas ali. Você não. Você é coelhinho.

— Mas meu nome é Margarida.

— Não interessa! Desculpe, a tia não quis gritar com você. Atenção, coelhinhos. Todos comigo. Margaridas ali, coelhinhos aqui. Lavradores daquele lado, árvores atrás. Árvore, tira o dedo do nariz. Onde é que estão as fadinhas? Que xixi mais demorado!

— Eu vou chamar.

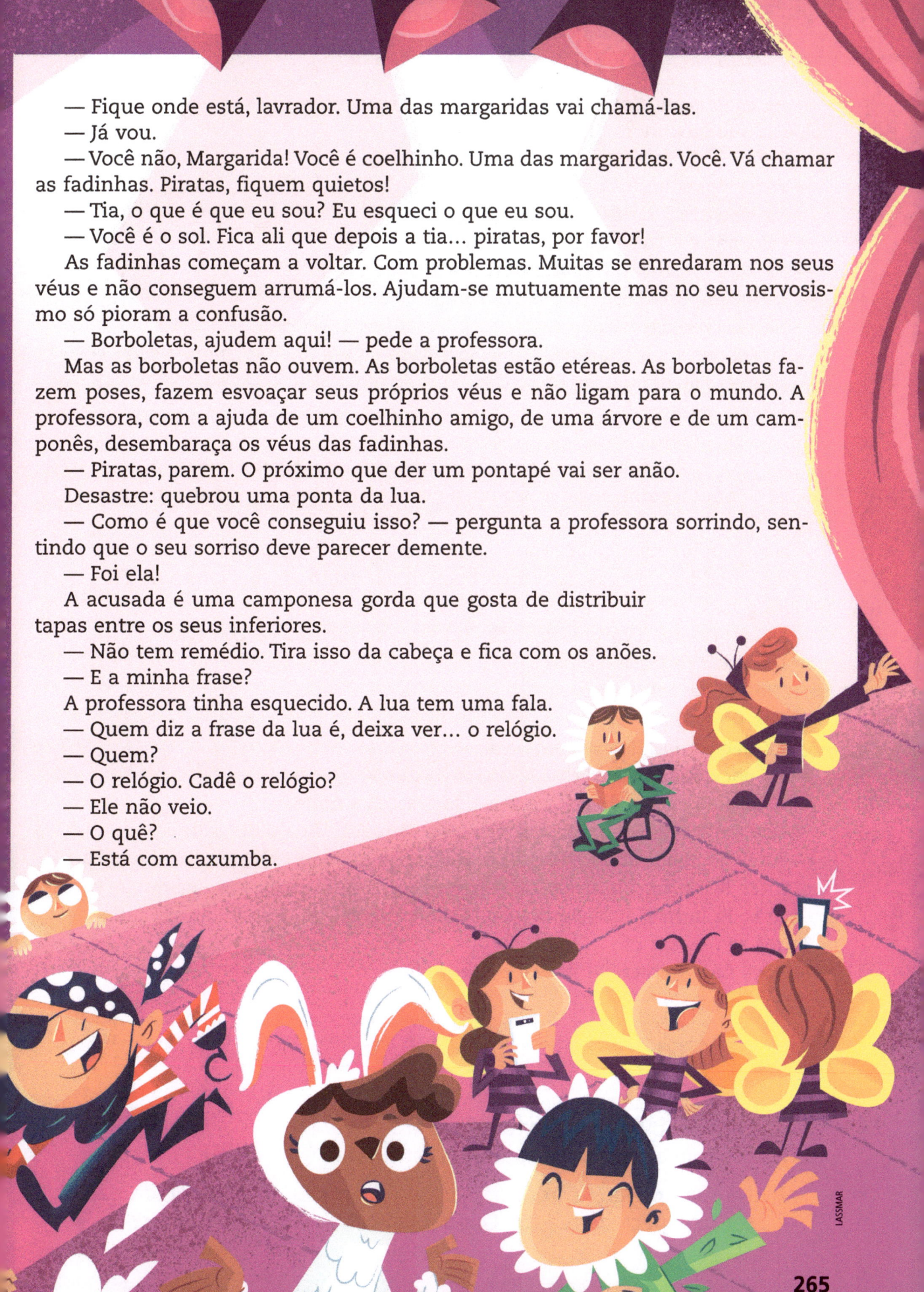

— Fique onde está, lavrador. Uma das margaridas vai chamá-las.

— Já vou.

— Você não, Margarida! Você é coelhinho. Uma das margaridas. Você. Vá chamar as fadinhas. Piratas, fiquem quietos!

— Tia, o que é que eu sou? Eu esqueci o que eu sou.

— Você é o sol. Fica ali que depois a tia... piratas, por favor!

As fadinhas começam a voltar. Com problemas. Muitas se enredaram nos seus véus e não conseguem arrumá-los. Ajudam-se mutuamente mas no seu nervosismo só pioram a confusão.

— Borboletas, ajudem aqui! — pede a professora.

Mas as borboletas não ouvem. As borboletas estão etéreas. As borboletas fazem poses, fazem esvoaçar seus próprios véus e não ligam para o mundo. A professora, com a ajuda de um coelhinho amigo, de uma árvore e de um camponês, desembaraça os véus das fadinhas.

— Piratas, parem. O próximo que der um pontapé vai ser anão.

Desastre: quebrou uma ponta da lua.

— Como é que você conseguiu isso? — pergunta a professora sorrindo, sentindo que o seu sorriso deve parecer demente.

— Foi ela!

A acusada é uma camponesa gorda que gosta de distribuir tapas entre os seus inferiores.

— Não tem remédio. Tira isso da cabeça e fica com os anões.

— E a minha frase?

A professora tinha esquecido. A lua tem uma fala.

— Quem diz a frase da lua é, deixa ver... o relógio.

— Quem?

— O relógio. Cadê o relógio?

— Ele não veio.

— O quê?

— Está com caxumba.

— Ai, meu Deus. Sol, você vai ter que falar pela lua. Sol, está me ouvindo?

— Eu?

— Você, sim senhor. Você é o sol. Você sabe a fala da lua?

— Me deu uma dor de barriga.

— Essa não é a frase da lua.

— Me deu mesmo, tia. Tenho que ir embora.

— Está bem, está bem. Quem diz a frase da lua é você.

— Mas eu sou caçador.

— Eu sei que você é caçador! Mas diz a frase da lua! Eu não quero discussão!

— Mas eu não sei a frase da lua.

— Piratas, parem!

— Piratas, parem! Certo?

— Eu não estava falando com você. Piratas, de uma vez por todas...

A camponesa gorda resolve tomar a justiça nas mãos e dá um croque num pirata.

A classe unida avança contra a camponesa, que recua, derrubando uma árvore. As borboletas esvoaçam. Os coelhinhos estão em polvorosa. A professora grita:

— Parem! Parem! A cortina vai abrir. Todos a seus lugares. Vai começar!

— Mas, tia, e a frase da lua?

— "Boa noite, sol".

— Boa noite.

— Eu não estou falando com você!

— Eu não sou mais o sol?

— É. Mas eu estava dizendo a frase da lua. "Boa noite, sol."

— Boa noite, sol. Boa noite, sol. Não vou esquecer. Boa noite, sol...

— Atenção, todo mundo! Piratas e anões nos bastidores. Quem fizer um barulho antes de entrar em cena, eu esgoelo. Coelhinhos nos seus lugares. Árvores para trás. Fadinhas, aqui. Borboletas, esperem a deixa. Margaridas, no chão.

Todos se preparam.

— Você não, Margarida! Você é o coelhinho!

Abre o pano.

Luis Fernando Verissimo. **O nariz e outras crônicas**. São Paulo: Ática, 1995. p. 11-14. © by Luis Fernando Verissimo.

2. Responda.

a) Na sua opinião, os textos **O rei careca** e **Peça infantil** foram escritos com a mesma finalidade? Justifique.

b) Na sua opinião, a crônica **Peça infantil** poderia ser adaptada para ser uma peça de teatro? Que mudanças teriam de ser feitas?

3. Como estava o estado emocional da professora? Marque.

☐ Calma. ☐ Triste. ☐ Nervosa.

a) Você encontrou no texto alguma descrição de como a professora estava se sentindo para ter concluído isso? _____

b) Que recurso o autor usou para passar ao leitor a agitação da professora?
_____
_____

4. Leia, discuta com o professor e os colegas e responda.

> Mas as borboletas não ouvem. As borboletas estão etéreas. As borboletas fazem poses, fazem esvoaçar seus próprios véus e não ligam para o mundo.

a) Que sentimentos dos alunos fantasiados de borboletas são revelados nesse trecho?
_____
_____

b) De que outra forma o trecho poderia ser reescrito sem repetir a palavra **borboletas**?
_____
_____

5. Releia o final do texto e responda.

> Todos se preparam.
> — Você não, Margarida! Você é o coelhinho!
> Abre o pano.

a) O que quer dizer **abre o pano**?
_____

b) Na sua opinião, por que o autor terminou a história dessa forma?
_____
_____

c) E o que você acha que os espectadores viram ao se abrirem as cortinas?

_____

_____

6. Explique o significado das palavras em destaque nas frases. Se necessário, consulte o dicionário.

   a) "— Atenção, todo mundo! Piratas e anões nos **bastidores**."

   _____

   _____

   b) "Os coelhinhos estão em **polvorosa**."

   _____

7. Leia e responda.

   > As fadinhas começam a voltar. Com problemas. Muitas se enredaram nos seus véus e não conseguem arrumá-los. Ajudam-se mutuamente mas no seu nervosismo só pioram a confusão.

   • Como você imagina que foi essa ajuda mútua?

   _____

   _____

   > — **Não tem remédio.** Tira isso da cabeça e fica com os anões.

   • Qual é o significado da expressão destacada?

   _____

8. Leia.

   > Borboletas, esperem a **deixa**.

   • Troque ideias com o professor sobre o significado dessa palavra, que é muito usada por atores.

   _____

   _____

SÓ PARA LEMBRAR

1. Na crônica **Peça infantil** existem várias frases em que aparece o travessão indicando a fala do narrador. Retire um exemplo.

_____

2. Leia.

— Tia, onde é que eu fico?

- Nessa frase, a vírgula foi usada para separar o vocativo. Retire, do mesmo texto, dois exemplos de vírgula utilizada para o mesmo fim.

_____

_____

3. Leia as frases.

A — Parem! Parem! A cortina vai abrir! Todos a seus lugares! Vai começar!

B — Parem. Parem. A cortina vai abrir. Todos a seus lugares. Vai começar.

C — Parem! Parem! A cortina vai abrir? Todos a seus lugares! Vai começar!

- Todas foram lidas da mesma forma? Explique sua resposta.

_____

_____

_____

- Escreva qual grupo de frases indica:

  ✓ calma: _____

  ✓ agitação: _____

  ✓ agitação e dúvida: _____

EXPRESSÃO ORAL

Vocês vão apresentar a peça teatral **O rei careca** para alunos de outras turmas e outros convidados, incluindo as cenas que criaram.

1. Decida com os colegas e o professor quem irá representar cada personagem da história.

2. O professor vai distribuir o texto integral para cada aluno. Nesse momento, leia o texto e marque todas as falas do personagem que lhe coube.

3. Decore as falas do seu personagem e observe em que momento da peça cada uma dessas falas deve ser dita.

4. Com os colegas e o professor, planeje os cenários.

   DICA Vocês podem usar caixas de papelão, jornal, cartolina, tinta guache, tecido, entre outros materiais.

5. Criem os figurinos com roupas, sapatos e acessórios que tenham em casa ou, ainda, retalhos de pano, papel crepom e outros materiais.

6 Ensaiem quantas vezes julgarem necessário. Fiquem atentos para:

- o ritmo, a entonação e o tom de voz dos personagens em cada cena, de forma que a plateia possa ouvir, compreender as falas e perceber os sentimentos que elas expressam e, assim, se envolver na história;
- os gestos e a movimentação no palco;
- as rubricas que indicam, entre outros aspectos, os sentimentos, os gestos e a movimentação no palco; e
- a duração do espetáculo.

DICA O ideal é que não ultrapasse 1 hora.

7 Durante os ensaios, fiquem atentos às apresentações dos colegas e deem dicas sobre o que pode ser aprimorado para o sucesso da peça teatral.

8 Decidam como irão convidar a plateia. Podem ser feitos convites impressos ou cartazes para serem afixados na escola. Além disso, o *blog* da turma pode ajudar na divulgação da peça. O importante é que fiquem claros: o **local**, a **data** e o **horário** do evento.

9 Apresentem a peça e recebam os aplausos!

DICA Ao final do espetáculo, todos os envolvidos na peça podem voltar ao palco, de mãos dadas, para reverenciar a plateia, agradecendo a presença e atenção de todos.

10 Depois da apresentação, avalie com os colegas e o professor o resultado do trabalho. Comentem as reações da plateia e o desempenho da turma na apresentação.

271

VIVA A DIVERSIDADE!

▼ TEATRO PARA TODOS

1 Toda pessoa tem direito à igualdade de oportunidade sem sofrer qualquer tipo de discriminação. O Estatuto da Pessoa com Deficiência determina:

> Art. 8º É dever do Estado, da sociedade e da família assegurar à pessoa com deficiência, com prioridade, a efetivação dos direitos referentes à vida [...] à cultura, ao desporto, ao turismo, ao lazer, à informação, à comunicação, aos avanços científicos e tecnológicos, à dignidade, ao respeito, à liberdade, à convivência familiar e comunitária, entre outros [...]
>
> ESTATUTO da Pessoa com Deficiência. Disponível em: <http://www.planalto.gov.br/ccivil_03/_ato2015-2018/2015/lei/l13146.htm>. Acesso em: 27 out. 2017.

Por lei, as salas de cinema devem oferecer recursos de acessibilidade para pessoas com deficiência sensorial (visual e auditiva). Paris, 2010.

Por lei, teatros, cinemas, auditórios, estádios, ginásios de esporte, salas de conferências e similares devem reservar lugares para pessoas em cadeiras de rodas. São Paulo, 2017.

• Responda.

a) Qual a importância de leis que tratem dos direitos das pessoas com deficiência? Comente.

b) Na sua opinião, o fato de existirem leis que tratem dos direitos das pessoas com deficiência garante o acesso dessas pessoas à cultura? Justifique.

2 O grupo **Mãos Livres** é formado por atores com deficiência auditiva, que, em espetáculos bem-humorados, abordam um tema muito relevante: a inclusão social.

Os atores conquistam a plateia e transmitem o enredo das peças por meio de gestos e muita expressividade!

Apresentação do grupo Mãos Livres no auditório da Universidade do Estado do Pará/CCBS. Belém, 2017.

Durante todo o ano, você ouviu recomendações sobre a importância de usar gestos, expressões faciais e manter uma postura adequada nas interações comunicativas.

• Na sua opinião, conhecer o tipo de trabalho desse grupo teatral reforça a importância dessas recomendações? Justifique.

3 O que você sabe sobre Libras? O professor vai convidar uma pessoa da comunidade que conheça sobre a Língua Brasileira de Sinais (LIBRAS) para ensinar um pouco mais sobre ela para a turma. Ela pode ensinar, por exemplo, como se cria um gesto para representar nomes de pessoas. Depois, você e os colegas poderão criar um gesto para representar o nome de cada um.

273

UNIDADE 9
QUAL É A POLÊMICA?

1. Em sua opinião, a cena mostra uma briga ou um debate? Por quê?

2. Você acha que em um debate é importante entender o ponto de vista das outras pessoas?

3. Você sabe o que é um assunto polêmico?

4. Na sua opinião, qualquer assunto pode ser tema de um debate? Por quê?

5. Junto com os colegas, imagine que questão pode estar sendo debatida na cena. Depois, registre a opinião que cada grupo defende em relação ao tema.

NESTA UNIDADE VOCÊ VAI:

- Ler artigos de opinião.
- Aprender a função de artigos de opinião e um pouco de suas características.
- Defender pontos de vista oralmente e por escrito.

CAPÍTULO 1
ARGUMENTAR PARA CONVENCER

- Com que frequência você costuma beber refrigerantes?
- Na sua opinião, refrigerante é uma bebida saudável? Por quê?
- Leia o título do texto a seguir, depois responda: Qual é o assunto do texto?

LEITURA

1. Leia o texto a seguir e comente com os colegas se as hipóteses levantadas por você e sua turma se confirmaram.

---

http://gpsbrasilia.com.br/news/p:0/idp:45030/nm:Refri-na-berlinda/

Refri na berlinda

Ministério da Saúde quer rotular embalagens de refrigerante na tentativa de alertar a população sobre os danos causados por seu consumo excessivo

Uma novidade na área alimentícia promete provocar polêmica. O Ministério da Saúde vem debatendo com inúmeras entidades a possibilidade de rotular alimentos industrializados que comprometam a saúde, uma vez que em dez anos a obesidade cresceu 60%, fazendo com que mais da metade da população brasileira esteja acima do peso. O açúcar está na mira dessa discussão e um dos vilões é o refrigerante.

A intenção é fazer com que essas bebidas açucaradas ganhem advertências visíveis na embalagem, identificando seus ingredientes nocivos. O novo modelo de rótulo pode ser implementado até 2020, segundo a Agência Nacional de Vigilância Sanitária (Anvisa).

Em declarações recentes à imprensa, o Ministro da Saúde, Ricardo Barros, diz: "É um tema que temos que enfrentar, avançar para oferecer mais saúde à população". E enfatiza, pontuando que "nos comprometemos reduzir em 30% o consumo de bebidas açucaradas até 2019. Dentro das ações está a rotulagem e eventualmente o aumento na tributação", conclui.

REFRI na berlinda. **GPS Brasília**. Disponível em: <http://gpsbrasilia.com.br/news/p:0/idp:45030/nm:Refri-na-berlinda/>. Acesso em: 19 set. 2017.

2. Leia dois artigos de opinião sobre o assunto. Não interrompa a leitura mesmo que encontre palavras cujo significado desconheça. Depois, releia os artigos e consulte no dicionário as palavras que não puderam ser compreendidas pelo contexto. Por fim, exponha seu ponto de vista sobre o tema.

http://gpsbrasilia.com.br/news/p:0/idp:45030/nm:Refri-na-berlinda/

Reduzir ao máximo
por Clayton Camargos*

☐ Investigações revelam que consumidores diários de refrigerantes não dietéticos, durante um período de 06 meses, tiveram um aumento de 132 a 142% de gordura hepática, uma elevação de 30% de triglicerídeos e 11% no colesterol total, em comparação com pessoas que bebiam outras bebidas, como água ou leite.

☐ Por sua vez, os refrigerantes dietéticos à base de aspartame não são menos danosos, pois pesquisas com ratos demonstraram que essa substância elevou os níveis de glicose no sangue e, alguns casos, provocou o aumento de peso.

☐ Além disso, há estudos que apontam para o risco à saúde de colorantes artificiais de caramelo, usados na produção dos refrigerantes do tipo cola. Esses colorantes possuem uma lista de substâncias químicas que podem causar câncer.

☐ Vale a pena destacar, também, que, dietéticos ou tradicionais, a maioria dos refrigerantes contém fosfatos, um ácido fraco que confere sabor e aumenta a vida útil dessas bebidas. No entanto, o excesso de ácido fosfórico pode levar a problemas cardíacos e renais, além da redução da massa muscular e osteoporose.

☐ Outro aspecto relevante é o fato de refrigerantes serem comercializados, muitas vezes, em embalagens de alumínio, que são revestidas com uma resina chamada bisfenol, usada para evitar que os ácidos contidos nos refrigerantes reajam com o metal. O bisfenol é conhecido por interferir na regulação hormonal, sobretudo nos hormônios sexuais, e tem sido associado desde a infertilidade até obesidade e diabetes, além de algumas formas de cânceres do aparelho reprodutivo.

☐ Por tudo isso, a Anvisa e o Ministério da Saúde estudam a possibilidade de os rótulos de refrigerantes passarem a conter alertas sobre os riscos do produto à saúde com o objetivo de reduzir ao máximo o consumo desse tipo de bebida. De fato, um avanço na tentativa de oferecer mais saúde à população.

*Clayton Camargos – Educador físico e nutricionista, pós-graduado em Autogestão em Saúde pela Escola Nacional de Saúde Pública, pesquisador visitante da Universidade de Barcelona e diretor executivo da clínica Metafísicos, atua na área de promoção da saúde há mais de 20 anos, foi professor dos cursos de Medicina, Nutrição e Educação Física durante uma década até 2013, também foi Subsecretário de Saúde do DF e integrante da equipe de regulação do Ministério da Saúde. Em tempo: professor dos cursos de Medicina, Nutrição e Educação Física da Universidade Católica de Brasília – UCB.

Clayton Camargos. Reduzir ao máximo. **GPS Brasília.** Disponível em: <http://gpsbrasilia.com.br/news/p:0/idp:45030/nm:Refri-na-berlinda/>. Acesso em: 19 set. 2017.

Desmitificar estigmas
por Mariana Melendez*

É preciso pensar no alimento como algo que vai além da nutrição. O refrigerante também é uma forma de sociabilidade, como estar com os amigos para um churrasco ou uma pizzaria. Além disso, é preciso analisar esse produto sob uma perspectiva de apego emocional. Às vezes, o refrigerante, bem como outros alimentos, traz memórias boas, até porque o paladar faz parte do sistema sensorial do ser humano.

Se levarmos em conta o ponto de vista calórico, um copo de refrigerante do tipo cola tem o mesmo valor calórico que um copo de suco de laranja, mas nutricionalmente o suco de laranja é muito mais adequado que o outro. No entanto, para um diabético, por exemplo, um suco de laranja pode elevar a glicemia tanto quanto o refrigerante.

Não há discussão quanto ao fato de refrigerante em excesso fazer mal ao organismo, especialmente se consumido em substituição à água. Entretanto, se ingerido esporadicamente, não há tantos riscos à saúde.

Um dos fatores que favorecem o aumento do consumo de refrigerante é o fato de essa bebida, por vezes, ser mais barata do que um suco natural, por exemplo. Dessa forma, com o custo menor, esse produto acaba tornando-se mais atrativo e acessível.

Ressalta-se, contudo, que os refrigerantes, principalmente os que são à base de cola, contêm uma pequena porção de cafeína, que pode acelerar o ritmo cardíaco, mas, para que isso aconteça, é necessário ingerir mais de dois litros da bebida em um mesmo dia.

Portanto, há um exagero no ataque aos refrigerantes e a ideia de rotular essa bebida com imagens impactantes sobre seus malefícios pode ser uma medida drástica demais, pois não é imperioso que as pessoas excluam o refrigerante das suas vidas, mas, sem dúvida, é necessário que o consumo desse produto seja moderado.

*Mariana Melendez – Graduada em Nutrição pela Universidade de Brasília (UnB) em 2003, especialista em Nutrição Clínica e Esportiva pela Universidade Católica de Goiás (UCG) e mestre em Nutrição Humana com ênfase em cirurgia bariátrica pela UnB. Fez MBA na FGV em Gestão (Executivo em Saúde) e é pós-graduada em Pesquisa Clínica pela Harvard Medical School.

Mariana Melendez. Desmitificar estigmas. **GPS Brasília.** Disponível em: <http://gpsbrasilia.com.br/news/p:0/idp:45030/nm:Refri-na-berlinda/>. Acesso em: 19 set. 2017.

Acessível: no texto quer dizer que se pode comprar, obter ou possuir; de valor razoável.
Drástico: no texto quer dizer enérgico, radical.
Cardíaco: refere-se ao coração.

3. Responda.

a) Qual é a intenção do autor do artigo de opinião **Reduzir ao máximo**?

b) E a da autora do artigo de opinião **Desmitificar estigmas**?

4. Pinte os quadradinhos do artigo **Reduzir ao máximo** de acordo com a legenda, identificando os temas tratados em cada parágrafo.

Corantes podem acarretar problemas à saúde.

Acúmulo de gordura provocado pelo refrigerante.

Perigos das embalagens de metal que acondicionam refrigerantes.

Ácido fosfórico em excesso faz mal para o organismo.

Refrigerantes dietéticos à base de aspartame também podem fazer mal à saúde.

Conclusão: a Anvisa e o Ministério da Saúde têm razão em estudar a possibilidade de rotular refrigerantes com alertas sobre os malefícios à saúde.

5. De acordo com o artigo **Desmitificar estigmas**, escreva **V** para as afirmações verdadeiras e **F** para as falsas.

☐ Um copo de refrigerante é mais nutritivo que um copo de suco de laranja.

☐ Os alimentos podem ir além da nutrição e trazerem bem-estar.

☐ Um fator que contribui para o aumento no consumo do refrigerante é o fato de, por vezes, ele ser mais barato do que o suco natural.

☐ A autora defende o consumo sem restrições de refrigerante.

6. Qual a intenção de o autor do artigo **Reduzir ao máximo** usar dados de pesquisas para justificar seu ponto de vista?

_____

_____

279

7. Releia um parágrafo do artigo de opinião **Reduzir ao máximo** e sublinhe o argumento usado para defender o ponto de vista do autor.

> Por sua vez, os refrigerantes dietéticos à base de aspartame não são menos danosos, pois pesquisas com ratos demonstraram que essa substância elevou os níveis de glicose no sangue e, alguns casos, provocou o aumento de peso.

a) Circule a palavra usada para ligar as ideias aos argumentos.

b) Marque palavras ou expressões que poderiam substituir a que você circulou sem alterar o sentido.

☐ no entanto ☐ porque ☐ entretanto

☐ dessa forma ☐ uma vez que ☐ logo

8. Agora releia um parágrafo do artigo de opinião **Desmitificar estigmas**.

> Ressalta-se, contudo, que os refrigerantes, principalmente os que são à base de cola, contêm uma pequena porção de cafeína, que pode acelerar o ritmo cardíaco, **mas**, para que isso aconteça, é necessário ingerir mais de dois litros da bebida em um mesmo dia.

a) Qual o sentido da palavra em destaque? Marque.

☐ Indicar uma oposição à ideia apresentada anteriormente.

☐ Acrescentar uma informação que confirma a ideia anterior.

b) Releia. [...] é necessário ingerir **mais** de dois litros da bebida [...]

• Escreva a palavra de sentido oposto a que está em destaque.

_____

9. Cada um dos artigos de opinião apresenta no último parágrafo uma palavra ou expressão que introduz uma conclusão. Quais são elas? Escreva-as.

Reduzir ao máximo _____

Desmitificar estigmas _____

• Sublinhe as palavras e expressões usadas para ligar um parágrafo ao outro no artigo **Reduzir ao máximo**.

10. Releia o último parágrafo do artigo de opinião Reduzir ao máximo.

> Por tudo isso, a Anvisa e o Ministério da Saúde **estudam** a possibilidade de os rótulos de refrigerantes passarem a conter alertas sobre os riscos do produto à saúde com o objetivo de reduzir ao máximo o consumo desse tipo de bebida. De fato, um avanço na tentativa de oferecer mais saúde à população.

a) Explique o motivo de o verbo em destaque estar no plural.

_____

b) Complete a frase com o verbo, fazendo a concordância, imaginando que a frase começasse assim:

Por tudo isso, o Ministério da Saúde _____ ….

11. Leia um trecho do quarto parágrafo do artigo de opinião Reduzir ao máximo e responda.

> Vale a pena destacar, também, que, dietéticos ou tradicionais, a maioria dos refrigerantes contém fosfatos, um ácido fraco que confere sabor e aumenta a vida útil **dessas bebidas**.
> […]

a) De acordo com esse trecho, o que é fosfato?

_____
_____

b) Que pontuação foi usada para dar essa explicação?

_____

c) A que se referem as palavras em destaque?

_____

d) Com que objetivo essas palavras foram usadas? Marque as alternativas corretas.

☐ Retomar um termo apresentado no trecho.

☐ Evitar a repetição desnecessária de um substantivo apresentado no texto.

☐ Falar de outro tipo de bebida.

MAIS SOBRE... ARTIGO DE OPINIÃO

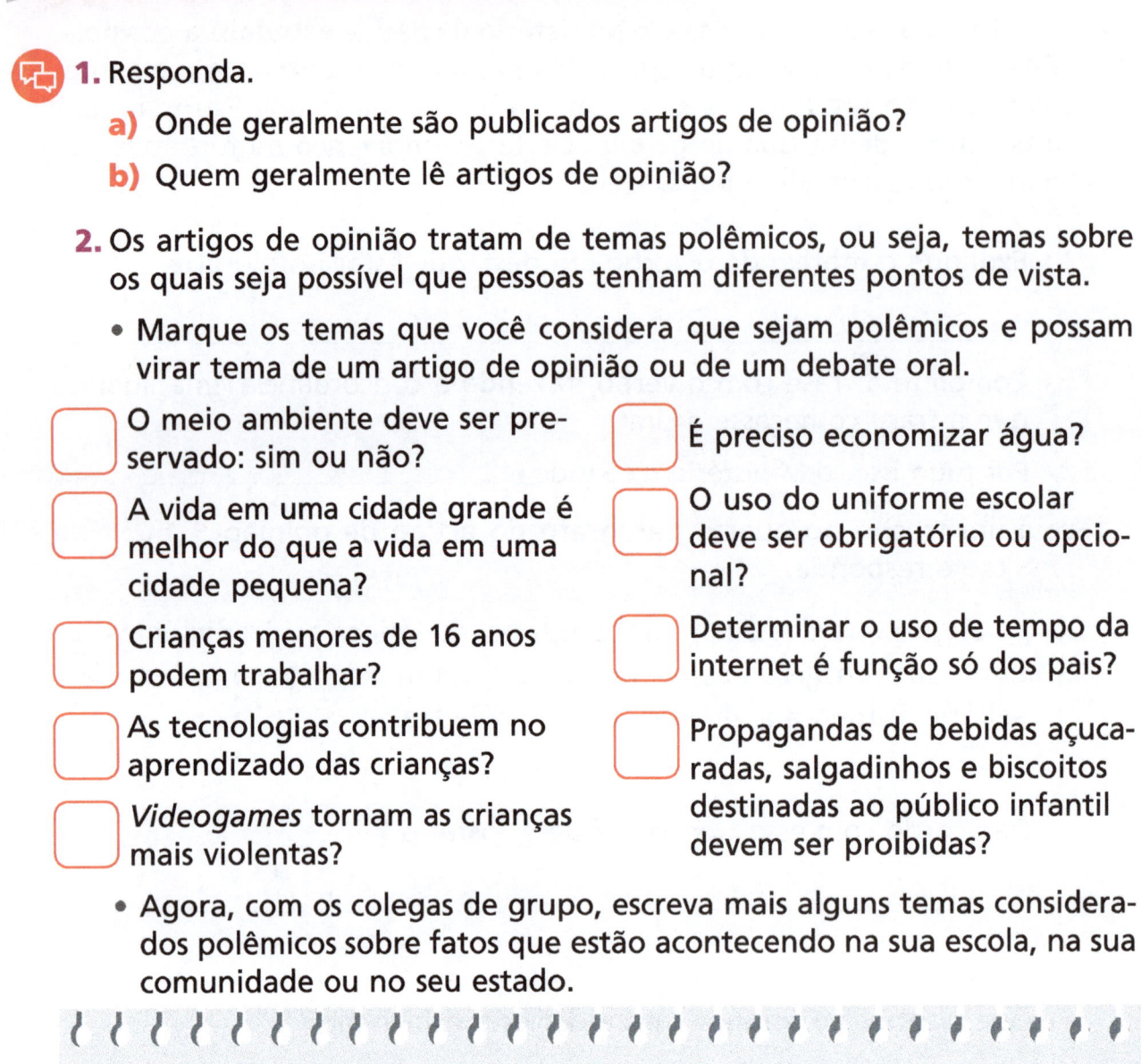

1. Responda.

    a) Onde geralmente são publicados artigos de opinião?

    b) Quem geralmente lê artigos de opinião?

2. Os artigos de opinião tratam de temas polêmicos, ou seja, temas sobre os quais seja possível que pessoas tenham diferentes pontos de vista.

- Marque os temas que você considera que sejam polêmicos e possam virar tema de um artigo de opinião ou de um debate oral.

☐ O meio ambiente deve ser preservado: sim ou não?

☐ É preciso economizar água?

☐ A vida em uma cidade grande é melhor do que a vida em uma cidade pequena?

☐ O uso do uniforme escolar deve ser obrigatório ou opcional?

☐ Crianças menores de 16 anos podem trabalhar?

☐ Determinar o uso de tempo da internet é função só dos pais?

☐ As tecnologias contribuem no aprendizado das crianças?

☐ Propagandas de bebidas açucaradas, salgadinhos e biscoitos destinadas ao público infantil devem ser proibidas?

☐ *Videogames* tornam as crianças mais violentas?

- Agora, com os colegas de grupo, escreva mais alguns temas considerados polêmicos sobre fatos que estão acontecendo na sua escola, na sua comunidade ou no seu estado.

3. Nos artigos de opinião, não basta que o autor exponha seu ponto de vista. É preciso que ele o justifique e apresente explicações, exemplos, provas, enfim, argumentos que possam convencer os leitores. Afinal, o objetivo de um artigo de opinião é fazer os outros aceitarem seu ponto de vista.

- No artigo de opinião, as opiniões e os argumentos precisam estar ligados uns aos outros, dando sentido ao texto, ou seja, eles precisam estar conectados entre si. Veja:

Não dizemos:

O uso dos uniformes é adequado ter de escolher uma roupa todos os dias pode se tornar um problema para as crianças é fundamental que tenham o nome da escola.

Dizemos:

O uso dos uniformes é adequado **porque** ter de escolher uma roupa todos os dias pode se tornar um problema para as crianças **e** é fundamental que tenham o nome da escola.

O uso dos uniformes é adequado **porque** ter de escolher uma roupa todos os dias pode se tornar um problema para as crianças, **mas não** é fundamental que tenham o nome da escola.

Essas palavras e/ou expressões são usadas nas frases para conectar as partes entre si e relacioná-las. São os **conectivos** ou **organizadores textuais**.

- Conheça outros **conectivos**.

portanto	aliás	já que
por isso	então	porém
entretanto	pois	no entanto
além disso	contudo	logo

4. O trecho abaixo traz informações sobre a ingestão de gorduras. Leia.

> As gorduras animais (presentes em todo tipo de carne) e os óleos vegetais (soja, milho, girassol, canola e outros) são os nutrientes mais calóricos. **Por isso**, devemos consumir com moderação os alimentos que nos fornecem as gorduras. **Entretanto**, elas são importantes, **pois** mesmo em pequena quantidade, fornecem ácidos graxos indispensáveis à manutenção da saúde, **além de** facilitarem a utilização de vitaminas importantes pelo corpo.
>
> Alimentação e nutrição no Brasil: técnico em alimentação escolar. **MEC/UnB**. Disponível em: <http://portal.mec.gov.br/seb/arquivos/pdf/profunc/aliment.pdf>. Acesso em: 29 out. 2017.

- Sublinhe no trecho o que é possível concluir sobre o consumo de alimentos que fornecem gordura.
- Sublinhe os conectivos em destaque de acordo com a legenda.

　　▬ Conectivos para acrescentar novos argumentos.
　　▬ Conectivos para introduzir uma justificativa.
　　▬ Conectivos para introduzir uma ideia contrária.

5. As frases a seguir representam uma ideia completa, mas é possível conectá-las para formar uma só. Veja:

I. Gosto muito de ir ao cinema porque assisto aos meus filmes favoritos.
II. Gosto muito de ir ao cinema porque posso relaxar um pouco.

> Gosto muito de ir ao cinema porque assisto aos meus filmes favoritos e posso relaxar um pouco.

- Use conectivos para unir as ideias das duas frases de cada quadro.

> I. Não fui à festa porque estava com febre.
> II. Não fui à festa porque estava com dor de cabeça.

_____

> I. O carro tem preço acessível.
> II. O carro não é confortável.

_____

COM QUE LETRA?

PALAVRAS TERMINADAS EM L OU U

1. Leia e comente com os colegas se você concorda com o título do texto.

> **Ser saudável é legal**
> [...] Primeiro, a mamadeira e o mingau com açúcar à vontade. Depois, bolos, sorvetes, batatas fritas, macarrão, pão, refrigerante, salgadinhos de pacote, bolachas. Adquiridos esses hábitos, fica difícil mudá-los depois.
>
> Rosicler Martins Rodrigues. **Alimento é vida**. São Paulo: Moderna, 2013. p. 30.

a) Na sua opinião, por que maus hábitos alimentares adquiridos na infância são difíceis de mudar?

b) As palavras **legal** e **mingau** terminam com o mesmo som?

c) E terminam com a mesma letra?

2. Qual o plural dessas palavras? _____

3. Circule no quadro a seguir as palavras terminadas em **l** e sublinhe as palavras terminadas em **u**. Depois, escreva essas palavras e seus plurais nos locais adequados. Veja os exemplos.

| chapéu | mau | anzol | grau | pastel | véu | quintal | pincel |

Palavras terminadas em l		Palavras terminadas em u	
Singular	Plural	Singular	Plural
troféu	troféus	farol	faróis

285

4. Leia e responda.

> NOSSA TURMA FOI A VENCEDORA DAS OLIMPÍADAS DE MATEMÁTICA! GANHAREMOS MUITOS TROFÉ...

a) No balão de fala, uma palavra gerou dúvida. Que palavra foi essa?

_____

b) Houve dúvida quanto à formação do plural dessa palavra. Saber que essa palavra no singular é escrita com **u** final ajudaria a pronunciá-la e a escrevê-la no plural?

_____
_____

5. Você já estudou que existem palavras primitivas e palavras derivadas.

- Copie abaixo de cada grupo a palavra primitiva e sua derivada.

> Lembre-se! Para saber a grafia de uma palavra, podemos pensar em outras da mesma família e verificar se elas dão dicas de como escrevê-la.

baixo	papinha	arranha	livrar
embaixador	papo	arranhar	livro
embaixo	papinho	aranha	livraria

_____
_____

286

EXPRESSÃO ORAL

Você e os colegas farão um debate público sobre um dos temas da página **282**. Para isso, a turma será dividida em dois grupos, que defenderão pontos de vista opostos.

O professor vai convidar alunos de outra turma para assistir ao debate. O objetivo de cada grupo será o de convencer a plateia de que o ponto de vista defendido é o mais adequado.

No fim do debate, a plateia votará no grupo que lhe pareceu mais convincente.

1. O primeiro passo é ter claro que tema será discutido e qual o ponto de vista do seu grupo sobre esse tema.

2. Com os colegas de grupo, combinem o momento de irem à sala de informática para pesquisar e anotar informações sobre o tema escolhido.

3. Escolham argumentos para justificar o ponto de vista defendido pelo grupo.

4. Elejam alguns colegas do grupo para, durante a discussão dos argumentos que irão usar, fazerem o registro do que está sendo combinado.

5. Releiam os argumentos registrados para escolher quais podem ser considerados os mais fortes e quais podem ser secundários.

DICA Você já sabe que os **conectivos** estabelecem uma sequência lógica entre as partes de um texto. Eles têm a função de introduzir, de acrescentar, de indicar oposição entre opiniões e argumentos e, também, de concluir: **então**, **e**, **além disso**, **por isso**, **porque**, **por tudo isso** são exemplos de conectivos.

6. Durante o debate, aproveitem os argumentos do outro grupo para tentar fazê-los mudar de ideia. Vejam os exemplos:

Concordar e justificar:
O que Luciana disse é verdade porque [...]

Discordar e justificar:
Eu penso de forma diferente da Luciana, porque [...]

Retomar a fala do outro para discordar:
Luciana disse que [...], mas, por outro lado, também é possível considerar que [...]

7 O professor atuará como moderador do debate, ou seja, terá o papel de coordenar, controlar a conversa, indicar a vez de cada aluno falar e permitir o acréscimo de ideias às falas dos colegas. Também será o professor quem cuidará para que todos tenham igual oportunidade de manifestar seu ponto de vista.

8 Para que a discussão seja proveitosa, é importante que você:
- fale com clareza, para que todos possam ouvi-lo;
- use gestos e expressões faciais, de acordo com a ideia que estiver defendendo;
- justifique seu ponto de vista por meio de palavras e expressões, como **eu acho que, porque, minha opinião é que, penso que**;
- ouça e respeite a opinião dos colegas.

9 Ao fim do debate, façam uma avaliação coletiva para verificar se:

Os debatedores	Sim	Não	Observações
apresentaram argumentos diversificados.			
apresentaram argumentos válidos (verdadeiros, convincentes, não contraditórios).			
mantiveram-se dentro do tema do debate.			
retomaram a palavra do outro grupo para acrescentar novos argumentos.			
não interromperam a fala do outro.			
usaram tom de voz adequado.			
usaram gestos e expressões adequados.			

PRODUÇÃO TEXTUAL

Você e os colegas vão escrever coletivamente um artigo de opinião sobre o assunto debatido, defendendo o ponto de vista escolhido pela plateia. O professor será o escriba da classe.

O artigo poderá ser publicado no *site* ou no jornal da escola, no *blog* da turma ou em um jornal da cidade, assim mais pessoas se informarão sobre o assunto e conhecerão a opinião da turma sobre ele.

DICA Lembre-se de que a finalidade de um artigo de opinião é defender uma ideia com argumentos que comprovem seu ponto de vista.

1 O artigo que irão produzir deverá ser estruturado da seguinte forma:
- título;
- um parágrafo de introdução, no qual será exposto determinado ponto de vista;
- dois ou três parágrafos com argumentos;
- um parágrafo para concluir o ponto de vista defendido.

2 Planejem oralmente o que vão informar em cada parágrafo. Durante o planejamento, façam anotações para se lembrarem do que irão ditar para o professor.

3 Durante a produção, leiam e releiam o artigo para verificar:
- se os argumentos estão claros, de forma que o leitor não tenha dificuldade em entender o tema e o que está sendo defendido;
- se usaram palavras e expressões, como **então**, **e**, **além disso**, **por isso**, **contudo**, **entretanto**, **porque**, **por tudo isso**, **em suma**, para ligar as ideias do seu texto.

DICA Verifiquem se os argumentos usados levam os leitores a aceitar as ideias expostas ou se ainda querem realizar alguma mudança para tornar o artigo de opinião ainda mais convincente e interessante.

HORA DE AVALIAR

✔ O título do artigo está adequado à opinião da turma?

✔ O ponto de vista está bem fundamentado, isto é, tem como base fatos verdadeiros?

✔ Na sua opinião, o artigo pode convencer os leitores? De que maneira?

CAPÍTULO 2
OPINIÃO DA MAIORIA

- Você acha que vai ler um artigo de opinião ou uma reportagem? Por quê?
- Pelo título deste texto, do que você acha que ele vai tratar?

LEITURA

1. Leia a reportagem a seguir.

Brasileiro tomaria menos 'refri' se preço fosse salgado

Se bebidas açucaradas fossem taxadas, 74% dos brasileiros reduziriam consumo

Para representantes do setor, taxação extra seria injusta se não atingisse também outros alimentos

NATÁLIA CANCIAN
DE BRASÍLIA

Se o peso na balança não é suficiente para fazer as pessoas deixarem de fora da mesa o refrigerante e outras bebidas açucaradas, o aumento no preço desses produtos pode ser uma opção.

É o que mostram dados de uma pesquisa feita pelo Datafolha a pedido da ONG ACT Promoção da Saúde, que atua em prol de medidas contra obesidade e doenças crônicas.

Questionados sobre como reagiriam diante de um possível aumento de imposto de refrigerantes e sucos industrializados que elevasse o preço desses produtos, 74% dos entrevistados afirmam que reduziriam o consumo. Destes, 23% diminuiriam "um pouco", e 51%, "muito".

Os demais afirmam que já não os consomem ou não mudariam em nada o padrão — percentual que é maior entre jovens e mais ricos. Uma parcela mínima, 3%, diz que aumentaria — a pesquisa não traz os motivos.

Foram ouvidas 2.070 pessoas acima de 16 anos em 129 municípios, em amostra equivalente ao perfil populacional do país. A margem de erro é de dois pontos percentuais, para mais ou para menos.

A ideia era testar o impacto e adesão de propostas hoje em discussão no país na área de alimentos.

A possibilidade de aumentar a taxação de bebidas açucaradas tem sido alvo de estudos desde o início deste ano pelos Ministérios da Saúde, Desenvolvimento Social e Fazenda, entre outros órgãos.

Um dos impulsos para o debate vem da Organização Mundial da Saúde, que recomenda aos países medidas mais firmes para o controle da obesidade. Hoje, mais de metade da população brasileira apresenta excesso de peso, e 18% são obesos, o que aumenta o risco de doenças crônicas.

Representantes da indústria, porém, negam que os produtos sejam a causa de obesidade. "E os alimentos? Vamos taxar a bebida açucarada e não vamos taxar o salgadinho, a coxinha e o biscoito achocolatado? Em termos percentuais de açúcar, alguns são muito mais pesados", afirma Alexandre Jobim, da Abir (Associação Brasileira da Indústria de Refrigerantes).

Rótulos podem ter semáforo ou advertência

DE BRASÍLIA

Hoje, há dois modelos principais para rótulos de alimentos em análise pelo governo. O plano é que haja informações obrigatórias na frente da embalagem, segundo a Anvisa (Agência Nacional de Vigilância Sanitária).

Uma delas, defendida pela Abia (Associação Brasileira da Indústria de Alimentos), é a adoção de uma espécie de semáforo numérico que possa informar a quantidade de cada componente e mostrar se está abaixo ou acima da recomendação de consumo.

A **Folha** teve acesso à proposta apresentada no último mês à Anvisa. Em geral, o modelo é semelhante ao usado hoje no Reino Unido.

Outra proposta é a adoção de símbolos de advertência, como círculos e triângulos pretos, para os casos em que há alto teor ou excesso de açúcar, sal e gorduras. Um padrão semelhante é adotado no Chile. A proposta é bem vista por entidades como a Organização Pan-Americana de Saúde e o Idec (Instituto Brasileiro de Defesa do Consumidor).

Segundo a gerente geral de alimentos da Anvisa, Thalita Lima, apesar de já haver propostas na mesa, a agência ainda analisa a possibilidade de novos modelos.

"Estamos partindo de um semáforo, que é um modelo de cores, e de um modelo de advertência. Mas há também alguns países que sinalizam positivamente os ingredientes que são bons, se tem muita fibra e proteína. Estamos avaliando se isso pode ser uma abordagem."

Ainda não há prazo para a decisão. No último mês, a agência lançou edital para pesquisas que possam avaliar a compreensão da população aos modelos. A ideia é que os testes sejam realizados no próximo ano. **(NC)**

Para ele, a medida afetaria os mais pobres e traria pouco resultado nos índices de obesidade a curto prazo.

Entidades de saúde favoráveis à medida, no entanto, contestam. Segundo a diretora-executiva da ACT, Paula Johns, o objetivo dessa política não é reduzir obesidade de forma imediata, mas sim melhorar a qualidade da alimentação. "O objetivo é reduzir o consumo, melhorar a qualidade da alimentação e, ao longo do tempo, melhorar os indicadores de saúde", diz.

Ela lembra que ação semelhante já teve bom resultado contra o cigarro: dados do Ministério da Saúde mostram que o percentual de fumantes, que já vinha em queda, "despencou" com a regulação de preço. "E isso a pesquisa mostra claramente: o baixo preço é um incentivo grande para o consumo. No tabaco, também tínhamos adotado medidas educativas, mas a mais eficaz foi a imposição de preço".

Além da obesidade, outro argumento para a taxação de refrigerantes é o fato de que parte das empresas tem hoje créditos tributários por estar na zona franca de Manaus.

"Infelizmente é incentivado", disse na última semana o ministro da Saúde, Ricardo Barros, para quem a medida de aumentar a tributação seria "saudável".

Além da taxação, a pesquisa também analisou o grau de adesão da população a outras duas medidas: a mudança no rótulo dos alimentos e a restrição da publicidade de alimentos industrializados para crianças. A primeira teve adesão de 88% dos entrevistados. A segunda, de 70%.

[...]

DE OLHO NOS RÓTULOS
Advertências em rótulos e embalagens para advertir sobre quantidades altas de sódio, açúcar, gordura e calorias

Alguns países colocam advertência nos rótulos e embalagens para informar sobre alta quantidade de açúcar, sódio, gordura e calorias. Você concorda ou discorda que deve ser colocada uma advertência nos rótulos das embalagens?

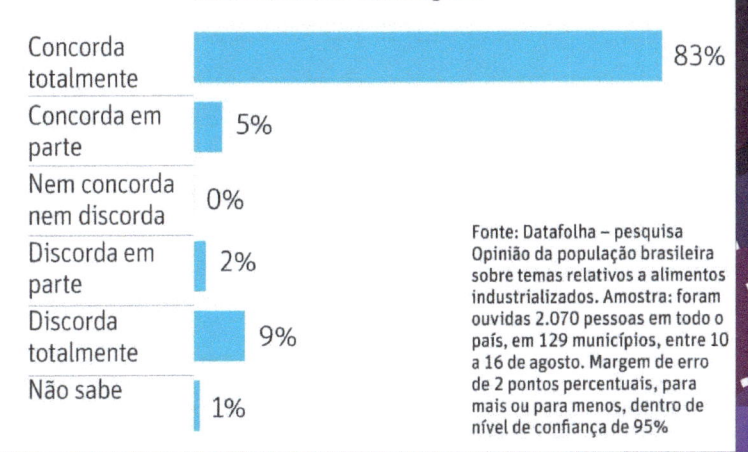

- Concorda totalmente: 83%
- Concorda em parte: 5%
- Nem concorda nem discorda: 0%
- Discorda em parte: 2%
- Discorda totalmente: 9%
- Não sabe: 1%

Fonte: Datafolha – pesquisa Opinião da população brasileira sobre temas relativos a alimentos industrializados. Amostra: foram ouvidas 2.070 pessoas em todo o país, em 129 municípios, entre 10 a 16 de agosto. Margem de erro de 2 pontos percentuais, para mais ou para menos, dentro de nível de confiança de 95%

DE OLHO NA PROPAGANDA
Propaganda de refrigerantes, salgadinhos, bebidas açucaradas e macarrão instantâneo para crianças

Você é a favor ou contra propaganda de refrigerantes, salgadinhos, bebidas açucaradas e macarrão instantâneo dirigidas para crianças?

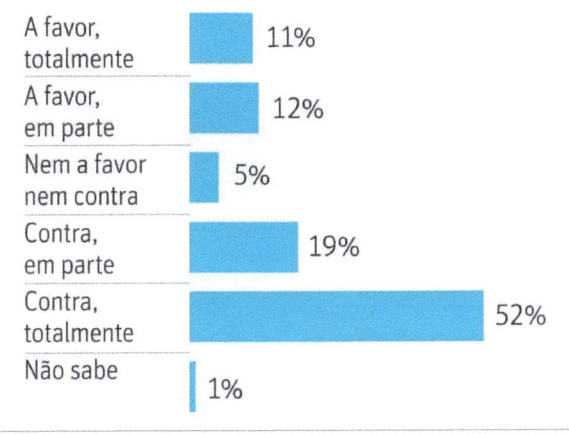

- A favor, totalmente: 11%
- A favor, em parte: 12%
- Nem a favor nem contra: 5%
- Contra, em parte: 19%
- Contra, totalmente: 52%
- Não sabe: 1%

Natália Cancian. Brasileiro tomaria menos 'refri' se preço fosse salgado. Saúde + Ciência. **Folha de S.Paulo**, p. B5, sábado, 9 set. 2017.

Adesão: no texto quer dizer concordar.

Contestar: responder, replicar.

Crônico: diz-se de doença de longa duração.

Sódio: elemento químico comum na natureza; parte do sal.

2. Responda.

  a) Onde foi publicada a reportagem?

  _____

  b) Do que trata a reportagem?

  _____
  _____
  _____
  _____

  c) Quem é o autor da reportagem?

  _____

3. Releia um trecho da reportagem.

> A possibilidade de aumentar a taxação de bebidas açucaradas tem sido alvo de estudos desde o início deste ano pelos Ministérios da Saúde, Desenvolvimento Social e Fazenda, entre outros órgãos.
>
> FOLHAPRESS/FOLHAPRESS

- O que você entendeu por **taxação de bebidas açucaradas**?

_____
_____
_____
_____

4. Geralmente, as reportagens utilizam o registro formal para transmitir as informações. No entanto, o título dessa reportagem usou alguns recursos que podem caracterizar o registro informal. Quais são eles?

_____
_____
_____

5. Marque o motivo de a Organização Mundial da Saúde estar preocupada com o consumo de refrigerante no Brasil.

☐ O preço do refrigerante está muito alto.

☐ O aumento do excesso de peso e da obesidade da população brasileira, podendo acarretar riscos de doenças crônicas.

☐ A baixa qualidade dos refrigerantes distribuídos no país.

6. Escreva qual a opinião de Alexandre Jobim sobre a taxação dos refrigerantes.

_____

_____

a) Na sua opinião, levando em conta o cargo que esse entrevistado ocupa, é esperado que ele tenha essa opinião? Explique.

_____
_____
_____
_____
_____
_____

b) Escreva o que você entendeu dos argumentos usados por Alexandre Jobim para justificar seu ponto de vista.

_____
_____
_____
_____
_____
_____

7. Responda.

a) Como foram obtidas as informações para a construção dos gráficos apresentados?

_____

_____

_____

b) Qual a opinião da maioria das pessoas que responderam à pesquisa em relação a:

- veicular propaganda de refrigerantes, salgadinhos, bebidas açucaradas e macarrão instantâneo dirigida a crianças.

_____

_____

- colocar advertência nos rótulos e embalagens para informar sobre a alta quantidade de açúcar, sódio, gordura e calorias.

_____

_____

8. Agora, você e os colegas discutirão essas mesmas questões para saber qual é a opinião da turma.

- Montem gráficos de barras, semelhantes aos da reportagem, e os exponham em um mural fora da sala de aula para que mais pessoas possam conhecer a opinião da turma. Certamente os gráficos instigarão a reflexão.

#FICA A DICA

Você é o que você come? Um guia sobre tudo o que está no seu prato!, Editora Moderna.

Conhecer os alimentos e como eles fazem bem para nosso corpo, mente e estado de espírito pode ser uma jornada curiosa e divertida. Nesse livro, você vai aprender um pouco mais sobre vários ingredientes e também como nosso corpo reconhece um alimento e como ele tira desses produtos todos os nutrientes de que precisamos.

DE TEXTO EM TEXTO

1. O gráfico (Texto 1) e o trecho (Texto 2) a seguir fazem parte da reportagem **Brasileiro tomaria menos 'refri' se preço fosse salgado**.

    a) Que tipo de gráfico é este?

    b) De que assunto ele vai tratar?

    c) Na sua opinião, o gráfico e o trecho da reportagem vão tratar do mesmo assunto?

2. Leia o gráfico e o trecho da reportagem e comente com os colegas o que você descobriu.

TEXTO 1

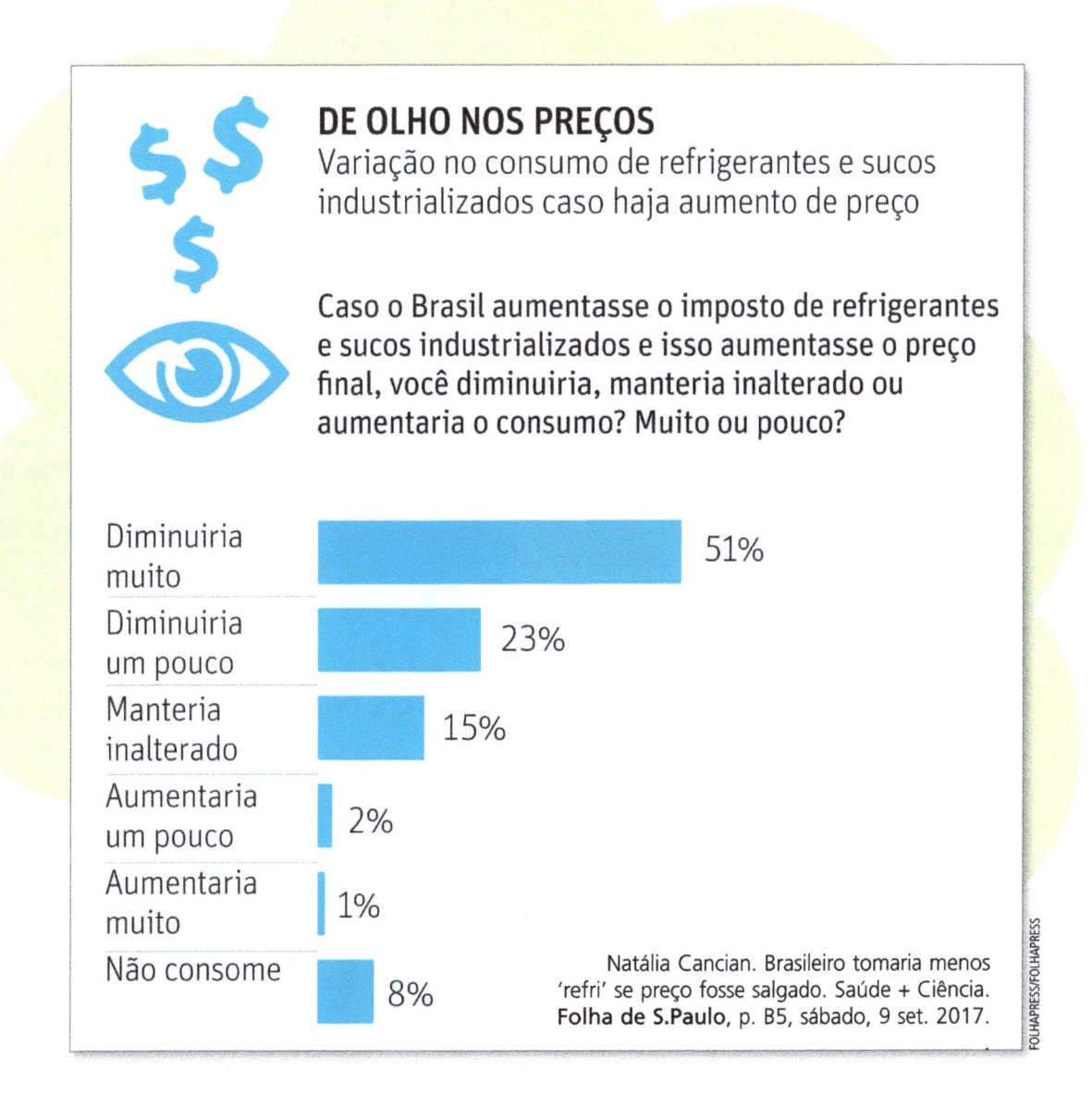

DE OLHO NOS PREÇOS
Variação no consumo de refrigerantes e sucos industrializados caso haja aumento de preço

Caso o Brasil aumentasse o imposto de refrigerantes e sucos industrializados e isso aumentasse o preço final, você diminuiria, manteria inalterado ou aumentaria o consumo? Muito ou pouco?

- Diminuiria muito — 51%
- Diminuiria um pouco — 23%
- Manteria inalterado — 15%
- Aumentaria um pouco — 2%
- Aumentaria muito — 1%
- Não consome — 8%

Natália Cancian. Brasileiro tomaria menos 'refri' se preço fosse salgado. Saúde + Ciência. **Folha de S.Paulo**, p. B5, sábado, 9 set. 2017.

295

TEXTO 2

[...]
Questionados sobre como reagiriam diante de um possível aumento de imposto de refrigerantes e sucos industrializados que elevasse o preço desses produtos, 74% dos entrevistados afirmam que reduziriam o consumo. Destes, 23% diminuiriam "um pouco", e 51%, "muito".
[...]

Foram ouvidas 2.070 pessoas acima de 16 anos em 129 municípios, em amostra equivalente ao perfil populacional do país. A margem de erro é de dois pontos percentuais, para mais ou para menos.
A ideia era testar o impacto e adesão de propostas hoje em discussão no país na área de alimentos.
[...]

Natália Cancian. Brasileiro tomaria menos 'refri' se preço fosse salgado. Saúde + Ciência. **Folha de S.Paulo**, p. B5, sábado, 9 de set. de 2017.

- Responda.

a) Qual a principal informação apresentada nos textos 1 e 2?

b) Qual a relação dessa informação com o tema da reportagem?

c) Na sua opinião, onde é mais rápido e fácil obter essa informação: lendo o trecho da reportagem ou pela observação do gráfico?

d) Releia o trecho que informa o motivo de a pesquisa ter sido realizada.

> A ideia era testar o impacto e adesão de propostas hoje em discussão no país na área de alimentos.

- A que conclusão você chegou sobre o impacto que a proposta de aumento de preço dos produtos causaria?

NOSSA LÍNGUA

1. Releia o título da reportagem.

   > Brasileiro tomaria menos 'refri' se preço **fosse** salgado.

   - A forma verbal destacada expressa:

     ☐ certeza.   ☐ dúvida.

   > Formas verbais como **fosse**, **pudesse**, **saíssemos** e **servisse** estão no modo subjuntivo, que indica dúvida, incerteza ou possibilidade.

2. Veja como se conjugam os verbos no **modo subjuntivo**. Consulte este quadro sempre que necessário.

Modo subjuntivo

Presente

Que eu sonh**e**	Que eu com**a**	Que eu divid**a**
Que tu sonh**es**	Que tu com**as**	Que tu divid**as**
Que ele sonh**e**	Que ele com**a**	Que ele divid**a**
Que nós sonh**emos**	Que nós com**amos**	Que nós divid**amos**
Que vós sonh**eis**	Que vós com**ais**	Que vós divid**ais**
Que eles sonh**em**	Que eles com**am**	Que eles divid**am**

Pretérito imperfeito

Se eu sonh**asse**	Se eu com**esse**	Se eu divid**isse**
Se tu sonh**asses**	Se tu com**esses**	Se tu divid**isses**
Se ele sonh**asse**	Se ele com**esse**	Se ele divid**isse**
Se nós sonh**ássemos**	Se nós com**êssemos**	Se nós divid**íssemos**
Se vós sonh**ásseis**	Se vós com**êsseis**	Se vós divid**ísseis**
Se eles sonh**assem**	Se eles com**essem**	Se eles divid**issem**

Futuro

Quando eu sonh**ar**	Quando eu com**er**	Quando eu divid**ir**
Quando tu sonh**ares**	Quando tu com**eres**	Quando tu divid**ires**
Quando ele sonh**ar**	Quando ele com**er**	Quando ele divid**ir**
Quando nós sonh**armos**	Quando nós com**ermos**	Quando nós divid**irmos**
Quando vós sonh**ardes**	Quando vós com**erdes**	Quando vós divid**irdes**
Quando eles sonh**arem**	Quando eles com**erem**	Quando eles divid**irem**

3. Indique, logo após as frases a seguir, o tempo verbal do modo subjuntivo dos verbos destacados.

   a) É necessário que **saiamos** cedo para assistir ao filme. _____

   b) Se o cozinheiro **preparasse** o meu prato preferido, eu iria adorar.
   _____

   c) Quando eu **terminar** a prova, vou comemorar. _____

   d) Espero que a loja **venda** bem no fim de semana. _____

4. Complete as frases com a forma verbal adequada dos verbos entre parênteses.

   a) É provável que a festa _____ cedo. (terminar)

   b) Quando eles _____, faremos um passeio turístico. (chegar)

   c) Se nós _____ a montagem da exposição, todos ficariam satisfeitos. (preparar)

   d) Quando você _____ a cozinhar, vai preparar refeições deliciosas. (aprender)

5. Leia um trecho do poema "Paraíso".

> Se esta rua fosse minha,
> eu mandava ladrilhar,
> não para automóvel matar gente,
> mas para criança brincar.
> [...]
>
> José Paulo Paes. Paraíso. In: José Paulo Paes. **Poemas para brincar**.
> 4. ed. São Paulo: Ática, 1991. Não paginado.

   a) Que palavra dá entrada ao mundo imaginário do poeta? Sublinhe.

   b) Agora complete a frase a seguir como quiser.

   • Se esta escola fosse minha, eu _____
   _____

COM QUE LETRA?

▼ PALAVRAS TERMINADAS EM -ICE E -ISSE

1. A seguir, leia as opiniões das crianças sobre o tratamento dado ao lixo.

> ACHO UMA **TOLICE** JOGAR O LIXO NA RUA, POIS SE QUEREMOS UMA CIDADE LIMPA, CADA UM TEM QUE FAZER A SUA PARTE.

> SE A GENTE **PRODUZISSE** MENOS LIXO E RECICLASSE MAIS, O PLANETA AGRADECERIA, PORQUE CONTRIBUIRÍAMOS PARA A REDUÇÃO DO LIXO E DA POLUIÇÃO.

- Que argumentos foram usados pelas crianças para defender seus pontos de vista? Sublinhe.
- Responda.

a) A que classe gramatical pertence a palavra **produzisse**?

___

b) E a palavra **tolice**?

___

2. Leia as frases a seguir.

a) Ah, se o bebê **dormisse** a noite inteira, eu poderia descansar!

b) Fernando não parou de reclamar o dia todo. Que **chatice**!

c) Não me perdoaria se eu **desistisse** antes de tentar.

d) Com a **velhice**, vêm as experiências; por isso, todos os idosos devem ser respeitados.

e) Seria prudente se Marcos **dirigisse** mais devagar.

f) Que criança educada! Nunca vi tanta **meiguice**!

- Agora copie as palavras em destaque em duas colunas, de acordo com as etiquetas.

Verbos	Substantivos
_____	_____
_____	_____
_____	_____

3. Responda.

   a) Como terminam os substantivos que você copiou na atividade 2?
   _____

   b) E como terminam os verbos?
   _____

   - Agora complete as frases.

   a) As palavras da atividade 2 terminadas em **-isse** são _____.

   b) As palavras da atividade 2 terminadas em **-ice** são _____.

4. Complete as palavras a seguir com **-isse** ou **-ice**.

   a) sorr _____
   b) bob _____
   c) vigar _____
   d) velh _____
   e) sacud _____
   f) reag _____
   g) color _____
   h) gulodi _____
   i) rabug _____
   j) modern _____
   k) tol _____
   l) garant _____

5. Complete as frases usando os verbos entre parênteses.

   a) Ah, se você me _____ mais! (ouvir)

   b) O ideal seria se Joana _____ pela manhã. (sair)

   c) Se ele _____ mais, seria mais feliz. (sorrir)

   d) Se ele _____, você ficaria triste. (partir)

VIVA A DIVERSIDADE!

◤ ALIMENTAÇÃO SUSTENTÁVEL!

O desperdício diário de comida no mundo é preocupante. O Brasil, por exemplo, é um dos maiores produtores de alimento do planeta, mas desperdiça quase 40 mil toneladas por dia. Essa quantidade alimentaria aproximadamente 19 milhões de brasileiros diariamente.

Frutas e hortaliças impróprias para comercialização descartadas em armazém de Foz do Iguaçu (PR), 2010.

Verduras descartadas em feira livre no bairro de Perdizes, São Paulo (SP), 2014.

No mundo, mais de 900 milhões de pessoas sofrem com a falta de alimento. Esse fato certamente seria amenizado se parte dos alimentos produzidos no planeta não fosse para o lixo.

Observe o título e os dados do gráfico a seguir.

e onde o desperdício ocorre?

- 10% no campo
- 50% no manuseio e transporte
- 30% na comercialização e abastecimento
- 10% no varejo e consumidor final

BANCO DE ALIMENTOS ASSOCIAÇÃO CIVIL. DADOS 2016.

DESPERDÍCIO de alimentos. **Banco de Alimentos.** Disponível em: <http://www.bancodealimentos.org.br/alimentacao-sustentavel/desperdicio-de-alimentos/>. Acesso em: 29 out. 2017.

1. Responda.

   a) O que você entendeu das informações do gráfico?

   b) Na sua casa, que tipos de alimentos vão para o lixo?

   c) Que medidas você acha que poderiam ser tomadas para evitar esse desperdício?

2. Alguns mercados e supermercados começaram a comercializar, com desconto, frutas, vegetais e legumes considerados fora dos padrões estéticos. São alimentos com manchas, pequenos ou muito grandes, ou com formatos estranhos, que, apesar de aparentemente imperfeitos, são plenamente consumíveis.

ALEXEY BORODIN/SHUTTERSTOCK.COM, S1001/SHUTTERSTOCK.COM, ANJO KAN/SHUTTERSTOCK.COM, OLENA TERESHYNA/SHUTTERSTOCK.COM, KATE AEDON/SHUTTERSTOCK.COM

- Na sua opinião, quais as vantagens de iniciativas como essas?

3. Além de alimentos adequados para consumo serem descartados, muitos não são totalmente aproveitados. Você sabia que as cascas de frutas e legumes e talos de verduras, por exemplo, têm alto valor nutricional?

   a) Combine com os colegas e o professor um momento para irem à sala de informática pesquisar sobre reaproveitamento de alimentos e receitas que usam partes que normalmente não são aproveitadas.

   b) Registre o que aprendeu de mais interessante na pesquisa e compartilhe esses conhecimentos com a família e a comunidade.

4. Como comemoração de final de ano, que tal a turma fazer um piquenique em um parque da cidade? Será um momento de aprendizagem e confraternização. O piquenique será ainda mais interessante se vocês levarem algum prato cuja receita aprenderam na pesquisa. Assim, colocarão o conhecimento em prática e farão um lanche muito nutritivo!

REFERÊNCIAS BIBLIOGRÁFICAS

A AMARELINHA está sobrando. **Jornal de Brasília**, Brasília, 1º set. 2017.

ABRAMOVICH, Fanny. **Segredos secretos**. São Paulo: Atual, 1997.

ACADEMIA Brasileira de Letras. **Dicionário escolar da língua portuguesa**. 2. ed. São Paulo: Companhia Editora Nacional, 2008.

AÇÃO coloca baleia encalhada às margens do Rio Sena. **Exame** *on-line*. Disponível em: <http://exame.abril.com.br/marketing/acao-coloca-baleia-encalhada-as-margens-do-rio-sena//>. Acesso em: 13 set. 2017.

ANDRADE, Carlos Drummond de. Lagoa. In: AGUIAR, Vera (Coord.). **Poesia fora da estante**. Porto Alegre: Projeto, 1996.

BECK, Alexandre. **Armandinho Zero**. Florianópolis: A. C. Beck, 2013.

BELINKY, Tatiana. **Onde já se viu?** São Paulo: Ática, 2005.

BRASIL, Ministério Público Federal. Turminha do MPF. Disponível em: <www.turminha.mpf.mp.br/viva-a-diferenca/mulher/dia-da-mulher-a-historia-os-avancos-e-0s-desafios?searchterm-mulher>. Acesso em: 3 jun. 2014.

BUENO, Silveira. **Dicionário global escolar Silveira Bueno da língua portuguesa**. 3. ed. São Paulo: Global, 2009.

BURKE, Lisa. **Pequenos cientistas na cozinha**. São Paulo: Publifolha, 2015.

CAMARGO, José Eduardo; SOARES, L. **No país das placas malucas**. São Paulo: Panda Books, 2011.

CANCIAN, Natália. Brasileiro tomaria menos 'refri' se preço fosse salgado. **Folha de S.Paulo**. 9 set. 2017. p. B5, Saúde + Ciência.

CANDIDA, Simone. O resgate da baleia jubarte em Búzios. **O Globo**. 25 ago. 2017.

CAPPARELLI, Sérgio. Anoitecer. In: CAPPARELLI, Sérgio. **ABC dos abraços**. São Paulo: Global, 2017.

CAPPARELLI, Sérgio. Minha cama. In: CAPPARELLI, Sérgio. **Tigres no quintal**. São Paulo: Global, 2008.

CAVALCANTI, Gabriela. Nem criança, nem adolescente. **Folha de S.Paulo**, São Paulo, 7 nov. 1998. Folhinha. Fornecido por Folhapress.

CHEF ensina receitas rápidas para uma deliciosa maratona de séries e filmes. **Jornal de Franca**. Disponível em: <http://www.jornaldefranca.com.br/chef-ensina-receitas-rapidas-para-uma-deliciosa-maratona-de-series-e-filmes>. Acesso em: 27 out. 2017.

CHRISTOPH, Marzi. **Janelas assombradas**. Tradução de Christina Wolfensberger. São Paulo: Volta e Meia, 2013.

CONSELHO Nacional de Mulheres Indígenas. **Natyseño**: trajetória, luta e conquista das mulheres indígenas. Belo Horizonte: FALE/UFMG, 2006.

DAVIS, Jim. **Garfield em peso**. Tradução de Laura Barreto. São Paulo: Cedibra, 1987.

DOLZAN, Marcio. Baleia jubarte que estava encalhada em Búzios volta ao mar. **O Estado de S. Paulo** *on-line*. Disponível em: <http://brasil.estadao.com.br/noticias/geral,baleia-jubarte-que-estava-encalhada-em-buzios-volta-ao-mar,70001949523>. Acesso em: 8 set. 2017.

ENTREVISTA com Ruth Rocha. **Revista Língua Portuguesa**. Segmento, ano III, n. 32, jun. 2008.

ESTATUTO DA PESSOA COM DEFICIÊNCIA. Disponível em: <http://www.planalto.gov.br/ccivil_03/_ato2015-2018/2015/lei/l13146.htm>. Acesso em: 27 out. 2017.

FILHO, Manuel. **Meus segredos não cabem num diário!** São Paulo: Melhoramentos, 2017.

ENTREVISTA com Eva Furnari. In: FURNARI, Eva. **Bruxinha 2**. 4. ed. São Paulo: FTD, 1996.

GIANINI, Tatiana. "A educação é o caminho para acabar com o terrorismo", diz Malala. **Veja** *on-line*. Disponível em: <http://veja.abril.com.br/mundo/a-educacao-e-o-caminho-para-acabar-com-o-terrorismo-diz-malala/>. Acesso em: 29 ago. 2017.

KENNEY, Jeff. **Diário de um Banana**: caindo na estrada. São Paulo: Vergara e Riba Editoras, 2015.

LANCAST, Anabel. **Revista Recreio**, nº 456.

LEMINSKI, Paulo. **Caprichos e relaxos**. São Paulo: Brasiliense, 1983.

MACHADO, Ana Maria. **Quem perde ganha**. São Paulo: Global, 2008.

MACHADO, Ângelo. **O rei careca**. Belo Horizonte: Lê, 2001.

MACIEL, Nahima. Todos contra o racismo. **Correio Braziliense**, Brasília, 24 jul. 2017. Diversão e arte.

MARÍN, Lorena. A casa mal-assombrada. In: MARIN, Lorena. **Os melhores contos fantásticos**. Tradução de Michelle Neris da Silva Sucupira; Márcia Lígia Guidin. São Paulo: Girassol, 2016.

MATTOS, Geraldo. **Dicionário Júnior da Língua Portuguesa**. São Paulo: FTD, 2010.

MELENDEZ, Mariana. Desmitificar estigmas. **GPS Brasília**. Disponível em: <http://gpsbrasilia.com.br/news/p:0/idp:45030/nm:Refri-na-berlinda/>. Acesso em: 19 set. 2017.

MENDES, Miguel. **Blog da Mila**. São Paulo: Globo, 2009.

MONTE, Luiz Fernando. Por que temos cê-cê?, **Universidade das crianças**, Minas Gerais, 9 out. 2012. Disponível em: <http://www.universidadedascriancas.org/perguntas/resposta.php?id=91>. Acesso em: 13 set. 2017.

MUNDURUKU, Daniel. **Coisas de índio**. Versão infantil. São Paulo: Callis, 2010.

MUNIZ, Flávia. Ilha dos monstros. In: MUNIZ, Flávia. **Alfabeto assombrado**. São Paulo: Girassol, 2012.

MURRAY, Roseana. A lua. In: MURRAY, Roseana. **Poesia fora da estante**. Porto Alegre: Projeto, 1996.

MURRAY, Roseana. Receita de espantar a tristeza. In: MURRAY, Roseana. **Receitas de olhar**. São Paulo: FTD, 1999.

NETTO, Adriano Bitarães. Jogo da velha. In: NETTO, Adriano Bitarães. **Poesia dos pés à cabeça**. São Paulo: Paulinas, 2013.

OBEID, César. Cereais e grãos. In: OBEID, César. **Rimas saborosas**. São Paulo: Moderna, 2009.

PAES, José Paulo. Paraíso. In: PAES, José Paulo. **Poemas para brincar**. 4. ed. São Paulo: Ática, 1991.

POR QUE a voz dos adolescentes muda? **Mundo Estranho**, ed. 33, 1º nov. 2004. p. 64, Mundo Estranho/Abril Comunicações S/A. Disponível em: <https://mundoestranho.abril.com.br/saude/por-que-a-voz-dos-adolescentes-muda/>. Acesso em: 13 set. 2017.

POR QUE todo mundo usava peruca na Europa dos séculos 17 e 18? **Mundo Estranho**. Disponível em: <https://mundoestranho.abril.com.br/historia/por-que-todo-mundo-usava-peruca-na-europa-dos-seculos-xvii-e-xviii/>. Acesso em: 15 set. 2017.

PRICE, Geoff. **Puberdade**: só para garotos. São Paulo: Integrare Editora, 2008.

QUEIRÓS, Bartolomeu Campos de. **Por parte de pai**. Belo Horizonte: RHJ, 1995.

QUEIROZ, Rachel de. **Memórias de menina**. Rio de Janeiro: José Olympio, 2009.

QUINTANA, Mario. Cidadezinha cheia de graça. In: QUINTANA, Mario. **Canções**. Rio de Janeiro: Alfaguara, 2012.

REFRI na berlinda. **GPS Brasília**. Disponível em: <http://gpsbrasilia.com.br/news/p:0/idp:45030/nm:Refri-na-berlinda/>. Acesso em: 19 set. 2017.

RODRIGUES, Francisco Luiz; CAVINATTO, Maria Vilma. **Lixo**: de onde vem? Para onde vai? São Paulo: Moderna, 2003.

ROFF, Don. A aranha assustadora. In: ROFF, Don. **Histórias de terror**. Tradução de Carolina Caires Coelho. São Paulo: Girassol, 2010. *Copyright* © 2007 becker & mayer! LLC.

SEKITO, Pepita Sampaio. **Engolidor de espelhos**. Ilustração de Cris Eich. Rio de Janeiro: Rovelle, 2015.

SOUSA, Mauricio de. **Brasil no papel em poesia de cordel**. São Paulo: Melhoramentos, 2014.

SOUSA, Mauricio de. **O amor está no ar**. Porto Alegre: L&PM, 2015.

THOMPSON, Colin. **A família Pântano**: vizinhos. São Paulo: Brinque-Book, 2007.

TOLENTINO, Lucas. Ser humano é o maior culpado pelo aumento de incêndios florestais. **Portal MMA**. Disponível em: <http://www.mma.gov.br/index.php/comunicacao/agencia-informma?view=blog&id=433>. Acesso em: 25 out. 2017.

TORERO, José Roberto. **O diário do Lelê**. São Paulo: Salamandra, 2009.

TWIST, Clint. **O grande plano das tarântulas**. Tradução de Madalena Parisi Duarte. Santa Catarina: Todo Livro, 2006.

VARELLA, Drauzio. **Nas ruas do Brás**. São Paulo: Companhia das Letrinhas, 2000.

VASCONCELLOS, Lucas. Eles controlam você! **Revista Recreio**, n. 918, ano 17, 12 out. 2017.

VASQUES, Marciano. O passarinho e o espantalho. **Ciência hoje das crianças**. Rio de Janeiro: ICH, ano 29, nº 285, dez. 2016.

VERISSIMO, Luis Fernando. **O nariz e outras crônicas**. São Paulo: Ática, 1995.

WATTERSON, Bill. O melhor de Calvin. **O Estado de S. Paulo**, 6 ago. 2017. Quadrinhos.

ZIRALDO. **As melhores tiradas do Menino Maluquinho**. São Paulo: Melhoramentos, 2000.

ZIRALDO. **O livro dos nãos do Menino Maluquinho**. Rio de Janeiro: Ediouro, 1997.